KB122441

대한민국 U자 걷기 역사기행

대한민국 U자 걷기 역사기행

윤 종 영 지음

혜안

책을 내면서

필자는 역사에 대한 관심을 가지고 있어 비교적 사적지를 답사할 기회가 많았다. 그러나 이런 답사는 필자의 연구와 관련이 있거나 비교적 알려진 곳을 선정, 찾는 경우가 대부분이었다. 그러다 '대한민국 U자 걷기'에 참여하게 되어 종전과 다른 새로운 역사기행을 하게 되었다.

이 걷기모임은 원래 주말에 서울근교를 걷는 모임에서 출발, '대한민국 U자 걷기'라는 기발한 착상을 통해, 한반도 해안선을 일주하는 걷기모임으로 성장한 것이다. 이 걷기는 한반도 동해안 최북단 고성군 통일전망대에서 출발, 동해안, 남해안을 거쳐 서해안을 따라 걸어 임진각에 골인하는 것이었다. 이 걷기는 전구간을 11구간으로 나누어 봄, 가을에 1주일씩 걸어 2008년 4월 7일부터 3,800리 길을 완주, 2013년 4월 6일, 임진각에 골인하는 위업을 달성했다.

필자가 이 모임에 참여한 것은 걷기를 위한 것이었고 전 코스를 완주하는 데 최종 목표를 두었지만 걸으면서 평상시 관심이 있었던 역사적인 유적지가 눈에 보여 이를 찾다보니 부수적이지만 일종의 역사기행이 되었다. 물론 걷기를 목적으로 한 모임이었기에 코스 선정에 역사유적지가 크게 고려되지 않아 아쉬웠던 때도 있었지만 걷는 코스가 필자가 비교적 찾지 않았던 미지의 지역이 많이 있었기에 흥미와 기대를 갖게 되었고, 또 과거에 별로 알려지지 않았지만 최근에 새로 알려져 발굴, 개발, 복원한 사적지가 눈에 들어와 나름대로 많은 보람을 느끼곤 하였다.

 이 기행을 통해 얻은 것이 많이 있지만 그중에서도 지역적으로 시대사가
압축 투영되었거나 특별한 지역사가 뿌리내린 곳이 많이 있어 역사이해에
많은 도움을 주었다. 물론 출발 전에 걷기코스 인근의 역사유적지를
조사하여 자료를 준비하거나 이전에 몇 번 답사하여 사전에 알고 있었던
곳도 많이 있었지만 전혀 예상하지 않은 새로운 사적이 발견되어 그
지역 시·군 문화과 등에 문의하거나 귀가 후 사료 등을 통해 다시 확인,
정리하여 지역관련사를 통해 우리 역사를 새롭게 엮어보기도 하였다.

 특히 첫 출발지인 강원도 고성군의 이승만 초대 대통령의 기념관을
시발로, 동해안 곳곳에 '6·25 남침사적탑' 등 근현대사의 흔적들이 눈에
들어와 잊혀져가던 우리 건국과정과 6·25전쟁을 생생하게 회상시켜주었
고, 영남지방은 전국에서 우리의 옛 전통문화를 가장 잘 보존 유지한
고장으로, 안동 권씨 영덕 번호택(樊湖宅) 등 옛 조상들의 혼과 흔적을
많이 접할 수 있었다. 또 남해안은 이 충무공의 전적지인 한산도, 노량,
명량 등을 비롯하여 별로 알려지지 않은 충무공과의 연관된 흔적을 찾을
수 있어 공의 행적과 생애를 새롭게 되새겨 볼 수 있었고, 서해안의
아산, 영종도, 강화도 등에서는 19세기 서세동점(西勢東漸)과 일제침략사
의 여러 모습을 찾아볼 수 있어 우리의 근대사를 재정리, 반추해 볼
수 있었다.

 그리고 제2부의 역사의 아웃사이더들과의 대화는 각 지역사에 등장한

역사적인 인물 가운데 정치, 사상, 학문 주류에서는 제외되었지만 우리 역사에 많은 영향을 미친 인물을 선정, 이들과의 시공을 초월한 만남을 통해 당시의 시대상이나 역사적인 실체를 재미있고 쉽게 이해하도록 하였다.

필자는 이 기행을 통해 우리의 과거 역사뿐 아니라 지금의 우리 모습도 밝고 어두운 면을 바르게 규명해 보고 우리의 자랑스러운 역사의 혼과 뿌리를 제대로 찾아 각 지역과 연계, 정리해 보았다. 그러면서 이 책이 지역사에 관심있는 분들에게 안내서 역할을 하였으면 하는 작은 기대를 해 본다.

끝으로 걷기 팀을 이끌어준 함수곤 대표를 비롯한 운영위원과 회원들에게 고마움을 전하며 나의 사랑하는 아내 홍종남과 아이들에게 깊은 고마움을 전한다. 아울러 이 책의 출판을 기꺼이 맡아준 도서출판 혜안의 오일주 사장과 편집부 여러분에게 깊은 사의를 표한다.

대한민국 U자 걷기 지도

2008년 4월 7일 ~ 2013년 4월 6일

파주/임진각
2013.4.6. 도착

인천(제10구간)   서울

당진(제9구간)

군산(제8구간)

영광(제7구간)

장흥(제6구간)

통영(제5구간)

부산(제4구간)

포항(제3구간)

울진(제2구간)

강릉(제1구간)

고성/통일전망대
2008.4.7. 출발

목 차

10

제1부

대한민국 U자 걷기 역사기행

제1구간 | 강원 고성~강릉

'대한민국 U자 걷기!' 얼마나 멋있는 계획이요, 작명인가. 나는 제주도 걷기 이후 함 대표로부터 봄에 동해안을 걷는 계획을 만든다는 이야기를 들었지만 이런 멋있는 발상을 하리라고는 생각지 못하였다. 원래 남의 의표를 찌르는 기발한 착상을 잘 하는 분이니 우리나라 해안선 일주 걷기라는 대단한 계획을 만들고 거기다 'U자 걷기'라는 멋있는 이름까지 달아 놓았다.

더욱이 이번에 걷는 곳이 우리나라에서 가장 풍광이 뛰어난 강원도 동해안이요. 계절도 춘삼월이라. 일찍이 조선중기(숙종~영조代) 유명한 실학자 이중환(李重煥 : 靑華山人)의 대표적인 인문지리서인 『택리지(擇里地)』에 우리가 걷는 이곳을 "… 이름난 호수와 기이한 바위가 많고 높이 올라 보면 푸른 바다가 망망하며, 골짜기에 들어서면 물과 돌이 그윽하여 그 경치가 실로 전국에서 첫째라 …", "… 이 중에서─간성의 청간정, 양양의 청초호, 강릉의 경포대─등을 관동팔경이라 … 조선에서 산수의 경치가 가장 빼어난 곳으로 마땅히 강원도 영동지방을 첫째로 꼽아할 것이다. …"라고 하였다. 이러니 함 대표의 사람냄새에 취해 있는 내가 이번 행사에 한몫 안 끼어들 수 있겠는가.

걷기를 신청하라는 소식을 듣고 나중에 어떻게 되든 우선 우리 부부는 신청을 하였다. 나중에 도망갈 곳을 만들기 위해 완주 여부를 묻는 난에는

고성 통일전망대

'힘이 다 할 때까지'라고 하여 놓고.

드디어 4월 7일, 우리 일행 26명은 동해안 최북단인 통일전망대에
도착, 북한 땅을 보며 'U자 걷기' 첫발을 내딛었다. 나는 통일전망대를
이전에 두 번 찾은 적이 있었다. 북한에 유화적인 정권 10년 집권 덕분인지
옛날에 비해 이곳 초병의 태도나 분위기가 긴장감이 덜해진 것 같다.
그렇지만 철책선을 내려다보며 세계 유일 분단국가의 민족적 비극을
다시 되새겨보며 가슴 아파하지 않을 수 없었다. 그러면서 강대해지는
중국이 머릿속에 어른거리며 통일에 대해 암담한 생각이 들었다. 중국이
역사적으로 일관되게 추구한 대한정책의 기조는 순치관계(脣齒關係 : 입
술과 이빨관계) 즉, 한국을 중국을 지키는 방파제의 구실로 유지하는
데 두고 있었다. 임진왜란 때 명의 출병이나 왜군의 한강이남 철수이후
왜군과의 정전 동의, 임오군란 때 청병 파병, 또 한국전쟁 참전이나 현재의
휴전선에서의 정전 등도 여기에서 연유한다. 중국은 현재의 한국 분단을

가장 이상적인 한중관계로 보고 있다. 그래서 한국 중심의 통일을 원치 않으며 북한붕괴에 대비, 동북공정(東北邊疆史與現狀系列研究工程 : 2003년에 확정된 프로젝트) 같은 엉뚱한 발상을 하고, 최악의 경우 북한지역에 대한 그들의

이승만 대통령 화진포 기념관

역사적인 연고권을 주장하려 하고 있다. 이런 생각을 하며 씁쓸한 상념 속에 통일전망대에서 발걸음을 옮기기 시작하였다.

이날 걷는 코스는 작년에 승용차로 비교적 상세하게 더듬었던 곳으로, 나는 이곳을 우리나라 현대사를 가장 압축 투영한 곳이라 보았다. 이곳에는 우리나라 현대사에 가장 중요한 영향을 미친 인물과 사건과 관계된 유적들이 모아져 있다. 이곳 화진포에는 건국대통령 우남 이승만의 기념관(이승만 화진포 기념관), 4·19의거의 기폭제가 되었던 이기붕의 별장, 6·25전쟁 도발자인 김일성의 별장 등이 있고, 또 통일전망대 구내에는 민족적 비극인 6·25전쟁 체험관이 있다. 우리 일행은 점심식사 후 해안선 길을 걸어 화진포 해변에 도착, 이들 별장과 기념관을 찾았다.

나는 오랜 동안 대한민국 건국의 아버지인 초대 대통령 우남 이승만(雩南 李承晩, 1875~1965)의 기념관은 물론 동상 하나 갖지 못한 것을 아쉬워하며 가슴 아파했다. 그러다가 작년에 소박하고 초라하지만 이곳의 '이승만 화진포 기념관'을 발견하고 나름대로 약간의 위안이 되었다. 그래서 비교적 꼼꼼하게 많은 시간을 들여 전시물을 차분하게 살펴보았고 규모는 작지만 비교적 잘 다듬어진 이 기념관을 만들고 유지하고 있는 고성군청에

전화로 감사함을 표시하고 내가 발견하였던 몇 가지 오자 수정을 부탁하였던 일이 있었다. 나는 수년전 흑·백인의 인종차별로 세계로부터 지탄의 대상이 되었던 남아프리카 공화국을 여행하면서 흑백분리주의자요 백인 정권의 수상을 지낸 로즈(Rhodes)의 웅장한 기념관과 공원 곳곳에 서 있는 백인들의 동상을 보며, 초대 대통령은 물론 역대 대통령의 제대로 된 동상 하나 갖지 못한 우리나라를 생각하며 이곳 흑인들의 수준 높은 역사의식에 대한 경외감과 이들에 대한 나의 그릇된 편견을 버렸던 옛일을 떠올렸다. 그러면서 검소하고 소박한 성품의 우남이 하늘에서 이 기념관을 보며 자기 뜻에 합당한 기념관이라 자족할 것이라는 생각을 하며 나름대로 위안을 하였다.

기념관을 살펴보며 이승만의 90여 년 생애를 더듬으면서 그를 비난하는 주제가 되었던 '국제연맹 위임통치론' '남한만의 단정 수립론' 등이 미래를 보는 뛰어난 혜안(慧眼)에서 나온 것이며 현실에 기반한 올바른 판단이라는 나의 생각을 다시 되새겨보았다. 그리고 건국과정에서 보여준 우남의 뛰어난 지도력과 자유민주주의와 시장경제에 대한 확고한 신념이 지금의 대한민국의 번영의 바탕이 되었다는 생각을 다시금 정리하였다. 이러한 생각을 김태종 회원 등 몇몇 분들과 이야기를 나누며 기념관을 뒤로 하였다. 그러면서 최근 학계에서 우남에 대한 평가가 공(功)보다는 과(過) 중심의 평가로 일관되었던 것을 자성하는 목소리가 높아지고, 유영익 교수 등이 중심이 되어 우남에 대한 올바른 평가가 이루어지고 있는 것을 생각하며 비교적 가벼운 기분으로 이곳을 떠났다.

이승만 기념관에 앞서 찾았던 이기붕 별장에서는 안내판에 '부통령 이기붕'이라 쓴 것이 잘못된 것 같아 집에 돌아온 후 고성군청에 전화로 수정을 부탁하였고 긍정적인 대답을 들었다. 어떻든 옛날에 문화재안내문 검토위원으로 있었던 습관이 이런 일을 하게 하는 것 같다.

　다음날인 4월 8일, 거진항을 거쳐 이름이 비슷한 가진항을 뒤로 하고 활짝 핀 벚꽃 길을 걸으며 이 나이에 이런 좋은 모임에 한 몫 끼었다는 생각에 문득문득 행복감에 젖곤 한다.

　그런데 함 대표를 비롯하여 우리 일행을 이끄는 지휘부의 치밀한 계획과 기발한 발상이 나를 놀라고 즐겁게 해주었다. 이날 아침에는 별명을 하나씩 지어 이름표에 쓰라고, 저녁 밥상머리에서는 한사람씩 자기 별명의 작명 배경과 연유를 설명하라고 하지 않는가. 나는 '광해군'이라고 별명같지 않은 별명을 지었고 작명 배경을 "내가 조선 역대 군왕 27명 가운데 가장 좋아하고 높은 평점을 주고 싶은 군왕이 광해군이다. 광해군은 세자시절 임진왜란을 승리로 마무리 지었고 국왕으로 동북아시아 국제사회 변화에 시의 적절하게 대응하면서 인근국가를 적절하게 조정하여 전쟁을 막았고, 당시 성리학적 의리론을 내세우며 비분강개하는 중신들에게 힘이 동반되지 않은 의리론은 아무런 의미가 없다고 질타하며 국방력 양성에 힘을 기울여 자주국방을 이루었기 때문"이라고 분위기에 맞지 않는 장황한 설명을 하였다. 허필수 회장님이 별도 시간을 만들어 세미나를 하자고 할 정도로. 그러나 많은 회원들이 기발하고 재미있는 별명을 지었고 이에 대한 멋있는 해설까지 곁들여 저녁밥상은 음식점이 떠들썩하게 회원 모두의 즐거운 웃음소리로 가득찼다.

　다음날 4월 9일. 관동팔경의 하나인 청간정(淸澗亭)을 찾았다. 이곳에서 우남 이승만의 친필 현판과 강원도 출신 최규하 전(前)대통령의 글씨를 볼 수 있었다, 우남은 한학에 뛰어난 실력을 가졌고 서예로도 일가를 이루어 수많은 한시를 남기고 있다. 또 최 전대통령의 글을 보며 세간에서 그를 무능한 대통령으로 혹평하고 있지만 대통령 퇴임 후에 그가 보인 처신은 그 뒤의 대통령들과 많은 비교가 되어 후한 점수를 주고 싶다.

낙산사 홍련암

이날 점심은 속초항에 어울리지 않는 순대전문점을 찾았다. 나는 이곳에서 북한에서 남하하여 이곳에 자리 잡은 피난민들의 애환을 보았다. 이들은 그래도 언젠가는 돌아갈 고향을 그리며 고향에서 가까운 이곳에 정착하고 그들의 고향냄새 풍기는 '함경도 아바이 순대집'을 만들어 향수를 달래는 모습이 엿보여 우리 가슴을 애잔하게 하였다.

다음날 4월 10일, 아침부터 비가 올 듯 흐린 길을 상쾌한 바다냄새를 가슴 속 깊이 마시며 앞사람의 뒤를 열심히 따라 걸었다.

이 날 아침을 먹은 집은 고가구와 옛 생활용구를 집안 곳곳에 진열해 놓고 벽에는 여러 권의 옛날 초등학교 교과서를 걸어 고풍스러운 멋을 풍기게 해놓은 분위기 좋고 맛좋은 한식집이었다. 국사교과서가 눈에 띄어 펼쳐보니 1973년도판 초등학교 5학년 국사교과서로, 이 교과서가 나온 바로 그해에 당시 박정희 대통령에 의해 국사 교육에 혁신적인 큰 변화를 가져온 '국사교육강화정책'이 실행된 해였음이 상기되어 옛일을 생각나게 하였다.

이번 걷기는 제주도보다 여유가 있어 주변 길가에 있는 역사적인 문화재를 둘러보는 시간을 갖곤 하였다. 이날은 영동지방의 대표적인 사찰인 낙산사를 찾았다. 작년에 승용차로 이 앞길을 지나면서 흉물스럽게 불타버린 나뭇가지를 보고 사찰참배를 포기하였었다. 그런데 이번에는 복원작업이 거의 마무리 되어 가고 있다는 반가운 소식을 듣고 일행의 뒤를 따라 경내를 이곳저곳 기웃거렸다. 낙산사는 삼국통일기 신라의 대표적 고승인 의상이 창건하였고, 의상과 쌍벽을 이루었던 원효와도 깊은 연관을 가지고 있는, 우리나라 해변 사찰 가운데 가장 으뜸가는 절이다. 그런 연유로 낙산사는 고려~조선왕조를 거치며 역대 군왕들의 특별한 애호를 받아가며 외침으로부터도 잘 지켜져 왔었다. 그러다 임진왜란 때 큰 상처를 입었지만 이후 광해군을 필두로 역대 군왕들의 관심어린 배려로 다시 옛 모습을 거의 찾았다. 그러나 6·25전쟁의 참화로 다시 소실된 것을 전후에 다시 복원한 것이다. 그런데 최근 다시 대참화를 입게 된 것을 생각하면 우리들이 후손들에게 큰 죄를 진 것 같아 기분이 씁쓸하다. 어떻든 옛 모습을 많이 찾은 것 같으나 연륜이 얕은 새 건물과 주변에 불탄 나무잔해가 어울려, 아직은 이전에 고풍스러웠던 낙산사 분위기가 느껴지지 않고 스산해 보이기만 한다. 낙산사의 옛 모습을 되찾아 볼 수 있는 유물로는 조선 중기 진경산수화의 대가인 겸재 정선(1676~1759)이 그린 낙산사 그림이 전해지고 있다.

이날 우리가 머물 곳은 양양군 하조대(河趙臺) 해변에 있는 모텔이었다. 나는 이번 걷기 전에도 하조대 부근을 몇 차례 승용차로 지났지만 하조대라는 지명에 대해 별로 관심을 갖지 않았다. 그러다 이날 처음으로 하조대가 고려·조선왕조 교체기에 활동하던 하륜(河崙, 1347~1416)과 조준(趙浚,

1346~1405), 두 사람 이름에서 유래되었다는 이야기를 들었다. 하륜과 조준은 정도전과 함께 조선왕조 개창에 주도적인 역할을 한 인물이다. 이들은 고려 말 이색, 정몽주와 더불어 신진개혁세력으로 뜻을 같이했으나 뒤에 조선왕조 개창 과정에서 이들과 결별하고 새 왕조에 참여한다. 조선왕조에서 이들은 정도전과 노선을 달리하여 '제1차 왕자의 난' 때 이방원을 도와 정도전을 제거하고 태종대에 정승으로 여생을 마치었다. 그런데 이들이 이 지역과 어떤 인연을 가진 것인지 기록에는 별로 보이지 않으니, 아마도 하조대와의 인연은 구전되는 전설인 것 같다. 이곳에 인연을 가졌다면 태종대에 두 사람이 잠시 여기에 들러 머물지 않았을까 하는 정도의 추정은 가능하다. 태종은 정도전 같은 정적은 물론 자신을 도운 공신들이나 처남, 사돈까지 철저하게 숙청하였으나 이 두 사람만은 태종의 비호를 받으며 재상으로 종신하였다. 그렇지만 이들도 몇 차례 정치적인 위기가 있었는데 이때 잠시 이곳에 와 머물었을 가능성을 유추해 볼 수 있겠다. 또 이와는 달리 이곳에 사는 하씨 총각과 조씨 처녀와의 이루지 못한 로맨스에서 유래되었다는 설도 있다. 물론 진위는 확인할 수 없지만.

다음날 4월 11일. 이제는 구간에 2/3를 걸었으니 완주할 수 있겠다는 자신감이 생겨 기분이 한결 가벼워졌다.

이날, 38도선을 걸어 넘어가면서 많은 생각이 떠올랐다. 역사적으로 우리나라 38도선 분단을 처음 주장했던 것은 일본이다. 청일전쟁 후 한국에서 일제와 러시아의 각축 하에서 일본은 대륙침략의 발판으로 한반도에서의 교두보 확보를 위해 러시아에게 38도선 분할을 제안(1896년)하였으나, 러시아는 한반도 전체를 확보하려는 의도에서 이를 거절하였다. 그러나 러시아의 남하정책에 민감한 영국이 일본과 영일동맹을

체결하고 러시아를 견제하자 러시아는 39도선 분할을 제안(1903년)하였
다. 하지만 이미 전쟁을 결정한 일본이 이를 거절하고 러일전쟁을 일으켜
전쟁에서 승리하여 한국을 강점하였다. 이와 같이 러시아는 한반도에
대한 지속적인 야심을 가지고 있었다. 제2차 세계대전 말인 1945년 8월
8일, 당시 소련은 대일선전포고를 하고 다음날 함경북도로 남하, 남진을
계속하였다. 이러한 상황에서 당시 최선두 부대가 오키나와에 머물러
있는 미국이 취할 수 있는 방책은 소련의 남하를 저지, 한반도 전체의
점령을 막기 위해서는 부득이 한반도의 중간지점인 38도선을 군사분계선
으로 설정하는 것이었다. 이와 같이 38도선 분단은 미국이 처음부터
계획하고 의도된 것이 아닌, 소련군의 참전과 급속한 남하로 이루어진
것이다.(당시 미국 대통령 트루먼의 회고록이나, 38도선을 선정한 딘
러스크의 회고록을 참조) 그렇다면 통일지상주의자들의 주장처럼 소련군
의 남하를 방임하고 한반도 전체가 공산체제가 되었더라도 분단을 하지
않은 것이 옳았던 것인지. 기존학계의 주장처럼 분단이 되었더라도 자유민
주주의 체제를 이 땅에 심을 수 있었고 지금의 번영을 이룩한 것이 옳았던
것인지. 항상 하던 이런 생각을 되풀이 하면서 수정주의자들이 주장하는
'미국의 원죄론' 보다는 결국 분단의 원죄는 독립된 국가를 유지하지
못하고 민족의 운명을 남에게 맡긴 우리가 아닌가 하는 생각을 하면서
38도선 입간판을 뒤돌아보며 걸었다.

다음날 12일은 우리 걷기의 마지막 날이다. 주수동 원장의 따뜻한
배려로 머물었던 주문진 교직원 수련원을 뒤로 하고 가벼운 기분으로
남행길을 나섰다. 해변도로의 해송 숲 사이를 걸으며 드디어 목표지점인경
포대에 가까이 가고 있다는 성취감에 가슴 뿌듯함을 느꼈다. 이러한
속에서도 나의 오랜 습관대로 이 지역과 연관된 역사적인 인물들 생각해

보면서 걷게 된다. 김시습, 이이, 신사임당, 허난설헌, 허균, 이곳에 귀양와 죽은 홍국영 등의 행적을 생각나는 대로 더듬어 보며 이들과 관계된 유적이 있는지 주변에 눈길을 주면서 발걸음을 옮겼다. 특히 매월당 김시습(梅月堂 金時習, 1435~1493)은 내가 좋아하는 수락산에 첫 둥지를 틀었거니와, 뒤에 그를 존경했던 박세당(朴世堂, 1629~1703)을 수락산록에 정착하게 하여 나와 깊은 인연을 갖게 한 인물이기도 하다.

이런저런 생각 중에 드디어 우리 일행 26명은 한명의 낙오자도 없이 전원이 경포대에 도착, 우렁찬 만세삼창을 하며 성공을 자축하였다. 더욱이 최미혜 회원의 아름답고 의미 있는 노래까지 곁들여 축제 분위기는 한껏 고조되었다. 우리가 성공할 수 있었던 것은 함 대장의 치밀한 계획과 강한 지도력 그리고 인간성 넘치는 친화력 덕분이라 생각된다. 그리고 전 회원이 자기보다 남을 배려하는 따뜻한 마음씨를 가지고 자기에게 부여된 역할을 성실히 수행한 것이 가장 큰 힘이 되었다고 본다. 나는 이날 저녁 '나를 아름다운 이 땅에 태어나게 해주시고 나에게 이번 걷기를 완주할 수 있는 건강을 주신' 높은 곳에 계신 높은 분에게 무한한 감사를 드리며 평안한 마음으로 잠들었다.

제2구간 | 강원 강릉~경북 울진

십리나 뻗쳐 있는 얼음같이 흰 비단을 다리고 다시 다린
큰 소나무 숲으로 둘러싼 속에 한껏 펼쳐져 있으니
물결도 잔잔하기도 잔잔하여 물속 모래알까지도 헤아리겠다. …
조용하구나 경포(鏡浦)의 기상이여, 넓고 아득하구나 저 동해의 경계여,
이보다 더 아름다움을 갖춘 곳이 또 어디 있단 말인가.

조선조 때 당색(黨色)이 짙은 인물이기에 내가 별로 좋아하지 않는
송강 정철(松江 鄭澈, 1536~1593)이지만 위의 관동별곡만은 좋아한다.
송강은 늦은 봄, 석양의 경포를 읊었지만 우리는 늦가을, 아침햇살의
경포를 밟고 있네. 나는 옛날 고교시절 고문(古文) 선생님이 되뇌이던
위의 구절을 어렴풋이 떠올리며 우리의 400리길 대장정을 시작하였다.

이번 제2구간 걷기는 1구간에 비해 많은 변화와 어려움이 있어 함수곤
대표를 비롯한 지휘부의 고초가 이만저만이 아니었던 것 같다. 세상만사가
그런 것 같다. 일하는 사람 따로 있고 나처럼 놀고먹으며 열린 과일이나
따먹으며 즐거워하는 사람도 있어 세상은 나름대로 균형을 유지하는
것 같다.
우리 일행 37명은 10월 27일 경포의 모래사장 위에서 힘찬 구호 소리와

강릉 허균 생가

함께 모두의 성공적인 완주를 기원하며 첫발을 내디뎠다. 나는 새로 편성된 3반원들과 열을 지어 잘 다듬어진 나무판 해안도로를 따라 걸으며 경포호 중심의 이 지방과 깊은 인연을 가진 교산 허균(蛟山 許筠, 1569~1618)의 생애를 더듬어 보며 멀리 나무숲에 가려진 그의 고택에 눈길을 모았다.

나는 집필 계획중인 『역사의 아웃사이더』 후속편의 인물로 허균을 선정해 각별한 관심을 가지고 있었기에 이번 걷기에서 그에 대해 새로운 것을 보고 얻고 싶었다.

허균의 출생지에 대해서는 서울의 건천동, 강릉의 생가인 경포 초당 또는 외가인 강릉 사천면 진리 등 몇 가지 설이 있으나, 교산 자신의 글에 강릉에 대해 남다른 애정을 담고 있는 것으로 보아 강릉으로 보고 싶다. 우리가 1차 U자 걷기 때 찾았던 경포호반 송림 사이에 있는 초당 생가에서 태어난 것이 확실한 누이 허난설헌과 달리, 그의 출생은 확인되고 있지 않지만 나는 이곳을 그의 생가로 보는 것이 무난하다고 생각한다. 허균은 이곳 강릉과 깊은 인연을 가졌던 인물로 그의 호 교산도 강릉 사천면에 있는 교룡산에서 유래한다고 전한다. 그는 조선조 선조~광해군 대에 걸쳐 생존했던 인물로 우리들에게는 『홍길동전』으로 널리 알려지고 있으나, 그 외에도 개혁사상가요, 문장가요, 정치가로 다양한 삶을 살았던 인물이다. 경상도 관찰사 등을 거친 명신 초당 허엽(草堂 許曄, 1517~1580)의 3남 2녀 중 막내아들로 유복한 집안에 태어났으나 12세 때 부친을, 20세에는 그가 스승으로 모시던 중형 허봉(許篈)을, 22세에는 그에게

문학적인 큰 영향을 준 누이 허난설헌(許蘭雪軒)을 여의었고 임진왜란이
일어난 24세 때에는 부인과 아들을 잃는 가정적인 불행을 겪었다. 또
그는 21세에 과거에 합격, 관로에 올랐지만, 6번이나 파직당하고 3번의
유배 생활을 하였고 50세에는 역적으로 몰려 저자거리에서 참수형을
당하는 등 파란만장(波瀾萬丈)한 생을 거쳤다. 그러나 교산은 뛰어난 학문
적 재질과 문장실력이 인정되어 명나라에 5번이나 다녀와 중국에까지
필명이 널리 알려지기도 하였다. 허균은 당시 성리학 중심의 주류사회에
몸담고 있으면서도, 그 사회에서 용납할 수 없었던 도교와 불교 그리고
양명학에 심취해 있었고 심지어 천주교를 신봉하기도 하였다. 때문에
그는 서얼차별 철폐 같은 당시에 반사회적 일탈행위로 많은 주류인사들로
부터 아웃사이더에 속한 위험인물로 알려졌었다. 그렇지만 허균은 광해군
의 지우를 얻어 형조판서에 올랐고 당시 그가 속했던 대북파에 선두에
서서 인목대비의 폐비를 주창하기도 해 반대파인 서인들의 표적이 되기도
하였다. 그러다가 그의 지나치게 직선적인 성품과 개혁사상에 위협을
느낀 같은 대북파의 참소로 역적으로 몰려 생을 마감하였다. 이러한
정치적인 행적으로 그에 대한 평가는 철저히 부정적일 수밖에 없었고
더욱이 그의 사후 그를 옹호해줄 정치세력이 등장할 수 없어 일관되게
이러한 평가가 지속되었다

> 허균은 천지간에 한 괴물이다. … 그의 일생에 해온 일을 보면 악이란
> 악은 모두 갖추어져 있다. … 그는 사람이라 할 수 없고 …(『조선왕조실록』
> 「광해군일기」).

이러한 허균을 주제 인물로 선정한 것은 우리 역사상 가장 이색적인
아웃사이더에 속한 그에 대한 종래 부정일변도의 평가를 벗어나, 공정하고

객관적으로 재조명하여 그의 참모습을 찾아보려는 의도였다. 허균은 임진왜란을 겪으면서 조정에 출사하지 않을 때에는 많은 세월을 강릉에서 보내었고 39세 때는 삼척부사를 거치는 등 우리가 이번 걷는 지역과 특별한 인연을 가지고 있었다. 그는 이곳에 머무르며 자신의 개혁적 정치사상과 현실정치와의 괴리(乖離)를 놓고 고민하기도 하고 많은 작품을 구상 집필하였다. 나는 그가 머물고 거닐고 보았던 이곳을 걸으며 그와 연관된 흔적을 찾아 주변에 눈길을 주며 몇몇 회원과 그에 대한 행적과 평가에 대한 생각을 나누며 걸음을 재촉하였다.

이날 일정은 여유롭지 않아 가고 싶은 곳을 찾아가기가 어려웠다. 오후에 길가에 있는 통일공원과 안보전시관, 6·25 남침사적탑 등도 둘러보지 못하고 눈에 띄는 겉모습만 지나치며 보는 것으로 만족할 수밖에 없었다. 그래도 몇 년 전, 잠깐 이곳을 찾은 적이 있어 그런대로 궁금증을 달래며 이곳에 담겨진, 우리들 세대에 가장 아픈 상처를 남겨준 6·25의 상흔(傷痕)을 떠올렸다.

6·25전쟁. 이 비극적인 동족상잔은 남북한 400만에 가까운 인명피해를 낳았고, 민족경제도 거의 소생하기 어려운 파국 상태로 만들어 놓았다. 그런데 이 전쟁이 끝난 지 반세기가 지났는데도 아직까지 우리 사회 일각에서 이 전쟁의 발발원인, 성격 등에 대한 시각차를 가지고 논쟁을 하고 있다는 것이 우리를 가슴 아프게 하고 있다. 이 전쟁에 대해서 우리 사회에는 북한의 남침설이 그간 정통설로 자리 잡고 있었다. 그런데 1980년대 미국의 브루스 커밍스(Bruce Cummings)의 수정설(내전설과 유인설 : 수정주의)이 등장, 우리 학계에 큰 반향을 일으켰고 진보성향의 학자들이 이에 동조, 젊은이들에게 많은 영향을 미쳤다. 그런데 다행스럽게도 구공산권이 해체되면서 소련과 중국 등의 비밀문서가 해제, 공개됨으로써 김일성 주도하에 북한의 남침 계획, 발발과정이 소상이 알려지게

되어 우리의 정통설이 다시 정설로 자리 잡게 되었다. 그런데도 아직도 수정설의 미련에 억매여 있는 이들이 있어 엉뚱한 내전설 또는 유인설을 주창하여(강모 교수 등) 우리를 분노하게 한다. 또 이 전쟁의 성격과 중요한 관계가 있는 역사용어에 대해 생각나는 것은 '6·25사변' '한국전쟁' '조국통일전쟁' '조선전쟁' '조국해방전쟁' 등 다양한 용어가 상존해 있던 것을 내가 문교부 편수관 시절 모든 교과서에 '6·25전쟁'으로 통일 사용하게 했고 이것이 최근 일반화 되고 있어 다행으로 생각하면서 나름대로 보람을 느끼곤 한다.

이곳 강릉시 강동면 정동진리에 있는 6·25남침사적탑은 북한군의 남침을 입증할 수 있는 귀중한 사적물 중 하나이다. 북한군은 1950년 6월 25일 새벽 4시를 기하여 38선 전역에서 대대적인 남침을 개시하였다. 이때 강릉~삼척 간 전술적 요지인 밤재를 점령하여 강릉을 남북에서 협공하려는 의도로 이들은 38선에서 대대적인 침공을 개시하기 전 이미 해상을 통하여 침투를 시작, 이곳에 새벽 3시에 육전대를 상륙시켰다. 이렇게 기습에 성공한 북한은 이날 오전 11시 평양방송을 통해 한국군이 북침하여 반격명령을 내렸다고 전쟁발발 책임을 한국측에 전가하였다. 그들의 주장대로 한국군이 38선에서 새벽 4시에 북침을 하여 반격하였다면 이날 새벽 3시에 이곳에 상륙한 북한군은 어떻게 설명할 것인지.

이와 연관해서 안천 교수(서울교대)의 『남침유도설 해부』라는, 6·25전쟁 개전일을 중심으로 이를 목격하고 체험한 100여 명의 증언을 채록하고 설문조사 결과를 분석한 실증적 연구서가 나와, 종전에 문헌연구보다 실감나게 남침의 실상과 남침유도설의 허구를 밝혀낸 것이 다행이라 여겨진다.

또한 북한은 휴전 뒤에도 남한의 적화를 위해 계속 침략행위를 지속하고 있어, 이곳에 있는 통일공원 안보전시관에 이와 관련된 많은 전시물이

전시되어있다. 특히 중요한 전시물들은 1996년, 해상을 통해 잠수정으로
이곳에 침투한 무장공비(25명)의 장비와 나포한 북한 잠수정 등과 , 이와
맞서 싸웠던 우리 해군의 함정 및 장비 등이 있다.

　이곳까지 걸어오는 동안 동해와 바닷가에 펼쳐진 하얀 모래사장, 곳곳에
서있는 해송 숲 등은 우리 마음을 한껏 가볍고 싱그럽게 해 주었다.
그런데 이런 우리 마음을 아프게 했던 것은 곳곳에서 마주치는 6·25전쟁
상흔 외에도 해안선에 울타리처럼 쳐진 철조망, 군데군데 파진 참호
등이다. 이런 것들을 보며 새삼스럽게 남북이 분단되었음이 실감나게
느껴졌고 우리 뒷 세대에게 너무나 무거운 숙제를 남겨주는 것 같아
걸음이 무거워지기도 하였다.

　우리 일행은 6·25남침사적탑에 오기 전에 길가에 넓은 주차장 시설을
갖춘 등명낙가사 앞에서 잠간 휴식시간을 가졌다. 나는 이 절을 몇 년
전 잠깐 들른 기억이 있으나 절에 올라 시원스러운 동해 바다를 내려다
본 기억 이외에는 별로 남은 것이 없었다. 당시에 내가 쓴 여행 기록도
"서울에서 가장 동쪽에 있는 임해 사찰이고 신라 때 자장율사가 창건한
등명사(登明寺) 터에 1956년 경덕 스님이 새로 지은 절이다. 그리고 신라
탑으로 알려진 오층석탑이 있으나 고려시대 것으로 보고 있다"는 정도이
다. 그래서 별로 다시 절에 들르고 싶은 욕심도 나지 않고 시간 여유도
없어 일행과 같이 잠깐 쉬다 발걸음을 재촉하였다.

　오후 6시경, 우리는 오늘 최종 목적지인 정동진에 도착하였다. 정동진은
최근에 전국적으로 유명해져 많은 관광객이 찾는 명승지가 되었다. 일행은
역사 앞에 잠깐 머물었다가 언덕 위에 큰 배 모양으로 자리 잡고 있는,
오늘 숙박지인 선크루즈 호텔을 향해 발걸음을 옮겼다. 여기서 우리는
모처럼 평안한 휴식을 할 수 있었다.

  다음날 28일 첫새벽, 유명한 정동진 해맞이를 하러 서둘러 호텔 밖으로
나왔다. 동해안은 섬이나 만이 거의 없어 어디나 해맞이 하기에는 좋은
곳이지만 그중에서도 이곳이 가장 으뜸처럼 보였다. 나는 모처럼 완벽한
일출을 보는 행운을 얻었다. 그간 경주 토함산에 13번이나 올랐으나
제대로 된 일출을 본 것은 두 번이었던 것에 비하면 이날은 운좋은 날이었고
이번 걷기에서 완주 도장을 받은 것 같아 하루종일 기분이 좋았다.

  이날은 헌화로(獻花路)라 명명된 잘 정리되고 다듬어진 해안도로를
걸으며 동해의 아름다움을 만끽한 하루였다. 오후에는 서울 숭례문의
정동방에 위치하였다는 까막바위를 거쳐 동해시의 모체인 묵호항에 도달
하였다. 묵호항은 원래는 오이진이라 이름하였다가 일제시대 석탄선착장
이 되면서 바닷물이 먹물처럼 검어져 묵호진(墨湖津)이라 불리게 되었고
지금은 북평읍과 통합하여 동해시가 되었다.

  이 지역은 삼한시대에는 진한의 실직국(悉直國)이 위치하였고(이에
대한 최초의 기록으로, 『삼국사기』 신라본기 파사이사금 23년[102년]이
있다), 그 뒤 삼국시대에는 신라에 귀속되어 실직주라 이름하였으나 남하
하는 고구려와의 각축장이 되었던 곳이다. 이와 관련된 유적으로 실직국
왕릉이라 전하는 몇 기의 무덤과 축성연대 미상의 토성 등이 남아 있다.

  그런데 함 대표를 비롯하여 몇몇 분들의 걸음걸이가 무거워 보여 걱정스
러운 마음에 저녁 잠자리가 편치만은 않았다.

  다음날 29일, 이날 걸을 여정을 나 혼자 지도에서 더듬어 보며 관동팔경
중 찾지 못했던 죽서루(竹西樓)를 보지 않을까 하는 기대를 갖고 출발하였
다. 죽서루는 관동의 제1경이라 알려질 정도로 정취가 빼어나고 관동팔경
가운데 유일하게 바다가 아닌 강가에 면해있는 곳이다. 이날은 걷기
힘들어 하는 분들의 모습이 보기 안스러워 가능하면 앞에 서서 걸으며

선두에서 기수역을 맡고 있는 김재관 회원과 이런저런 이야기를 주고받으며 걸었다. 대화중에 그가 최근 출간한 졸저의 내용을 비교적 상세히 기억하고 있는 것을 보고 별로 재미없는 책을 그래도 나를 생각해서 정독한 그의 마음가짐에 정말 고맙고 감사했다. 걷는 중에 아이들로부터 서울에 비가 쏟아진다는 전화를 받고 흐린 하늘을 보며 불안하게 발걸음을 재촉하였다. 오전 11시경, 우리는 아름답게 꽃이 핀 꽃밭 앞에 서 있는 삼척시계 입구 간판을 만날 수 있었고 이 중 나를 가장 반갑게 한 것이 '죽서루 4.5km' 표시였다. 그렇지만 이날 우리가 걷는 코스에서 죽서루와는 상당한 거리를 두고 있어 아쉽지만 방문은 다음으로 미룰 수밖에 없었다.

이번 제2구간 걷기 코스를 사전답사한 함 대표를 비롯한 답사팀은 아름답고 걷기 편한 길을 찾아 많은 노력을 한 것이 걷는 곳곳에서 보여 우리를 머리 숙이게 하였다. 이날도 일행을 안내한 곳은 우리나라에서 가장 아름다운 도로로 알려진 '새천년 도로'였다. 이 길은 우리를 위하여 개통한 것 같은 생각이 들었고 차 한대 보이지 않는 환상적인 도로였다. 이 길을 걸으며 많은 회원들이 나름대로 원기를 되찾은 것 같았다. 나는 힘들어 하는 함 대표를 차에 태워 오늘의 목표지점까지 보내고 싶었지만 그의 책임감이나 성품으로 보아 말 않는 것이 나을 것 같아 가끔 농담을 건네는 것으로 대신하였다. 그런데 다행히 오후에 반바지 차림의 함 대표가 나름대로 아픔을 잘 이겨내고 원기를 회복하는 모습을 보여 한시름 놓았다.

삼척에서 찾고 싶었던 것으로는 죽서루 이외에 「척주동해비(陟州東海碑)」가 있었다. 수년 전에 고교동창들과 찾았던 곳이고 버스 안에서 이 비에 대해 몇 가지 설명을 하였던 일이 있었다.

「척주동해비」는 삼척항이 잘 내려다보이는 육향산 언덕 위에 서 있다. 미수 허목(眉叟 許穆, 1595~1682)이 삼척부사로 재임할 때 폭풍으로 바닷물이 들어와 물난리가 나자 동해를 예찬하는 글을 지어 이 비를 세웠더니 바닷물이 잠잠해졌다고 한다. 그 뒤에도 바닷물이 이 비를 넘지 못했다 하여 일명 퇴조비(退潮碑)라 불렀다. 원래 이 비는 삼척항 바닷가 만리도에 있었으나, 풍랑으로 마멸이 심해 허목의 글씨를 본따 새로 만들어 이곳으로 옮겼다

척주동해비(陟州東海碑)

고 전해지고 있다.(1708년. 1966년 두 차례 옮김) 비의 글씨는 전서체의 대가인 허목의 솜씨로, 조수를 물리치는 신묘한 힘을 지녔다하여 집에 간직하면 화재나 잡귀가 없어진다고 탁본을 많이 해갔지만, 현재는 보호각을 지어 비를 보호하고 있다. 이러한 연유로 많은 사람이 이 비를 찾고 있지만 우리 일행은 빡빡한 일정 때문에 아쉽지만 그냥 지나칠 수밖에 없었다.

나는 이 부근을 지나며 허목의 독특한 생을 더듬어 보며 여러 가지 생각을 하였다. 미수 허목은 재야에 묻혀 학문연구에만 전념하다 57세 때 관로에 발을 들여놓아 삼척부사에 부임한 것도 66세 때였고 88세에 세상을 떠난 특이한 삶의 족적을 남긴 분이다. 그는 경학에 밝고 예학에도 독보적인 위치에 있어 주변에 많은 영향을 미쳤지만 정치적으로는 남인에 속했다. 현종 연간에는 복상문제(服喪問題)로 당시 집권파인 서인 송시열

과의 예송논쟁(禮訟論爭 : 1차, 2차)을 전개, 정치적으로 부침(浮沈)이 있었다. 지금 보면 이해하기 어려운 것이지만 당시 유교(성리학)중심 사회에서만 볼 수 있는 역사적 사건이라 하겠다. 어쨌든 당시에 당쟁의 주제가 되었던 이런 문제를 보며 그들의 정치적인 행태를 놓고 지금 정당간 정쟁의 유사성이 연상되어 씁쓸하기도 하다. 그러면서도 척주동해비에 담긴, 백성들을 사랑했던 목민관의 바른 모습이 보여 그런대로 위안이 되었다. 수년 전 민통선 부근 허목의 묘소(경기도 연천군 왕등면 강서리)를 그의 종손과 찾아 그에 대한 많은 이야기를 나누었던 일을 생각하며 아쉬운 발걸음을 재촉하였다.

오후에 약간의 비를 맞나 걱정했지만 걷기에 지장을 줄 정도는 아니었고 일행은 무사히 덕산 해수욕장 부근 민박집에 여장을 풀 수 있었다. 이날 저녁은 함 대표가 모든 회원들의 진심어린 축하를 받으며 자신이 생일잔치 자리를 만들어 우리를 즐겁게 해주었다.

다음날 30일, 아침에 찾은 음식점 앞에서 우리는 동해의 완벽한 일출을 다시 보는 행운을 얻었다. 이 아침선물은 오늘로 전체일정의 과반을 돌파하게 된 회원들에게 완주의 자신감을 더욱 굳게 해주었을 뿐 아니라 마음을 한결 가볍게 해주었다.

이날 걷기는 옛날 시골 장터 가는 길 같은 고갯길을 몇 차례 오르락내리락 하며 걸었다.

한 고개를 넘자 바다가 보이는 왼쪽 야트막한 야산에 공양왕릉이라 알려진 봉분이 보이고 우리가 걷는 큰길 옆에는 '공양왕릉 입구'라는 표시판이 서 있었다(삼척시 근덕면 궁촌리). 나는 이전에 이곳을 찾은 적은 없으나, 전(前) 국사편찬위원장 최영희 교수로부터 이 능에 대한 자세한 이야기를 듣고 그가 쓴 이에 관한 글도 보아 이번 걷기에서 내심

삼척 공양왕릉(삼척시 근덕면 궁촌리 소재)

공양왕릉과의 만남을 기대하고 있었다. 더욱이 최근 정도전에 관한 글을 쓰면서 공양왕에 관해 새롭게 관심을 갖고 있었기에 상당히 반가웠다. 공양왕은 고려 신종 7대손으로, 조선조 창건의 계기가 되었던 위화도 회군 이후 고려의 실권을 장악한 이성계 추종세력들에 의해 추대된 임금이다. 이들은 당시 임금이었던 우왕과 창왕을 신돈의 자식이라 하여 폐하고 폐가입진(廢假立眞 : 가짜를 폐하고 진짜를 세운다)이라는 명분을 내세워 공양왕을 1389년 왕으로 추대하였다. 그러나 그는 1392년 조선왕조 개창에 맞추어 이성계 일파에 의해 왕위에서 쫓겨나 강원도 원주로 추방되었다가 한 달 만에 간성으로, 2년 뒤에는 삼척으로 옮겨졌다. 이곳에서 태조 3년, 왕명에 의해 두 왕자와 함께 목졸려 죽었다. 그때 그의 나이 45세였다. 이곳의 이름을 궁촌(宮村)이라 한 것은 공양왕이 이곳으로 궁을 옮겨 머물렀다 하여 생긴 것이다. 공양왕릉이 이곳에 있다는 기록은 미수 허목이 삼척부사로 재임시 편찬한 『척주지(陟州誌)』(1662)에 "이곳에 고총

이 있는데 왕릉이라 한다"라고 한 것이 최초의 기록이다. 그리고 지금의 큰 봉분의 무덤은 1977년 삼척군에 의해 이루어진 것이다.

그런데 공양왕릉은 이곳 이외에 서울 근교인 고양시에도 있다. 그렇다면 고양에 있는 공양왕릉은 어떻게 된 것인가. 나는 걷기 얼마 전에 경기도 고양시 원당읍 원당리에 있는 공양왕릉을 찾았다. 이 릉은 왕과 왕비의 쌍릉으로 쌍릉 가운데 고려 공양왕릉이라는 석비가 서 있고 초라하지만 석수, 석상이 있고 비교적 명당으로 알려진 곳에 있어 나름대로 왕릉 모양을 갖추었다.

그렇다면 어느 능을 공양왕이 매장된 능으로 보아야 할 것인가.

우선 공양왕이 살해된 곳이 삼척이라는 조선시대 관찬기록이 있고 그 부근에 매장되었을 것이라는 것도 추측이 가능하다. 또 공양왕을 죽인 후 그의 목은 한양으로 보내어지고 뒤에 그것이 고양군에 묻히게 되었고 그의 목 없는 시신은 이곳에 묻었다는 설도 있으나 기록은 보이지 않는다.

그렇지만 조선시대 관찬기록인 『세조실록』『중종실록』에 공양왕릉이 고양군에 있다고 명기되어 있고 특히 조선왕조가 국가기반이 굳어지면서 고려 왕릉에 제사를 지내게 하면서 공양왕에 대한 제사를 고양군에서 지냈다는 기록이 있어 더욱 진위 판별에 어려움을 주고 있다.

여기서 나에게 공양왕에 대한 이야기를 청해 간략하게 위와 같은 이야기를 하였다. 자기의지와 관계없이 조선왕조 개창에 들러리가 되었다 생을 마감한 비운의 공양왕을 생각하며 그의 묻힌 곳이라도 정확히 알려졌으면 하는 바램을 하면서 이곳을 떠났다. 그러면서 공양왕과 연관하여 그를 내모는데 앞장섰던 정도전과 그의 역성혁명론은 조선왕조가 기틀을 잡자 위험한 사상으로 배척 받을 수밖에 없었고, 오히려 공양왕을 지키며 고려왕조에 충절을 지킨 정몽주의 뜻은 높이 평가되고 그의 후손들은 조선왕조에서 크게 공명(功名)을 얻은 것은 역사의 아이러니(irony)라는 생각을 하며 걸음을 재촉하였다.

오후에 해신당 공원을 들렀으나 좀 실망스러운 느낌만 들었다. 이곳을 거쳐 가는 길이었기에 이것저것으로 눈길을 돌리며 발걸음을 재촉하여 예정된 시간에 임원에 있는 숙박소에 도착하였다.

다음날 31일, 하늘에 구름이 많아 좀 불안했지만 예정된 시간에 일행은 오늘 목적지인 경북 죽변을 향해 출발하였다.

나는 일행을 따라 걸으며 주변을 살피다 길가 언덕 위에 서 있는 비석이 눈에 띄어 올라가보니 뜻밖에 방촌 황희(厖村 黃喜, 1363~1452)의 송덕비였다. 나는 삼척시 원덕읍 노곡리에 그의 송덕비가 있다는 이야기를 들은 적이 없기에 반가웠고 내용이 궁금하나 일행에서 뒤떨어지는 것 같아 삼척시청 문화과에 문의하기로 하고 일행을 뒤쫓았다. 시청에 전화를 하자 담당자가 없어 정확한 답을 하기 어렵다며 나에게 전화를 주겠다고 하더니 곧 전화가 왔다.

담당자의 설명에 따르면, 세종 초년에 황희가 강원도 관찰사로 있을 때 전국에 흉년이 들어 아사자(餓死者)가 속출했으나 강원도만은 황희의 정성스러운 구휼정책으로 아사자가 없었다. 그래서 도민들이 그의 애민정신을 칭송하여 그가 도내를 순시할 때 잠시 머물렀던 이곳에 그를 기념하는 대를 쌓았다. 그 후 중종 연간에 황희의 4대손 황맹헌이 강원도 관찰사로 부임하여 이를 기념하기 위해 이 비를 세웠다는 것이다. 황희는 세간에 너무나 많이 알려진 인물이다. 그는 고려와 조선왕조에 출사한 인물로 고려가 망했을 때 한때 두문동에 은둔하기도 했으나 태조의 권유로 새 왕조에 출사하였다. 뒤에 세종의 지우를 받아 18년간을 영의정을 역임하며 원만한 인품과 청렴한 명신으로 후대 관리들의 표본이 되었다. 나는 황희정승과 얽힌 많은 일화를 주변 몇 분과 주고받으며 길을 재촉하였다. 그러면서 조선 후기에 지방의 목민관들이 백성들의 뜻과 관계없이 자신의 송덕비 세우기를 강요해 민원의 대상이 되었던 일, 또 이와 연관해서 최근 동학농민운동의 기폭제가 되었던 고부군수 조병갑의 후손이 그의 송덕비가 발견되었다고 그가 잘못 평가받고 있다고 하는 이야기를 듣고 쓴웃음을 지었던 일 등이 생각나기도 하였다.

이날 우리는 약간의 비를 맞으며 강원도를 하직하고 경상북도에 들어갔다. 드디어 종착지가 가까워졌다는 생각이 들어서인지 일행 모두의 얼굴에 여유로움이 보였다. 또 우리가 걷는 길이 옛 국도이어서 조용하고 한가로운 길이기 때문인지 모두의 걸음걸이가 가벼워 보였다. 오후에 일행은 덕구온천을 찾아 휴식을 취하고 좀 어두워지기 시작한 국도를 걸어 죽변에 도착, 관동장에 몸을 눕혔다

다음날 11월 1일, 드디어 마지막 구간을 걷는 날. 우리 모두는 서로를 격려하며 이곳까지의 성공적인 걷기를 자축하는 분위기였다. 이날 걷는 길도 새로운 도로가 개통되어서인지 차량통행이 없어 우리는 한가롭게 발걸음을 옮기었다. 동해바다와 작별의 시간이 가까워서인지 동해바다 파도가 정겹게 보이곤 한다.

이날 점심은 망양정 횟집에서 오랜만에 여유롭게 들었고 오수(午睡)까지 즐겼다. 점심 후 우리는 음식점 뒤 언덕에 있는 관동팔경 중 하나인 망양정(望洋亭)에 올랐다. 망양정에 오른 첫인상은 고풍스러움이 없어 좀 실망스러웠으나 옛날 정철이 올랐던 망양정은 아니라 하더라도 그가 망양정에서 동해바다를 내려다보고 읊은 관동별곡의 분위기는 이곳에서도 그대로 느낄 수 있었다. 정철이 올랐던 망양정은 이곳이 아닌 기성면 망양리에 있었고 철종 연간 이곳으로 옮겼으나 세월과 함께 퇴락한 것을

2005년에 지금처럼 새로 지었다고 한다.

　이곳에는 숙종의 글(「關東第一樓」)과 정조의 시가 걸려 있었다. 나는 두 임금의 글을 보며 이런 생각이 얼핏 떠올랐다. 숙종은 변덕이 심했던 군주로 재위기간에 가장 격렬한 당쟁(경신대출척, 기사환국, 갑술환국)으로 정국을 피비린내 나는 파장으로 몰아넣었다. 이는 그 이전까지 상대세력과의 공존을 원칙으로 하는 붕당정치(朋黨政治)가 무너지는 계기가 되었다. 우리가 잘 아는 희빈 장씨의 죽음도 이때 있었던 일이다. 반면 정조는 당쟁의 피해를 절감하고 강력한 왕권을 바탕으로 탕평책을 추진, 당쟁을 어느 정도 억제하는 데 성공하여 혼란했던 정국을 안정시키었다. 나는 두 임금의 대조적인 치세를 생각해보며 이들의 글이 어떤 연유로 같이 걸려있는지 모르지만 우리들에게 많은 역사적인 교훈을 주고 있는 것 같다는 생각을 하며 망양정을 뒤로 하고 내려왔다.

　오후에는 남은 여정이 예정했던 것보다 많이 남아 어두워진 후에 차량의 왕래가 많은 국도를 걷게 되어 오래 기억될 추억거리를 뜻하지 않게 가지게 되었다. 그래도 아무런 사고 없이 일행 모두가 오후 6시 35분, 오매불망(寤寐不忘)하던 최종 목적지 삼성모텔에 도착하였다. 편안하게 대낮에 도착한 것 보다 몇 배 감격스러운 도착이어서인지 모두 눈물까지 보이며 완주의 기쁨을 나누었다. 나는 함 대표의 부탁을 받고 계단 위에 올라 대한민국 U자 걷기 제2구간 완주의 기쁨과 판문각까지 완주의 기원을 담아 만세삼창을 선도, 다 함께 큰소리로 만세, 만세, 만세를 외쳤다.

제3구간 | 경북 울진~포항

경상도는 문장과 덕행으로 이름난 선비, 공훈을 세우고 의를 세운 인사, 선도(仙道), 불도(佛道), 도가(道家)에 통한 수많은 인재가 나와 이 도는 인재의 광이라. … 특히 조선에 들어와서는 국정을 담당한 인물이 모두 경상도인이었고 문묘(文廟)에 종사된 사현(四賢 : 李滉, 李彦迪, 鄭逑, 鄭汝昌) 또한 경상도 인이라. … 그러나 인조가 율곡 이이(栗谷 李珥), 우계 성혼(牛溪 成渾), 백사 이항복(白沙 李恒福)의 문생자제들과 정국을 바로잡은 후부터는 한양의 세가들이 지나치게 중용되었다. … 그리하여 지금까지 백여 년 동안에 영남인으로 판서된 사람이 두명, … 재상이 된 사람은 없으며, … 직위가 높다하여도 삼품에 불과하며, … 그러나 옛날 선배들이 남겨놓은 미풍양속이 없어지지 않아 예의와 학문을 숭상하며 과거합격자가 많은 것도 여러 도중에서 으뜸이다.

이 문장은 조선 중기 실학자 이중환(李重煥 : 靑華山人)이 경상도에 대해 『택리지(擇里志)』 팔도총론(八道總論)편에 쓴 글이다. 이와 같이 경상도는 조선 전기까지 수많은 인재를 배출, 국정의 주도권을 장악했으나, 조선 중기 이후 이황(李滉 : 退溪, 1501~1570)과 유성룡(柳成龍 : 西厓, 1542~1607)의 문하인 이 고장 사대부들은 동인-남인계가 주류를 이루었기에 갑술환국(숙종 20년, 1694) 이후, 중앙정계를 주도한 서인 노론계에 밀려나 정치중심권에서 거의 사라지게 되었다. 그래서 이들은 벼슬길보다 자기 고장에 뿌리를 내리고 의리와 학문을 중히 여기며 가문을 가꾸고 고장을 지키는 데 주로 힘을 기울였다. 이런 연유로 영남 지역은 전국의 어떤 지역보다 옛 전통문화를 가장 많이 보존 유지하게 된 고장이 되었다. 더욱이 6·25전쟁 때 전국에서 유일하게 이 낙동강이남 영남 지역 만이 북한의 침공에서 벗어날 수 있었다는 것도 옛것 보존에 많은 보탬이 되었다.

나는 이번에 걷는 제3구간 지역이 경상도이기에 세상에 널리 알려지지 않은 우리 조상들의 혼과 흔적을 접할 수 있는 좋은 기회라 생각되어 나름대로 많은 기대를 가지고 참여하였다.

우리 일행 39명은 2009년 3월 30일, 제2구간 최종 종착지였던 울진 망양 삼성모텔에 도착, 작년 어두운 밤길을 걸어 눈물을 흘리며 완주의 감격을 맛보았던 이곳 앞마당에서 제3구간 400리길의 첫걸음을 내디뎠다.

이번 걷기를 위해 함 대표를 중심으로 사전답사팀은 철저한 사전점검을 통해 빈틈없는 준비를 한 것 같다. 참여자 모두가 찬사를 아끼지 않았으나, 나는 완벽한 톱니바퀴가 돌아가는 것 같은 느낌이 들어 좀 사람 냄새가 바래진 삭막한 기분이 들기도 하고. 약간의 실수와 허점을 보이며 서로 당황하기도 하고 허둥대며 웃음을 만들어내던 초기의 낭만적인 모습이 사라지는 것 같아 좀 아쉽기도 했다. 나 같이 시대에 뒤떨어진 옛날 사람만의 생각인지 모르지만.

일행은 잘 다듬어지고 비교적 한적한 해안가 7번 국도를 따라 걸었다. 다행히 새로 확장공사를 한 도로가 완전개통을 안해서인지 여유롭게 주변을 둘러보며 첫날 걷기를 마칠 수 있었다. 나는 이날 걸으면서 울진하면 가장 먼저 떠오르는 '울진 공비침투사건'(1968년)과 관련된 흔적을 눈여겨 찾아보았지만 눈에 띄지 않았다. 잠간 쉬는 동안 울진군청에 전화를 걸어 이를 물었더니, 정확하지 않지만 없는 것으로 안다고 한다. 아마 이런 아픈 흔적을 되새김하는 것이 군의 관광홍보에 별로 도움이 안 된다고 생각한 것 같다. 나는 침투지점에 표식비 정도는 세워 놓는 것이 후세 역사교육을 위해 필요하지 않을까 하는 생각을 하면서 요사이 지방자치단체들이 지나치게 근시안적인 관광행정을 하는듯해 아쉬운 생각이 들었다.

　다음날 31일, 숙박지 앞에서 시원한 바닷바람을 들이키며 구산해수욕장 옆길을 따라 발걸음을 옮겼다. 조금 걷다 보니 길가에 운암서원(雲巖書院)이라는 안내판이 보이고 안내표시 방향 밑에 아담한 서원의 모습이 눈에 띄었다. 나는 반가운 생각에 일행으로부터 떨어져 빠른 걸음으로 이곳을 찾아보았다. 이 서원은 별로 들은 기억이 없기에 안내판을 읽어보니, 고려 말 이곳 평해군수(平海郡守)로 있다 고려가 망한 뒤에 해도에 들어가 은둔, 충절을 지킨 김제(金濟 : 白巖山人)와 이곳 출신으로 조선조에서 우찬성 등을 역임한 성리학자로 알려진 손순효(孫舜孝 : 勿齋, 1427~1497) 두 분을 모신 서원이었다. 어쨌든 경상도에서 처음 만난 서원이기에 눈여겨 살펴보았지만 최근에 개축하여 고풍스러운 맛이나 특이한 멋은 별로 보이지 않았다.

　서원은 조선조 지방에 세워진 일종의 사립학교로 학교의 기능뿐 아니라 선배 유학자들을 제사지내는 사당(祠堂) 기능까지 가진 교육기관이었다. 서원은 처음에는 관학인 향교(鄕校)와 경쟁관계였으나 점차 지방 유림들의 비호 아래 향교를 압도, 양반 자제들의 교육기관으로 정착하여, 지방문화 중심지로 향촌문화 발전에 큰 기여를 하였다. 서원이 처음 세워진 곳이 경상도 풍기군이고 16세기 이후 정쟁에서 패배한 남인계가 자신들의 연고지인 경상도에 낙향, 안주하면서 이곳에 많은 서원이 세워져 조선시대 전국에 세워진 909개 서원(書院 : 祠宇) 중 경상도에만 324개가 될 정도였다. 그런데 이 서원들은 뒤에 학파와 당파를 결속시켜 당쟁을 격화시키는 중요한 바탕이 되기도 하고, 많은 토지와 노비를 소유하고 면세, 면역의 특권을 가진 지방토호들의 소굴이 되어 지방 농민들에게 엄청난 피해를 주기도 하였다. 그래서 결국 흥선대원군의 서원철폐령이 내려지게 되었고 이것이 전국의 유림들을 반(反) 대원군 진영으로 결속시켜 흥선대원군 몰락의 중요한 요인이 되기도 하였다. 나는 운암서원을 떠나면서 이 서원들의 역사적인 순기능과 역기능을 비교해보며 이 서원은 이곳 주민들로부터 어떤 평가와 대접을 받았을까? 이런저런 생각을 하면서 일행의 뒤를 쫓아 부지런히 걸었다.

이 지방은 옛것이 많이 보존된 지역이어서인지 길가에서 얼마 떨어지지 않은 곳에 비각이 보여 찾아보니 「평해북천교비(平海北川橋碑)」라 쓰여 있다. 내용을 보니 선조 36년(1603)에 평해군수 조인징(趙仁徵)이 주민 100여 명의 시주를 받아 북천에 돌다리를 놓아 백성들의 어려움을 해결해 준 것을 기념해 세운 비석이다. 나는 이 비석 속에 담겨진 조선시대 지방관들의 덕목인 목민(牧民) 위민(爲民) 안민(安民)의 모습이 엿보여 걸음걸이가 한결 가볍게 느껴졌다. 목민관으로 이런 일을 묵묵히 한 수많은 선조들의 음덕이 있기에 우리 같은 후손들이 이렇게 아름다운 산야를 보며 즐겁게 주유천하(周遊天下) 하는 것이 아니겠는가.

일행은 바닷가로 뚫린 길을 따라 관동팔경의 마지막 정자인 월송정(越松亭)을 찾았다. 가는 길목에 잘 다듬어지고 넓게 자리 잡은 평해 황씨의 재실과 비석 등을 보면서 이렇게 문중에서 선조들의 행적을 찾아 이를 밝히고 후손들에게 교훈적인 표상으로 삼아 자기 문중에 자긍심을 갖도록 한 것은 상찬할만한 일이라 생각하였다. 그러면서 1980년대 사육신(死六臣) 문제로 시달리던 국사편찬위원회 위원장이 퇴임식장에서 "우리나라 역사는 문벌사학을 극복하지 않고는 발전하기 어렵다"는 말을 할 정도로 일부 문중들이 지나친 자기 문중 내세우기에 골몰하여 곤욕을 치렀던 편수관 시절 생각이 나 씁쓸한 기분이 들기도 하였다.

월송정이라는 최규하 전 대통령이 쓴 현판을 보며 나는 일행을 따라 누각에 올라 주변 풍광을 두루 살폈지만 이곳을 찾았던 옛 선인들이 이곳에서 키웠을 시심(詩心)이나 그들의 글속에 묘사한 글귀─예를 들면, 인간세상의 경계가 어디인지 자신의 모습이 어떤지 알 수 없을 정도로 황홀─에 얼른 공감이 가지 않으니, 나의 무디어져 버린 시흥(詩興) 때문인지, 위치나 건물이 많이 달라졌기 때문인지, 원망과 자위를 번갈아 하며 건물에서 내려왔다.

월송정은 고려조 이곡(李穀 : 稼亭, 이색의 부)의 「동유기(東遊記)」를 필두로 수많은 문객들이 찾아 글을 남긴 곳이다. 그런데 이제는 후포항 부근뿐 아니라 울진군 전체가 '대게'로 뒤덮인 느낌이 들었다. 바닷가 도로 난간이나 주변 곳곳에 크고 작은 대게 조각들이 수없이 눈길을 끌었다. 우리가 익히 알던 영덕대게가 아닌, 울진대게가 원조라는 것이고 울진대게 국제축제가 4월 3일부터 5일까지 열린다는 것이다. 점심에 대게 맛을 보았지만 나는 먹는 방법에 익숙하지 않아서인지 서해안의 꽃게만 못한 느낌이 들었지만, 이는 나만의 생각인 것 같기도 하고.

오늘이 걷기에 가장 힘든 이틀째인데도 우리 일행은 이제는 걷기에 달인의 경지에 이르러서인지 또 2차 때와 달리 걷는 거리가 무리하지 않아선지 모두들 걷는 것을 상당히 여유롭게 즐기는 분위기였다. 오후에는 목욕하는 데 2시간을 할애할 정도로.

이날 우리들은 저녁 일찍 고래불 해수욕장(영덕군 병곡면 병곡리)에 있는 숙박지에 도착하여 여장을 풀었다. 고래불 해수욕장은 명사(鳴沙) 10리가 아닌 20리를 자랑하는 곳이다. 나는 옛적에 영덕군을 찾은 적은 있으나 이곳은 처음 찾았기에 고래불이라는 명칭도 생소하고 이것을 이색(李穡 : 牧隱, 1328~1396)이 작명하였다는 것도 처음 들었다. 이색은 이곳 영덕군 영해면 괴시리 외가(함창 김씨)에서 태어났다고 한다. 그는 부친인 이곡과 원에 유학, 성리학 유입에 중요한 역할을 하였고 그의 문하생(정몽주, 정도전 등)과 여말 개혁세력인 신진사대부를 이끌었으나 조선왕조 개창에 반대, 고려에 충절을 지키었다. 그렇지만 그의 후손들(한산 이씨)은 포은 정몽주 후손(영일 정씨)과 같이 조선왕조에서 충절을 지킨 명가(名家)로서 대접받으며 크게 번성한 것도 역사의 재미있는 한 모습이라 하겠다.

다음날 4월 1일. 일행은 명사 20리 옆 바닷가 길을 따라 시원한 바닷바람을 쏘이며 앞에 보이는 상대산(上臺山)을 향해 걸음을 옮기었다. 나는 함 대표로부터 이곳이 고향인 교원대학교 권재술 총장이 오늘 우리를 안내한다는 말을 듣고 있었기에 상당한 기대와 관심을 갖고 있었다. 상대산을 돌아 동네 입구에 오자 등산복 차림의 권 총장이 마을의 연륜을 상징하는 고목 앞에서 우리를 반갑게 맞아주었다. 이날 나는 권 총장을 처음 만났지만 명가집(安東權氏) 후손답게 인품 있고 상당히 호감이 가는 분이었다. 권 총장은 우리를 옛스러움이 한껏 담겨 있는 동네로 안내, 영덕 번호택(樊湖宅)이라 안내문이 서 있는 고풍스러운 옛집으로 인도하였다. 집안에는 마을사람뿐 아니라 인근에 사는 문중인사들이 다 동원된 것 같아 북적였고, 우리는 이들로부터 진심어린 환대를 받았다. 문중족장인 권수은 선생은 이 문중의 선대인 단종의 모친 현덕왕후(顯德王后, 1418~1441 : 花山府院君 權專의 딸) 집안의 수난사와 이 문중이 이곳에 정착하여 집안을 잇게 된 문중사(門中史)를 흥미 있게 들려주었다. 이 영해 안동 권씨 마을은 일명 관어대(觀魚臺)라 불리기도 하지만, 관어대는 상대산 위에 위치했던 것으로 이곳에 오르면 주변 경관이 아름답고 동해의 노는 물고기를 볼 수 있다하여 이름 지어진 것이고, 최근에는 상대산을 관어대라 지칭하기도 한다고 한다. 관어대라는 이름은 목은 작명설이 널리 알려졌지만, 목은 이전에 안축(安軸 : 謹齋, 1287~1348)의 글에 나오는 것으로 보아 목은이 작명한 것이 아니라 목은의 글 「관어대소부(觀魚臺小賦)」로 세간에 널리 알려지게 되었다고 보는 것이 옳은 것 같다고 한다. 이 관어대에는 수많은 선인들이 올라 많은 글을 남기었고 영덕문화원에서 이를 묶어 『관어대에 관한 시와 부』라는 귀중한 책자를 출간하였다. 나중에 영덕문화원에서 고맙게도 이 책을 우송해주었다.

사실 이번 3구간 걷기에서 챙겨볼 몇 곳을 염두에 두고 있었고 그 중 이곳 영덕에서는 신돌석(申乭錫, 1878~1908)과 이색의 유적지를 비롯한 옛 모습이 살아 있는 전통마을을 꼭 찾고 싶었다. 그런데 이러한 나의 희망이 괴시리 안동 권씨 문중마을 방문으로 어느 정도 뜻을 이루게 되었으니, 평생 잊지 못할 귀중한 선물을 받았다는 생각이 들었다.

신돌석 유적지는 1980년대 초, 졸저(拙著) 『빛을 남긴 사람들』 출간을 위해 자료 수집차 잠깐 찾은 적이 있었지만, 이번에 다시 한번 찾고 싶었다. 신돌석 의병장은 영덕 출신으로 한말 대부분의 의병장과 달리 천민 출신 의병장으로 널리 알려진 인물이다. 1907년 전국의 의병이 단일지휘체제를 갖추어 서울을 수복하자는 의견이 일어나, 전국 의병을 양주에 모으고 이인영을 13도 창의군 대장으로 삼고 의병연합부대를 편성하였는데, 신돌석 의병장은 천민 출신이라고 제외시켰다. 당시 대부분의 의병장이 양반 출신이었기에 천민 출신 의병장을 인정한다는 것은 전통적인 위계질서를 무너뜨린다고 생각하였고, 결국 이와 같은 처사로 서울진공작전은 실패하고 말았다. 신 의병장은 영덕으로 돌아와 여러 차례 일본군에게 막대한 타격을 주었지만 뒤에 현상금에 눈이 어두운

주변인물에게 죽음을 당했다. 어떻든 신 의병장은 반상 신분의 구분이
엄격한 당시에 3천여 명의 수하를 거느린 의병장으로 혁혁한 전공을
세웠음은 당시 어떤 의병장 보다 높이 평가되어야 한다고 생각한다.
신돌석 유적지가 우리가 걷는 길에서 좀 떨어져 있어, 찾는 것은 다음
기회로 미룰 수밖에 없었고, 몇몇 회원들과 그에 대한 나의 소견을 이야기
하는 것으로 아쉬움을 달랬다.

　이어서 우리가 걷는 길가에 ‘대소산 봉수대(大所山烽燧臺) 입구’라는
간판이 보여 찾고 싶었지만, 봉수대 유적지가 산 주봉에 위치해 있어
이것도 다음 기회로 미룰 수밖에 없었다. 이 봉수대는 유적이 뚜렷이
남아 있는 동해안의 유일한 봉수대로 왜구의 침입을 감시하는 중요한
역할을 하였던 곳인데 관심 있는 사람들이 많이 찾기도 한다.

　오후에는 한가한 해안가 도로를 따라 주변 풍광을 즐기며 여유롭게
걸어 숙박지인 영덕읍 대판리 숙소에 도착, 지친 몸을 눕혔다.

　다음날 2일은 날씨도 맑고 기분 좋은 아침이었다. 어젯밤 북한과의
남아공월드컵 축구 예선전에서 한국이 승리한데다가, 오늘이 제3구간
걷기의 과반을 넘은 날이기도 해 일행 모두가 가벼운 기분에 들떠있는
것 같았다.

　우리 일행은 풍력발전단지 옆 잘 가꾸어 놓은 해안도로를 따라 시원한
바닷바람을 맞으며 열심히 걸었다. 걷다보니 길가에 뜻밖에 이 지역
출신이 아니지만, 조선조 시조와 시가로 일가를 이루었던 고산 윤선도(孤山
尹善道, 1587~1671) 시비 입구 안내판이 보였다. 전혀 예측하지 못했던
곳에서 발견하였기에 반갑기도 하면서 이곳과 고산이 무슨 연고가 있나
혼자 여러 가지 생각을 하다 고산이 유배생활을 여러 곳에서 오래했기에
이와 관련된 것으로 생각이 모아졌다. 의문을 풀기 위해 영덕군청 문화과

에 전화를 걸어보니, 1638년 고산이 이곳에 귀양 와 머물면서 20여 편의 시를 쓴 것을 기념하여 이중 신거대중추월(新居對中秋月 : 새로운 거주지에서 중추를 맞는다) 시 2편을 담아 기념시비를 세웠다는 것이다. 고산은 평생을 당쟁으로 파직과 유배를 반복하며 거의 유배지에서 일생을 보냈고, 고산이 영덕으로 귀양 온 것은 1638년 병자호란시 왕을 호종하지 않았다는 모함을 받아서였다. 고산은 남인으로 집권세력인 노론에 밀려 벽지 유배소나 고향에 은둔하여 보내었으나 오히려 이런 고단하고 한가로운 삶을 통해 훌륭한 문학작품을 후대에 남길 수 있지 않았을까 하는 생각을 해보았다. 그러면서 그에 대한 좀 더 상세한 모습은 뒤에 남해안 걷기에서 그의 해남고택 방문으로 이루게 되기를 기대해보기로 하였다.

영덕도 울진에 비견할 정도로 도시, 촌락 거리, 눈에 보이는 모든 곳이 크고 작은 대게 조각, 그림으로 뒤덮여 있다. 마치 대게에 모든 운명을 건 것처럼.

오후의 길은 7번 국도로 오전에 비해 차량통행이 많아 신경이 좀 쓰였지만 일행 모두 비교적 차분하게 잘 적응하며 이겨내는 것 같다. 그런데 길 따라 걷고 있는 내 눈에 '장사상륙작전기념물'이란 글씨가 들어왔다. 장사상륙작전은 6·25전쟁사에 그렇게 유명한 전투도 아니고 무모하고 실패한 전투로 평가하고 있지만, 나는 나름대로 의미를 가진 전투라 생각하여 이곳을 찾고 싶었다.

원래 이 작전을 계획한 것은 적 후방을 교란하고 아군의 전진로를 개척할 목적으로 이루어졌기에, 별다른 장비도 갖추지 못하고, 상륙함도 군함이 아닌 대한해운공사 소속의 문산호 LST를 이용, 상륙전 훈련도 전혀 받지 않은 학도병 중심으로 감행하였다. 이러한 상태에다 태풍이 불고 있어 배가 좌초되고 적의 맹렬한 공격 하에 상륙전이 이루어졌기에 많은 피해를 받았으나, 기어코 상륙하여 3일 동안 학생들은 불타는 투지

하나로 이 일대 적에게 많은 타격을 주고 이곳에 머물다 철수하였다. 나는 이 전투에 두 가지 의미를 주고 싶다. 첫 번째로 이 상륙전이 결과적으로 6·25전쟁 승패에 전기를 만든 인천상륙작전 전날인 9월 14일 이루어져, 적이 아군 주력부대의 상륙지점에 혼돈을 가져오게 해 인천상륙작전 성공에 많은 기여를 하였다고 볼 수 있고, 두 번째로 이 전투는 6·25전쟁 중, 20세 미만의 나이어린 중학생으로 편성된 학생들만의 단일부대(독립유격대대, 일명 明 부대, 부대원 720명) 의용군으로 전개한 첫 전투로, 우리나라 의병사(義兵史)에 중요한 의미가 있다고 볼 수 있다. 이런 두 가지 면에서 이 전투는 6·25전쟁사에서 높이 평가되고 기억되어야만 한다는 생각을 하였다. 이 유적물을 떠나면서 전쟁사에 관심을 갖고 있는 이홍주 회원과 이러한 이야기를 주고받으며 군번도 없이 참전, 산화한 수많은 학도병들에 대한 더 많은 국민적인 관심과 지원이 이루어졌으면 하는 바램을 가져보았다.

다음날 3일, 아침 일찍 벚꽃 길을 걸어 바닷가 어민들의 정취가 흠뻑 담겨있는 밥집에서 아침을 먹고 해안도로를 따라 걸었다 이제는 회원 모두가 완주에 대해 자신감에 차있는 것 같았다. 그런데 오후에 걸은 길은 이번 3구간에서 최악의 길이었다. 이곳에서 벌이고 있는 영일만 항과 영일만 산업단지 조성을 위한 대형 공사차량이 줄을 잇고 있어 소음과 먼지가 우리 일행을 뒤덮곤 하였다. 그러나 한편으로 약동하는 우리 국가의 밝은 미래가 그려져 나름대로 밝은 기분이 들기도 하였다.

다음날 4일은 이번 걷기의 마지막 날. 얼마나 고대하던 날인가! 그러면서도 벌써 마지막인가 하는 아쉬운 생각이 들기도 한다. 이날 승용차로 몇 차례 지났던 포항의 몇 곳 명물을 보며 비교적 여유롭게 걸었다.

　　포항, 우리들에게 가장 먼저 그려지는 것이 포항제철(POSCO), 대한민국 선진화의 상징이다. 돈도 기술도 철광도 아무것도 없는 모래바닥 위에 이러한 기적을 만들어 낸 한민족과 대한민국이 자랑스럽다. 나는 포항제철의 담을 따라 걸으며 1960~70년대 우리들이 겪었던 산업화 과정의 옛일들을 떠올리며, 그래도 후손들에게 이러한 나라를 물려줄 수 있게 한 우리 세대가 자랑스러운 생각이 들었다.

　　포항제철을 뒤로 하고 영일만을 걸으면서 영일을 본관으로 한 포은 정몽주(圃隱 鄭夢周, 1337~1392)를 떠올리지 않을 수 없었다. 포은은 포항시 오천 출신으로 이곳에 그의 '생가유허비'가 있다. 그는 이곳에서 어린 시절을 보내고 9세 때 영천으로 옮겨 갔다(인명사전 등에는 영천출신으로 잘못 표기됨) 포은은 고려 말 성리학자로 개혁파인 신진사대부의 중심인물로 활동하였고 이성계와도 밀접한 관계를 가지고 같은 정치노선을 걸으며 개혁에 상당한 성과를 얻기도 했다. 그러나 뒤에 역성혁명에 반대, 고려조에 충절을 지키다 죽음을 당하였다. 그렇지만 조선왕조 개창 이후 그는 유교적인 윤리관을 지킨 충신으로 높이 평가되었고 그를 죽인 태종(이방원)도 왕위에 오르자 그를 영의정으로 추증, 뒤에는(중종) 문묘에 배향되기까지 하였다. 또 포은은 포항의 오천서원을 비롯하여 전국에 16개 서원에 배향되었을 뿐 아니라, 그의 후손들은 조선왕조에서 명문가로 크게 번성하였다. 나는 몇 년 전에 찾은 적이 있는, 오천읍 그의 유적지를 다시 한번 보고 싶었지만 계획되지 않은 일이기에 다음으로 미룰 수밖에 없었다. 나는 일행과 천천히 걸어가며 포은의 단심가(丹心歌)와 이방원의 하여가(何如歌) 구절을 흥얼거리며 세상사는 묘미를 포은의 역사적인 평가에서 찾아보았다. 조선왕조 개창을 위해 그의 목이 필요했고 왕조 기반을 확립하기 위해 그의 충심이 필요했던 역사의 한 단면을 되새겨보며.

제3구간 목적지점에 먼저 와 기다리고 있던 나의 눈에 일행의 모습이 들어오면서 얼마 뒤 하나둘 목적지점을 통과, 감격스러운 포옹이 이루어졌다. 일행이 다 들어왔는데 아내의 모습이 안 보여 걱정을 하고 있는데, 마지막으로 도착, 나와 감격스러운 포옹을 하였다. 우리 39명은 한명의 낙오자도 없이 제3구간 완주에 성공한 기쁨과 앞으로의 판문각까지의 성공적인 완주를 기원하며 만세를 소리 높여 외쳤다.

"만세! 만세! 만만세!"

제4구간 | 경북 포항~부산

지난번 제3구간 완주의 기쁨을 나누었던 호미곶(虎尾串)에서, 2009년 11월 2일 정오, 39명의 회원이 모여 우렁찬 함성 속에 제4구간 350여 리 대장정의 첫발을 내딛었다.

오늘 우리의 출발지인 '호미곶(虎尾串)'은 호랑이 꼬리를 의미하는 재미있는 지명이고 앞으로 우리의 추억 속에 오래 간직될 지명이기도 하다.

나는 과거에 이곳을 두어 차례 찾은 적이 있었지만 호미곶이라는 이 지명을 듣지 못하였고 당시에는 공식지명이 장기곶(長鬐串)이라 하였다. 당시 이곳에 사는 지인들과 농담 삼아 토끼 모양의 한반도의 꼬리인 "토끼 꼬리"라는 이야기를 나누었던 기억이 난다. 그러다 'U자걷기'에 참여하면서 호미곶이라는 지명을 처음 들었고 나름대로 지명 생성의 유래는 짐작할 수 있었지만. 어쨌든 장기곶이 호미곶으로 공식명칭이 변경된 것은 얼마 전인 2001년 12월이었다.(지명위원회 결정) 이러한 지명이 만들어진 것은 한반도를 호랑이로 묘사한 것에 유래된 것임을 추정할 수 있다.

그런데 우리 옛 선인들은 산이나 강을 동물로 묘사하는 경우는 있었지만 한반도 전체를 동물로 보는 경우는 흔치 않았고 일반적으로 인체에 비유하였다. 백두산을 머리, 태백산맥인 백두대간을 척추, 백두대간에서 서쪽으로 뻗은 산맥을 갈비뼈, 백두대간을 북에서 동서로 가로지른 장백산맥을 어깨, 백두대간이 남쪽으로 내려와 둘로 갈라져 제주도와 대마도(쓰시마)로 이어진 것을 두 다리에 비유하였다. 그리고 산맥 사이에 흐르는 강을 혈관으로 보아 뼈인 산맥과 혈관인 강의 배합 형태가 인체와 유사하다고 생각하여 한반도를 살아있는 생명체로 보았다. 이러한 지리관이 우리나라에 독특한 풍수지리사상을 만들어 내었다.

물론 조선 중기 이후 우리 선인들 중 한반도를 동물 즉 호랑이로 묘사한 분이 있었다고는 하나 별로 기록된 것이 보이지 않고, 다만 조선조 명종 때 유명한 풍수가인 남사고(南師古 : 格菴, 東海山水秘錄)가 이 지역 봉래산 밑에 호미등(虎尾嶝)이라는 명당이 있다는 기록을 남기었으나 이 지명의 생성 유래나 언제부터 그렇게 불리어 왔는지 알 수 없다. 그렇지만 이것이 한반도를 호랑이로 묘사해서 이러한 지명이 생성된 것이 아닌가 하는 추리는 가능하다.(이것이 호미곶의 역사적인 典據가 되고 있다) 그러나 이러한 것이 일반적인 경향은 아니었고 한반도를 동물로 묘사한 것이 일반화된 것은 일제강점기였다. 이것이 일본이 식민주의사관의 이론적인 바탕이 되었던 지정학(地政學)과 연계하여 우리 민족을 순종적인 식민지인으로 순치(馴致)시키려는 의도였던지, 아니면 우연히 그렇게 된 것인지 일부 서책에 한반도를 토끼로 묘사한 것이 등장, 이것이 많은 사람에게 알려지게 되었고 광복 이후에도 많이 회자(膾炙) 되었다. 그러다가 일부 민족주의 사학자들이 중심이 되어 한반도를 토끼 대신 호랑이로 묘사, 우리 민족이 토끼 같은 나약한 민족이 아닌 진취적이고 강인한 호랑이 같은 민족임을 나타내려 하였다. 이것이 이곳이 토끼꼬리(묘미곶 : 卯尾串)가 아닌 호미곶(호랑이 꼬리)이 된 유래라 할 수 있지만, 역사적으로 이곳을 호랑이와 연계된 지명으로 불리어진 기록도, 이곳에 이러한 지명이 전승된 흔적도 별로 보이지 않는 것으로 보아 이 지명이 생성된 것은 오래되지 않은 것으로 추정된다.

나는 이곳을 떠나면서, 내가 만약에 지명위원회 위원이었다면 "이곳 지명은 천여 년 이상 불리어진 역사성 있는 '장기곶'으로 그대로 두고 별칭이나 애칭으로 호미곶 또는 묘미곶으로 하는 것이 좋지 않을까, 이제는 일본에 대한 열등감이나 지나친 민족주의에서 벗어나 한반도를 토끼나 호랑이 중 하나로 고집하지 말고 자신감을 가지고 누구나 자기 필요에 의해 자유롭게 묘사하도록 하자. 더욱이 우리의 고토인 만주를 염두에 둔다면 우리 국토의 형상을 호랑이나 토끼로 묘사하는 것에서 벗어나야 되지 않을까?" 이러한 주장을 하였을 것이라는 생각을 하며 걸음을 재촉하였다.

이번 걷는 제4구간은 내가 속한 3반과는 깊은 연을 가진 구간이기도 하다. 지금까지는 지휘부에서 하던 코스개발을 이번 구간부터 각반에서 맡기로 해 처음 3반이 맡아 이 구간 코스개발을 하였다. 물론 함수곤 대표의 참여와 구상이 바탕이 되었지만 어떻든 3반의 사전답사팀(김동식, 신원영, 김태종)이 코스개발을 하였고 시종 안내를 맡아 진행하였다. 이날은 다행히 3구간 걷기에서 만난 이곳 출신 도보여행가인 김현표 님이 자진 참여해서 코스안내를 맡아주어 우리들의 부담과 걱정을 많이 덜어주었다. 그는 3반이 개발한 코스가 아닌 좀 더 안전하고 조용한 해안도로와 개통하지 않은 준 고속도로로 우리를 안내, 우리 마음을 가볍게 해주었다. 서울에서 출발할 때 날씨가 고르지 않고 기온도 내려가 걱정을 하였지만 다행히 3반과 모든 회원들의 복인지 날씨가 풀리고 바람도 잠들어 걷기에 최적의 날이 되었다. 구룡반도 동쪽해안을 따라 걸으면서 주변에 해송 숲에서 풍기는 솔잎, 바다 냄새에 새삼 취해보고. 또 오늘은 걷는 부담도 크지 않은 14km정도라니, 모든 회원들이 첫날에 보이는 긴장감보다 마지막 날 같은 여유로움이 넘쳐 보인다. 그래서인지 첫날부터 목욕탕을 찾기도 하였다.

어쨌든 큰 어려움 없이 목표지점인 구룡포항에 오후 4시경 도착하였고, 우리를 안내한 김현표 님은 기대하지 않았던 '일본인 가옥거리'라는 선물을 안겨주었다. 이 거리는 일제강점기에 일본인 집단 거류지 거리로 아마도 전국에서 유일하게 보존된 것 같다. 보존상태가 완전하지는 않았지만 이런 발상을 한 구룡포읍의 뜻이 돋보여 높이 상찬해주고 싶다. 일제 총독관저이며 대한민국 건국의 산실중 하나이었던 경무대 건물을 헐어버리고 기고만장하던 인물을 떠올리며 이러한 역사적인 흔적이 마멸된 것을 아쉬워하던 생각이 나서 건물 하나 하나를 무심히 볼 수 없었다. 진정한 자국사(自國史)의 사랑이란 영광스러운 역사뿐 아니라 비참했던 과거사에 대해서도 의연하게 대하며 이를 사랑하는 것이라는 평상시의 생각을 몇몇 회원과 주고받으며 이 거리를 뒤로 하였다.

숙소를 정한 후 시간이 남아 몇이서 이곳의 특산물인 과메기 집을 찾아 즐거운 시간을 갖기도 하였다.

다음날 3일은 감포까지 70여 리를 걷는 가장 힘든 날이다. 또 걷는 코스도 인도가 없는 차도이기에 상당히 걱정을 했지만 비교적 차량통행량이 적어 큰 어려움 없이 예정시간에 맞추어 걸을 수 있었다. 오늘 걷는 곳은 이전에 몇 차례 차를 타고 지나간 곳이긴 하나 경주문화권에 인접한 곳이기에 무엇인가 얻을 수 있지 않을까 하는 기대를 갖고 주변에 눈길을 주며 걸음을 재촉하였다. 걷다가 내 눈에 길가 나무숲에 비각 같은 건물이 보여 달려가 찾아보니 비각이 아니라 안내문에 '모포줄'(포항시 장기면 모포리)이라고 적혀 있다. 내용을 읽어보니 모포줄이라는 칡넝쿨과 굴피껍질로 만든 줄다리기용 줄 한 쌍을 모셔놓은 곳이다. 그런데 이 줄이 마을의 수호신으로 이곳에서 매년 정월초에 모든 동민이 모여, 마을의 안녕을 기원하는 제례를 지내고 2년마다 마을 주민들이 이 줄로 줄다리기 행사를 하며 동민 간에 우의를 다지면서 마을의 번영을 축원드린다는 것이다. 이러한 행사가 조선조 태종 연간(태종 4, 1404)부터 시작되어 면면히 이어오고 있다는 것이다. 조선시대 전국 곳곳에 이와 유사한 행사가 많이 있어 농촌의 상부상조 협동생활에 바탕이 되었지만 이렇게 줄다리기 줄을 수호신으로 받드는 것은 특이한 모습이라 생각 되고, 이러한 유풍을 간직하고 있는 포항 장기면이 돋보였다. 이곳 뒷산은 뇌성산(磊城山)으로, 동해안 봉수대로 널리 알려지고 있으나 걸으면서 산 정상을 올려다보는 것으로 만족하였다.

감포는 경주 외항으로 널리 알려진 곳으로, 감포항 경내는 십여 차례 찾았지만 대부분 감은사지 앞쪽을 주로 찾았고 감포항에 머물기는 이번이 처음인 것 같다. 우리 일행은 전원이 오후 4시경 감포항에 도착, 이 4구간 걷기에서 가장 어려운 고비를 넘기는 기쁨을 맛보았다.

다음날 4일, 이날 걷는 코스는 4구간에서 걷기 부담이 가장 적으면서 가장 많은 것을 얻고 배울 수 있는 곳이라 하겠다. 이 지역은 경주에서 가장 가까운 바다이면서 신라 최성기에 일종의 성지(聖地)로 많은 유적이 밀집되어 있는 곳이다. 경주 토함산 석굴암의 본존상이 멀리 보고 있는 방향의 동해 바다가 바로 이곳으로, 감은사(感恩寺), 그 앞 해변에는 이견대(利見臺), 바다 가운데는 대왕암(大王岩)이 있다. 이에 대해 『삼국유사(三國遺事)』는 다음과 같이 기록하고 있다.

> 文武王(661~681 재위)이 왜병을 막고자 感恩寺를 창건하였으나 役事가 끝나기 전에 죽어 龍이 되었다. 그의 아들 神文王이 즉위, 2년에 절을 완공하였다. 金堂 섬돌 아래 東向에 구멍을 만들어 龍이 들어와 머물도록

하였다. 先王의 유언에 의
해 뼈를 장례 지낸 곳이 大
王岩이라 하고 뒤에 용이
나타난 모습을 본 것이 利見
臺라 이름 하였다.("文武王
欲鎭倭兵 故始創此寺 未畢而
崩 爲海龍 蓋遺詔之藏骨處
名大王岩 寺名感恩寺 後見龍
現形處 名利見臺")

경주 감은사지

또 이와 연관된 '만파식적
(萬波息笛)'이라는 신라 최성
기에 평화를 구가한 전설적인
이야기가 수록되어 있다.

이러한 석굴암, 감은사, 대
왕암 등의 생성 배경에 가장
중요한 관계를 가지고 있는

이견대

것이 왜구(倭寇)이다. 삼국통일기에 대외관계를 흔히 십자(十字)관계라
하여 고구려·백제·왜가 연합하여 한축을, 이에 맞서 신라와 당이 연합하
여 한축을 이루어 대결하다, 결국 나당 연합군이 백제와 고구려를 멸하고
삼국통일을 이룬다. 당시 왜는 백제에 출병까지 하였다 패퇴하였고 이때
많은 백제 유민들이 일본에 건너가 일본사회에 상당한 영향력을 갖게
되면서 그 이전부터 갖고 있던 일본사회의 반(反) 신라적인 분위기를
더욱 고조시키게 되었다. 그래서 삼국통일 이후 신라의 가장 큰 대외문제
가 왜구였고 이를 호국불교신앙과 연계해 부처님의 힘(佛力)으로 막으려
하였다.

대왕암

우리는 감은사지 앞 해안도로를 따라 걸으며 절터에 남아있는 동·서 두 3층 석탑을 멀리서 바라보면서, 아쉽지만 빡빡한 일정 때문에 그대로 지날 수밖에 없었다. 얼마 안 가서 길가에 있는 옛 이견대 터에 최근에 세운 이견정 (利見亭)을 찾았다. 이곳에서 100여 미터 떨어진 바다 가운데에 있는 대왕암을 건너다보며 문무왕이 자기 몸을 바다에 장사지내며 영혼까지 백성과 나라를 지키려한 깊은 뜻이 우리나라 역사상 가장 오랜 왕조인 신라 천년사직(千年社稷)의 원천이 되지 않았나 하는 생각을 해보았다. 이런 나의 생각을 몇몇 회원과 나누며 아쉽게 발걸음을 돌려 월성 원자력발전소를 향하였다.

우리는 월성 원자력발전소 견학을 하며 버스를 이용, 6km 거리를 단축할 수 있었다. 월성 원자력발전소는 자원 없는 우리나라의 자랑스럽고 밝은 미래상을 보여주는 것 같아 견학 내내 즐겁고 기분이 좋았다. 더욱이 걷는 거리까지 단축이 되었으니. 견학과정 중에 프랑스 원자력발전소 중 내륙지방에 위치한 발전소가 냉각수로 센강 상류 물을 사용하고 그 물을 센강에 그대로 방류하고 있으나 별다른 문제제기가 없다는 이야기를 듣고 많은 충격을 받았다. 만약에 우리나라에서 한강 상류에 이러한 유사한 일을 하였다면 어떻게 되었을까. 이런저런 생각을 하며 점심 예약 장소인 대관령 식당으로 걸음을 옮기었다.

오후 걷기도 선두에선 3반 걸음이 빠르다고 더 천천히 가자는 말이 나올 정도로 시간 여유가 있었다. 걷는 길가에 비석이 눈에 띄어 읽어보니

'월성 해안 침투공비 전적비'다. 1983년 8월 5일, 이곳에 침투한 공비를 해병대가 섬멸하고 이를 기념하여 그해 12월에 세운 비석이다. 지난번 울진을 걸으며 울진공비침투사건을 알리는 표식비 하나 없어 아쉬워했던 생각이 나, 다시 한 번 비석을 더듬어 보면서도 분단된 우리의 어려운 현실이 느껴져 마음 한 구석이 어두워지기도 했다. 얼마 더 걸어가자 길가에 또 비석이 보여 찾아보니, '6·25 참전 유공자 선양비'라 되어 있다. 다른 곳에서는 별로 보지 못했던 비석이다. 이런 비석이 전국곳곳에 세워진다면 6·25전쟁을 체험하지 못한 세대에게 좋은 교육자료가 될 수 있을 텐데 하는 생각을 해보았다. 이날 우리가 묵을 곳이 경주시 양남면, 울산시와 접경한 곳으로 비교적 이른 4시경에 도착하였다. 이날은 시간 여유가 있어 해수탕도 하고 저녁자리에서 회원들이 돌아가며 장기자랑도 하고 즐거운 시간을 갖고 잠자리에 들었다.

다음날 5일, 우리가 묵은 바다 모텔은 이름 그대로 바닷가에 위치해, 정말 오랜만에 새벽 어스름한 바다를 내려다 볼 수 있었다. 오늘로 벌써 4구간 걷기 후반에 들어간다는 생각을 하니 몸과 마음과 한결 가벼워지기도 하고, 다른 회원들도 비슷한 기분인 것 같아 모두들 자신감이 넘쳐 보였다. 오늘은 걷는 거리가 24km 정도이고 또 걷는 길이 새로운 차량전용 도로가 개통된 이후 차량 통행이 비교적 적어진 구도로(31번 국도)라 모두들 느긋해 보였다. 그러면서도 산골길이기에 약간 걱정은 되었지만 걸어보니 큰 부담 없이 걸을 만하였다. 산 이름이 무룡산이라 하며, 묘하게 아직 단풍도 들지 않은 계절을 잊은 푸른 숲속의 고갯길을 주변 풍광도 즐기며 열심히 걸었다. 고개 정상에 올라 숨을 돌리며 멀리 산 밑에 보이는 울산시를 보며 느긋한 마음으로 발걸음을 옮기었다. 내리막길이고 주변 산세도 아름다워 3반 답사팀이 이 길을 '제3반 평화의 길'이라

명명하였다는 이야기를 들었기에 더욱 흥겨운 마음으로 주변으로 눈길을
돌리며 걸었다. 길가에 사당 같은 건물이 보이기에 얼듯 보니 '영일정씨
사당'이다. 이 지역과 깊은 인연을 가진 포은 정몽주와 연관된 흔적이
보여 반가웠다. 영일 정씨인 포은은 여기서 가까운 포항 오천 출신이고
한때 이곳 언양의 요도(蓼島)에서 귀양살이를 한 인연이 있다.

   울산은 한국 현대화의 상징적인 도시라 할 수 있다. 그러면서 많은
역사적인 유적을 담고 있는 도시이기도 하다. 울산에 대한 최초의 기록은
『삼국사기』에 신라 탈해왕(脫解王) 때 이곳에 있던 우시산국(于尸山國)을
무력으로 병합하였다는 기록이다. 이곳 향토사학자들은 우시산국의 '尸'
자가 '르'로 발음하여 울산이 되었다고 말하는데 재미있는 해석이라
하겠다. 또 울산에서 전설로 전해지는 유적으로는 울산의 수호신으로
알려진 계변신(戒邊神 : 울산 박씨 시조)이 학을 타고 신두산(神頭山)에
내려왔다는 곳인 학성공원, 용의 아들 처용랑(處容郞)이 나타났다는 처용
바위(處容岩), 왜국에 볼모로 가 있던 미사흔(未斯欣)을 구출하고 죽은
박제상(朴堤上)을 기다리다 죽은 부인(鵄述嶺神母)을 모신 사당 등이 있다.
이외에도 임진왜란과 관계된 유적지, 선사시대 유적지인 반구대암각화(盤
龜臺岩刻畵) 등이 있으나 이번 걷기 코스와는 모두 떨어져 있어 아쉽지만
이들 지역 답사는 다음 기회로 미룰 수밖에 없었다.

   그러면서도 경주시계를 넘어 울산으로 들어오면서 이곳 출신인 외솔
최현배(崔鉉培) 선생님 모습을 떠올리지 않은 수 없었다. 한글을 지키며
올바른 한글 보급을 위해 평생을 바친 그 분의 외골수 생애를 생각하며
이 분을 배출한 울산에 머리 숙여 고마움을 전하고 싶었다. 평상시 가장
존경하였던 분인데 이 분의 생가터(울산시 중구 동동, 기념문화재)도
찾지 못하는 아쉬움을 되새기며, 이런저런 생각을 하며 걷고 있는데
전화가 와 받아보니 이곳에 살고 있는 고교동창생인 이대용 군이라 오늘

옛 울산역(현재 태화강역) 앞에서

저녁 먹을 식당을 알려달라고, 그곳에 가 기다리겠다고 한다. 반갑기 한이 없다.

　점심은 울산시내 초입에 있는 동해농장 식당, 메뉴는 멧돼지 떡갈비인데 맛도 있고 여주인도 친절하고 미인이어서 음식 맛을 배가시켜 주었다. 우리는 식당 앞마당에서 여주인과 기념사진도 찍고 앞으로의 재회도 약속하고 음식점을 뒤로 하고 시내로 방향을 잡았다. 한참 걸어 울산역 광장에서 휴식도 취하고, 시간 여유가 있어 목욕도 하고, 오늘 숙박할 시내 중심가에 있는 해인 모텔에 짐을 풀었다. 이날 저녁은 광천막국수 식당에서 했는데, 미리 기다리고 있던 이군과 반가운 만남을 가졌다.

　다음날 6일, 일행은 8시 등교하는 학생들과 어울려 울산 시내를 줄지어 걸었다. 그래도 약진하는 산업도시의 생기 넘치는 모습에 도심을 걷는 짜증스러움이 한결 가셔지는 것 같았다. 걷고 있는 길 건너편에 '고복수(高

福壽) 가요제' 현수막이 보여 주변 회원들에게 이 지역과 고복수와의 관계를 물었으나 별로 아는 분이 없어 길옆 가게 주인에게 물었더니 그가 이곳 출신이라고 한다. 고복수는 우리 세대에게는 잊혀지지 않는 가수다.

그런데 오늘 걷는 코스가 4구간 최악의 코스라고 여러 차례 들어 마음속 각오는 단단히 했지만 걸어 보니 정말 위험하고 힘든 코스였다. 이 14번 국도인 고속화 산업도로는 인도도 없고 차도뿐인데다가 대부분의 통행차량이 대형 화물차여서 우리 옆을 고속으로 지날 때는 소음뿐 아니라 '쌩'하니 바람이 일어나 걷는 우리를 놀라게 하곤 하였다. 우리가 걷고 있는 이 지역은 옛 역사 속에서도 어려움을 많이 겪은 곳인데 걷는 우리들에게도 평탄치 않구나. 나는 혼자 이런 생각을 하며 쓴웃음을 짓곤 하였다. 이 지역은 한반도 중 왜구의 출몰이 가장 잦았던 곳이었다. 고려 말, 왜구가 극성을 부릴 때는 거의 매년 왜구의 침략을 받아 이곳 주민들은 이들의 노략질에 견디다 못해 대부분 다른 곳으로 이주하였고 우왕 때는 지방수령까지 경주로 옮겨 울산성이 공성(空城)이 되기도 하였다. 임진왜란 때도 가장 오랫동안 왜병이 주둔하여 그들은 이곳 학성에 성을 쌓아 도산성(島山城)이라 이름 하였다. 1597년 12월, 조선군과 명나라 연합군이 이곳에 주둔한 가토 기요마사(加藤淸正) 휘하의 왜군에 대대적인 공세를 취했으나 성을 함락시키는 데는 실패하였고 왜군이 거의 종전 시까지 주둔하다 퇴각한 곳이기도 하다.

우리는 점심도 도로 옆 자그마한 휴게소에서 들고 오후에도 14번 국도를 계속 걸어 그래도 한명의 낙오자도 없이 전원이 어려움을 잘 이겨내고 목적지인 부산시 기장군 장안읍에 도착, 숙소인 동부산 관광호텔에 여장을 풀었다. 이날 저녁은 각반 대항 장기자랑도 하고 어울리는 즐거움 속에 여독을 풀고 시설 좋은 최신 호텔방에서 숙면할 수 있었다.

다음날 7일은 걷기 마지막 날, 아쉽기도 하고, 시원하기도 하고. 그런데 오늘도 만만치가 않다. 코스도 어제 걸었던 고속화도로도 걷고 거리도 28km다. 그런데 아내가 걱정이다. 오늘 하루만 잘 이겨내 주기를 마음속으로 부탁하며 4구간 최종 목적지인 해운대를 향해 걸었다.

모든 회원들이 마지막 날이 되어서인지 또 어제 하루 경험을 해서인지 비교적 담담하게 잘 적응해 열심히 걷고 있다. 한참 걷다 보니 큰 관청건물이 나오는데, 기장군 청사란다. 정부종합청사만하다. 요사이 지방자치단체들이 앞 다투어 호화청사를 짓고 있는데, 이를 어떻게 볼 것인지. 주민복지 차원에서 주민 편의시설을 위한 투자라 하나 지나친 감이 있다. 우리 선조들의 검약 청렴했던 모습을 생각하는 지혜가 있었으면 하는 바램을 하며 걸음을 옮기었다. 점심은 바닷가에 어울리지 않는 해장국집, 이름도 신라해장국인데 음식도 비교적 맛이 있어 모두들 혁대를 풀고 맥주도 마시며 4구간의 마지막 점심을 즐겼다. 식사 후, 얼마 걷지 않아 우리를 기다리고 있던 반가운 친우들과의 상봉이 이루어졌다. 이 분들은 수년 전부터 우리와 교류하고 있던 부산시 퇴직 교장 모임인 목요등산회(회장 조병국) 회원들이다. 이들의 안내로 우리는 환상적인 '달빛 바투길'을 지나 해운대에 도착하였다. 이 길은 3년여 전에 이들과 한번 걸은 길인데, 그때와 달리 그동안 많은 투자를 하여 월광욕(月光浴)길답게 잘 꾸며 놓았다. 바닷가 산길이어서 먼 길을 걸어온 우리 회원들에게는 좀 힘든 부분도 있었지만 모두들 열심히 잘 따라 걸었다. 나는 이 길을 걸으면서 해운대와 깊은 인연을 갖고 있는 해운 최치원(海雲 崔致遠 : 또 다른 호는 孤雲)을 머릿속에 떠올리지 않을 수 없었다. 해운대(海雲臺)는 최치원의 호인 해운(海雲)에서 유래된 것으로 알려지고 있다. 그는 신라 말, 당나라에 유학(12세), 당나라 과거시험 빈공과(賓貢科)에 급제하여 벼슬도 하고, 특히 황소의 난 때 격문을 지어 필명을 얻기도 했지만,

큰 뜻을 품고 28세에 귀국해서 혼란스러운 신라 정치를 개혁하려 하였다. 이를 위해 진성여왕에게 시무 10여조의 개혁상소를 올리기도 했으나, 그의 유교적인 새로운 정치이념이 부패한 집권세력에 수용될 수 없었고 더욱이 폐쇄적인 골품제 신분체제에서 진골이 아닌 6두품 출신이라는 신분의 벽에 부딪쳐 결국 야인으로 평생을 불우하게 방황하다 해인사에서 생을 마감하였다. 그가 이곳을 찾았던 것도 전국을 유랑하다 이곳 풍광에 매혹되어 그의 흔적을 남긴 것으로 생각된다. 이곳에는 그가 바위에 해운대라 암각한 것의 일부가 전해지고 있다. 결국 그를 비롯하여 당시 최고의 지식계층이었던 6두품 출신들은 그들을 수용하지 못한 신라에 등을 돌렸고, 뒤에 해운의 문인(門人)들이 고려(崔彦撝), 후백제(崔承祐)에 적극 참여한 것도 이해할 수 있겠다. 나는 멀리 눈에 들어오기 시작한 해운대를 보면서 이런저런 해운의 일생을 되짚어 보며 그의 불우했던 생애(역사의 주류에서 제외된 아웃사이더)가 오히려 그를 학문·사상 연구에만 전념할 수 있게 해, 후대에 유불선(儒佛仙)을 겸비한 위대한 사상가로 추앙받을 수 있게 된 것이 아닌가 하는 생각을 해보며 걸음을 재촉하였다.

드디어 오후 5시경, 우리 회원 모두는 최종 목적지인 해운대 백사장에 도착, 서로 얼싸안고 제4구간 걷기 성공의 기쁨을 나누었다. 그리고 다같이 "4구간 걷기 성공을 자축", "임진각까지 걷기 성공을 기원", "부산시 목요등산회의 발전을 기원"하는 뜻을 담은 만세삼창을 소리 높이 외쳤다.

이번 걷기의 성공은 김동식, 신원영, 김태종 님을 비롯한 제3반의 치밀한 계획과 안내 그리고 모든 회원들이 자기보다 항상 남을 배려하는 따뜻한 마음이 밑거름이 되었다고 하겠다.

제5구간 | 부산~경남 통영

 2010년 4월 5일 오후 1시경, 한사모 회원 50명은 부산 태종대(太宗臺) 유원지 앞에 모여 별다른 행사 없이 조용히 대한민국 U자 걷기 제5구간 127km 대장정의 첫발을 내딛었다. 그 이전 출발 때 보이던 모습과 달라진 이런 모습도 연륜과 더불어 어른스럽게 변모해 가는 모습이라 생각하며 나는 일행의 뒤를 따랐다.

 이번 구간은 4반이 코스를 개발하고 안내를 맡았다. 4반은 많은 인재를 담고 있는 반이지만 이번 5구간이 이전 코스인 동해안의 단조로운 해안선과 달리 수많은 섬과 만으로 이루어진 복잡한 해안이어서 코스개발에 많은 어려움이 있었으리라 생각되었다. 그러면서도 다양한 코스개발이 가능한 곳이기도 해 코스개발 결과에 많은 기대를 갖고 참여하였다. 더욱이 4반은 이번에 개발한 코스 걷기의 구호를 "걸으며 즐기자"라고 제시, 많은 회원들에 호기심어린 기대를 부풀게 해주었다. 나는 이런 기대 이외에도 이번 구간에 충무공 이순신 장군의 많은 흔적이 남아있는 곳이기에 내 나름대로 이번 걷기를 "이충무공의 행적을 찾아 걷는 길"이라 생각하였다.

 태종대는 이전에도 몇 차례 찾은 곳으로 주로 차를 이용하여 볼거리가 있는 몇몇 곳만 차에서 내려 보았기에 걸으면서 보는 주변경관은 생소해 보였지만 봄 계절에 걸맞는 아름다운 꽃들이 우리를 반겨 주었다. 첫날

부산 태종대 입구

걷는 코스가 유원지를 따라 걷는 태종대의 순환도로이기 때문인지 종전코스에서 첫날 느끼던 분위기와는 다른, 즐기며 걷는 분위기였다.

  태종대는 신라의 삼국통일 대업을 시작한 29대 태종무열왕(太宗武烈王 : 재위 654~661)이 이곳의 풍광에 반해 머물렀다는 전설(『東萊府誌』 기록)에 근거, 태종대라 이름하였다고 한다. 나는 이 지명에 대해 몇 해 전, 이곳에 왔다가 태종우(太宗雨)와 연계, 좀 엉뚱한 다른 생각을 해 보았던 기억이 있다. 태종우는 옛부터 매년 음력 5월 초열흘날 내리는 비를 일컬었는데 이는 조선조 태종이 가뭄을 걱정하다 5월 초열흘날 승하(昇遐)하자 곧 비가 내렸고 매년 이때 비가 내려 이 비를 태종이 내리게 한 비라 하여 태종우라 불러왔다는 데서 유래한다. 이런 연유로 조선조에서는 이를 국왕의 애민정신을 상징하는 자연현상으로 군신 간에 널리 회자(膾炙)되었다. 그런데 유독 이곳에서만 태종우를 태종대와 연계, 조선시대 동래부사(東萊府使 : 부산포는 동래부 관할)가 이곳에서 기우제

를 지내 내리게 한 비라 이렇
게 이름하였다고 전하고 있
다. 그렇지만 절대왕정체제
인 조선조 당시의 정황으로
보아 태종우를 신라 태종무열
왕과 인연을 가진 이곳 지명
과 연계한다는 것은 생각하기
어렵고, 아마 태종우가 내리

부산 태종대

는 5월초 이곳에서 기우제를 지냈고 이때 비가 내리면 태종우를 내리게
한 기우제 대(臺)라 하여 이곳을 태종대라 이름한 것이 아닌가 하는 생각을
해보았다. 이를 갖고 이 지역 향토사학자들과 의견을 나누어 보았지만
별로 뚜렷한 답을 얻지 못하였다. 나는 일행을 따라 걸으며 이런 나의
생각이 안내문에 하나의 이설(異說)로라도 소개되었으면 이곳 지명에
대해 역사적인 다양한 해석을 할 수 있지 않을까 하는 바램을 해보았다.
  태종대의 순환도로 곳곳에 자연풍광이 아름다운 곳에는 쉼터가 있어
부산 앞바다를 내려다보며 숨을 고를 수 있었다. 쉼터 중 '라이온스
공원' 표지판이 있는 곳에는 정자와 봉수대가 있어 지나는 사람들의
발걸음을 멈추게 했지만 봉수대가 역사성을 무시한 복원같이 보여 기분이
개운치 않았다. 우리 일행은 태종대의 절경을 뒤로 하고 오늘의 최종
목적지인 송도를 향해 걸음을 재촉하였다. 걸어가는 길가에 '동삼동
패총 전시관'이라는 안내판이 보여, 몇 년 전의 기억을 떠올렸다. 이곳은
우리나라 선사시대(신석기~청동기 시대) 생활상을 엿볼 수 있는 가장
대표적인 유적지 전시관이다. 그런데 패총(貝塚 : 조개더미)이라는 역사
용어는 이미 예전 나의 편수관 시절 국사교과서에 한글화되었는데, 아직도
옛 용어를 쓰고 있다니 안타까웠다. 일행은 인도가 잘 갖춰진 남항대교(南

港大橋)에 올라 내륙이 아닌 바다에서 부산항을 보며 걸었다. 이전에 몇 번 찾은 자갈치시장이지만 이곳에서 보니 갈매기를 상징하는 멋진 조형물이 있었다. 이날은 조규향 동아대 총장의 배려로 동아대학박물관을 찾았고 이곳에서 예기치 않은 많은 수확을 얻을 수 있었다. 이곳은 귀중한 소장품뿐 아니라 박물관 건물 자체가 중요한 기념물이었다. 이 건물은 1925년부터 1983년까지 58년 동안 경남도청으로 사용되던 건물로, 6·25전쟁 당시 부산 임시수도 시기에는 정부청사로 사용되었던, 우리나라 근현대사의 귀중한 역사적 사실을 담고 있는 문화재이다. 또 이 건물 부근에는 임시수도 대통령관저이었던 옛 경남도지사관사가 남아 현재 '임시수도 기념관'으로 사용되어 우리 현대사의 애환을 담고 있다.

이날 저녁은 뜻밖에 부산 목요등산회원과의 반가운 해후(邂逅), 조 총장이 베풀어준 푸짐한 저녁식사, 시설 좋은 유엔관광호텔 투숙 등으로 기분 좋게 숙면할 수 있었다.

다음날 6일. 걸을 코스가 부산 송도에서 진해를 거쳐 마산을 종착지로 한 상당한 거리인데 다양한 교통편을 이용, 실제 걷는 거리를 26km로 조정했다니, 나뿐 아니라 대부분 회원들이 상당한 기대를 하는 것 같았다. 숙박지에서 정확히 8시에 출발, 버스편으로 하단역까지 이동하여 이곳에서 을숙도를 향해 걷기 시작하였다. 공교롭게도 떠나기 전날 나의 오른쪽 눈에 이상이 생겼으나 그때는 주말이어서 병원을 찾지 못했는데, 이날 하단에서 병원을 찾아 치료하고 부리나케 뒤쫓아 을숙도에서 일행을 만났다. 을숙도 순환도로 벚꽃 길을 걸으며 부산에서 이루지 못한 아쉬움이 발걸음에 무게를 주었다.

이번 걷기를 이충무공 행적을 찾는 데 내 나름대로 뜻을 두고 있었기에 부산에서 꼭 몇 곳을 찾고 싶었다. 임진왜란 때 왜군 첫 상륙지, 충무공

부산해전 전적지인 몰운대(鄭運戰死地), 부산의 대표적인 임란기념물인 정발(鄭撥), 송상현(宋象賢), 이순신(李舜臣) 동상 등이 그곳이다.

특히 부산해전은 이충무공이 4, 5배가 넘는 일본 수군이 포진하고 있는 본거지 부산을 공략, 100여 척의 왜선을 대파함으로써 남해의 해상권을 장악한 의미 있는 해전이었기에, 이 해전의 전적지이자 여기서 전사한 충무공의 오른팔 정운 장군이 순국한 곳이기도 한 몰운대는 꼭 다시 보고 싶었다. 그러나 이곳 모두 우리 걷기 코스와 동떨어져 있어 옛날 기억을 되새김하는 것으로 아쉬움을 달랠 수밖에 없었다.

일행을 따라 걸으면서 불현듯 예전에 읽었던, 임진왜란 때 왜군을 따라 종군한 승려 출신 케이넨(慶念)이 쓴 종군기(『朝鮮日日記』)가 머리에 떠올라 오백여 년 전의 주변 모습이 새삼 그려졌다. 케이넨은 왜군을 쫓아 전선을 누볐고 부산에 머물다 일본에 건너가 조선에서 보고 겪은 것을 기록에 남기었다.

> "산도 들도 불태우고 … 사람은 쇠사슬로 목을 묶는다. 묶인 어버이는 어린 자식을 걱정하며 울부짖고 자식은 어버이를 찾아 헤맨다. … 일본군의 잔악함은 마치 지옥사자가 죄인을 잡아 다루듯 하였다. … 뚜렷한 잘못도 없건만 민간인을 가차 없이 죽여 그 목을 모두가 보이는 곳에 걸어두고"
> "죽도(竹島 : 부산시 강서구 죽림동)로 뱃머리를 돌렸는데 적선(조선 수군)이 나타나서 … 전선 8척을 빼앗아 불을 질러 버렸고 … 적선은 싸움에 이겨, 사기가 올라 큰 소리를 지르면서 부산해의 항구 입구를 막고 있어"

그는 이렇게 충무공이 이끈 조선 수군의 활약상과 왜군의 잔악함을 엿볼 수 있게 비교적 객관적인 기록을 남기었다. 이런저런 생각을 하며 걷고 있던 중 길가에 비가 보여 보니, '끝뫼 김말봉 시비'다. 김말봉의 작품 중 기억나는 것이 중학교 때 읽었던 〈찔레꽃〉 정도인데, 그가 이 부근 출신이 아닌가 하는 생각이 들어 같이 걷는 회원 몇 분과 의견을 나누어보니 확실치는 않지만 대개 맞는 것 같다. 문득 1980년대 편수관 야외 모임에서 뵈었던, 그의 사위인 금수현 편수관의 모습과 더불어 장모님 가사에 그가 곡을 붙인 〈그네〉의 첫 구절인 "세모시 옥색치마 금박물린 저 댕기가~"떠올라 혼자 생각나는 이 구절만 흥얼거리며 걸음을 재촉하였다. 한참 걷다 보니 산양마을 표식비와 봉화산 봉수대 안내문이 나의 시선을 끌었지만, 봉수대가 있을만한 마을 뒷산 정상 부근에 눈길을 주는 것으로 관심을 접었다. 그러면서 앞으로 걸을 남해안 과 서해안 곳곳에 있을 봉화대를 찾을 기회가 있겠지 하는 막연한 기대를 하면서 벚꽃 길을 따라 걸음을 재촉하였다.

용재 부근에서 진해행 버스 승차지점에 대한 지휘부 안내에 약간의 혼선이 있었지만, 오히려 오랜만에 사람 냄새가 풍기는 것 같아 기분은 괜찮았다. 도심을 걷기보다 버스를 타니 도심의 길거리 풍경을 여유있게 볼 수 있어 좋았지만 차창 너머로 보는 진해시는 천안함 사건 여파인지 군항제 축제를 치르는 도시 같지 않게 착 가라앉은 차분한 분위기였다. 이러한 도시 분위기 때문인지 버스에서 내린 우리 일행도 비교적 조용하게 걸어 진해 벚꽃 축제의 중심지인 해군기지사령부를 찾았다. 병영 정문을 통과, 벚꽃이 만발한 길을 걸으며 주변에 아름다운 경관에 어울리지 않는 진해와 얽힌 이런저런 생각이 떠올랐다.

진해는 러일전쟁 때 일본 해군이 이 부근에 머물다 출항하여 동해에서 러시아 발틱함대를 대파, 승리를 한 후 이곳에 해군기지를 설치, 군항도시 로 개발하면서 도시명을 지금의 마산시 진동면(진해현 동헌이 남아있음) 의 옛 이름인 진해(鎭海 : 바다를 진압한다)의 의미가 좋다고 이를 옮겨

사용하였던 것이다. 또 일본은 러일전쟁 승리의 시발점이 되었던 진해에 대해 남다른 관심을 갖고 러시아와 중국을 견제하는 군사요충지로 군항 건설에 힘을 기울였을 뿐 아니라, 이곳에 러일전쟁 승리 25주년이 되던 1929년, 도고(東鄕平八郞 : 러일전쟁시 일본함대 사령관)의 친필을 담은 '일본해 해전 기념탑'(1967년 해체)을 건립하고 수만의 일본인들이 모여 전승기념행사를 하는 등 이곳을 그들의 러일전쟁 해전 전승지로 만들었다. 이런 옛일을 되돌아보면서 진해라는 도시명을 조선시대 이곳 지명인 웅천(熊川)이나 우리 해군의 역사적 모태인 충무(옛 충무시는 통영으로 개명)로 개명하는 것이 어떨까. 이제는 이런 문제에 대해 우리들도 초연할 때가 되지 않았나 하면서도 엉뚱하게 이런 생각들이 나의 발걸음을 더디게 하였다.

일행은 조용한 분위기의 해군기지사령부를 뒤로 하고 역시 벚꽃이 만발한 도심거리를 걸어 이곳 관광명승지인 여좌천 벚꽃 길을 찾았다. 이곳은 비교적 관광객들이 많아 1980년대 이곳 군항제를 찾았을 때의 분위기가 떠올랐다. 개울가 꽃길을 걸으며 꽃향기와 주변에 젊은 선남선녀의 아름다운 모습에 흠뻑 취했었다. 길가에 잠깐 쉬는 동안 '진해군항제' 안내 팸플릿을 보니 이 축제를 '이충무공호국정신선양회'가 주관하고 모든 행사 내용이 이순신 장군의 호국정신 선양에 뜻을 두고 있다는 것을 알았고, 이날 군항제의 가장 큰 행사인 '이충무공 승전행차'가 있다는 것을 보고 이를 참관하지 못한 아쉬움을 혼자 되새기면서 일행을 따랐다. 지휘부의 치밀한 코스선정으로 진해의 벚꽃 길 걷기는 도심을 걷는 어려움은 있었지만 5구간 걷기 구호인 "걸으며 즐기자"에 걸맞는 성공작이었다고 여겨진다.

우리 일행은 마진터널 밑에서 경남은행 버스 2대에 분승, 우리의 목적지인 마산시에 도착, 우리의 숙박을 알리는 대형 현수막을 내걸은 아리랑

관광호텔에 짐을 풀고 식당을 찾았다.

  김태종 회원 댁에서 제공한 '가을 국화' 술잔을 기울이며 고향을 찾은 일공 심상석 회원의 〈가고파〉 음률 속에 70여 리 노독(路毒)의 피로를 풀었다.

  다음날 7일, 벌써 3일째. 가장 힘든 날이기도 하다. 그런데도 아침에 만나는 회원들의 표정은 원기왕성한 것 같다. 8시 정각, 모든 회원이 마산역 광장에 모여 27km 대장정의 완주를 다짐, 서로를 격려하며 출발하였다. 마산시를 관통하는 대로를 따라 도심속을 걸으며 몇몇 회원이 부르는 〈가고파〉를 따라 흥얼거리며 이곳 출신인 작사자 노산 이은상(鷺山李殷相) 선생을 떠올리지 않을 수 없었다. 노산은 많은 사람들이 시조작가요 문인으로 알고 있지만, 그보다 이순신연구가로 더 높이 평가받아야 할 분이다. 노산은 스스로 충무공의 신도라 자처하고 평생을 충무공 연구와 그의 정신 보급에 정성을 다하였다. 노산이 이충무공에 관심과 애정을 갖게 된 것은 충무공의 전적지인 남해안에서 성장하며 충무공의 행적을 어려서부터 가깝게 듣고 본 것이 계기가 되었다고 생각된다.

  노산의 대표적인 업적은 조선조 정조 때 국왕의 명으로 편찬된 최고의 이순신 연구자료총서인 『이충무공전서(李忠武公全書)』(전문 14권 30만자)를 국역, 출간(1960), 보급하여 이충무공 연구의 초석을 이룬 것이라 하겠다. 최근 일부 인사들이 노산의 일제 때와 건국 이후의 삶에 대해 문제를 제기, 매도하고 있는 것은 노산이 살았던 시대와 노산의 삶의 모습 전체를 제대로 보지 못한 편견에서 나온 것이라 생각된다. 나는 같이 걷는 회원과 노산뿐 아니라 최근 문제되고 있는 친일인명사전 문제까지 연계하여 나의 생각을 주고받으며 걸음을 재촉하였다.

  걷고 있는 나의 눈에 '김주열' 현수막, '국립 3·15민주묘지' 안내 표식판이 보인다. 동시에 수십 년 전 4·19 당시의 이런저런 모습이 머리를 스치고 지나간다. 우리 현대사의 큰 변혁을 이룬 4·19의 촉매작용을 하였던, 바닷물에 떠오른 김주열군의 시신과 마산의거는 우리 역사속에 오래 기억될 사건이었다.

마산시 교외로 나와 벚꽃이 만발한 길을 걸으며 이 지역을 비롯한 남부지방 가로수가 왜 벚나무 일색이 되었을까 생각해 보았다. 물론 봄철에는 아름답긴 하지만 다른 계절에도 가로수로 적합한지, 다른 수종은 가로수가 될 수 없는지 등등. 광복 직후 학교 교정이나 우리 주변에 심어졌던 벚나무를 일본의 잔재라 베어버렸던 일이 생생한데, 이제는 일본을 능가하는 벚꽃 국가로 변모해가고 있으니. 물론 벚나무의 원산지가 제주도라곤 하지만 이렇게 가로수가 벚나무로 통일되어가는 것에 약간에 거부감이 느껴지는 것은 나만의 소아병적인 생각인지, 아니면 내 나이 또래가 갖는 시대적인 아픔인지. 나의 이런 생각에 주재남 회원이 벚나무 뿌리가 지표면을 들어올려 가로수로 문제가 있다는 의견을 주어 걸으며 유심히 보니 길 표면을 들어 올린 곳이 많이 눈에 들어온다. 그렇다면 다른 수종뿐 아니라 주변에서 거의 사라져버린 무궁화의 수종을 개발하여 가로수로 만들 수는 없을까. 그래서 지방마다 특색 있는 가로수 길을 만들어 보면 어떠할까. 이런 생각을 해보며 걸음을 재촉하였다. 다시 길가에 국립마산병원 안내판과 건물이 보이고 가포로 가는 화사한 벚꽃 길이 바닷가로 나있어 우리 일행은 싱그러운 해풍을 받으며 열심히 걸었다. 가포에 도착, 점심 먹는 집을 찾으니 상호가 '이랴 산수정'이라고 되어 있다. '이랴'는 우리 민족이 전통적으로 써온 소를 모는 소리라, 쇠고기집을 상징적으로 나타낸 것이라고 재미있게 여겨졌다. 이름답게 음식 맛도 좋았고 분위기도 좋아 일행 모두가 느긋하게 음식 맛을 즐기며 피로를 풀었다.

오후 길은 국도인 인도가 없는 해안도로이기에 걷기 걱정을 했는데 의외로 자동차 왕래가 적어 한시름 놓았다. 걷고 있는 길가에 사당 같은 건물이 보여 일행에서 떨어져 찾아보니 땅을 기증한 김해 김씨 문중 사람들을 기념하기 위해 세운 비각이다. 이 부근에 김해 김씨 집성촌이 있었던 것 같다. 기대했던 것이 아니어서 좀 실망스러웠지만 선조들의 착한 마음씨를 보는 것 같아 마음은 가볍다. 바다와 어우러진 주변 산세의 아름다움에 취했는지 별로 피로감을 느끼지 못하고 일행의 뒤를 열심히 쫓아 걸었다. 걷고 있는 길가에 다구마을 입구(마산시 진동면)표식판이 있고 그 방향 바닷가 마을에 고풍스러운 큰 건물이 보여 찾고 싶었지만, 거리가 떨어져 진동면 사무소에 전화해 보니 이장 전화번호를 가르쳐준다, 그에게 물어보니 알려지지 않은 사가(私家)라 대답한다. 개인집이라도 문화재적 가치가 있는 건물 같았는데 아쉽지만 찾는 것을 다음으로 미룰 수밖에. 우리 일행 모두는 가장 힘든 셋째 날인데도 한명의 낙오자도 없이 모두 목표지점인 진동의 그린파크 호텔에 도착, 완주의 기쁨을 나누었다. 저녁식사로 맛있는 장어구이에 곁들여진 국화주를 마시며 힘든 걷기의 피로를 풀었다.

다음날 8일, 오늘 지나면 걷기에 반이 지난다. 얼마나 반가운 일인지. 이제는 모든 회원들이 완주의 자신감을 갖는 것 같다. 아침에 나가보니 옛 정취를 보여주는 정자(봉래정)가 마당가 언덕 위에 서 있다. 시간이 나면 달밤에 봉래정에 올라 술 한잔 했으면 얼마나 흥취가 있을까.

아침식사시간에 옆의 안희수 교수가 건네준 신문을 보니 6·25전쟁 당시 그가 태극기와 얽힌 사연이 담겨있다. 정말 우리 세대만이 겪은 전쟁애사(戰爭哀史)다. 이런 어려움을 잘 이겨내고 지금의 위치로 성공한 안희수 교수가 정말 돋보인다.

오늘도 만만치 않은 거리 28km다. 그래도 오늘만 잘 견디면 되겠지. 아침 8시, 선두에 선 이경환 회원의 선도에 따라 대오를 짓고 출발하였다. 오늘은 마산시 시계(市界)를 넘어 고성군 거류면까지 걷는다. 오늘 걷는 곳뿐 아니라, 5구간 전 지역이 우리 고대사에 별로 알려지지 않은 가야(伽倻)가 터를 잡았던 곳이고 가야국은 이곳의 역사적 뿌리이다. 가야는 600여 년간 삼국과 병존, 지속된 국가로 6세기경 신라에 병합되었다. 그동안 기본사료 부족 등으로 별로 연구성과가 없었으나 최근 이에 대한 연구가 이루어져 가야의 실체가 일부 복원되면서 우리의 삼국시대를 4국시대로 하자는 논의가 제기되고 있다. 나는 우리가 걷는 지역에 산재해 있는 가야 유적 중 최근에 알려진 유적을 찾고 싶었지만 다음 기회로 미루기로 했다.

선두를 따라 걷다 보니 좁은 산골길이라, 4반 답지 않게 길을 잘못 인도하는 게 아닌가 하였더니 그들이 자랑하려는 4반 최고의 명품길이라고 한다. 오랜만에 걸어보는 산골길, 남다른 추억거리를 장만해 준 4반에 정말 감사드리고 싶다.

다시 국도로 나왔으나 어제와 같이 차량통행이 많지 않아 편안하게 걸을 수 있었다. 한가한 국도를 보며 도로가 수요보다 정치적인 목적 등으로 과잉 개발되고 있는 것은 아닌지 나름대로 걱정이 되었다. 일행은 이제 마산시 경계인 동진교를 건너 고성군 동해면으로 들어왔다. 우리가 걷는 길가에 면한 바다는 멀리 거제도가 둘러싸고 있는 호수 같은 바다다. 임진왜란 당시 이충무공의 함대가 자주 내왕하며 전과를 올렸던 곳이기도 하다. 점심을 먹은 '바다나루'는 주변 경관은 정말 아름다웠지만 음식점 분위기는 그에 미치지 못했다.

오후의 걷는 곳에는 거대한 조선소가 눈에 자주 띄어 조선(造船)왕국의 위용을 실감할 수 있었다. 자랑스러운 대한민국의 밝은 미래상을 보는

것 같아 마음 뿌듯하다. 이어 걷고 있는 길가에 '열효문' '효자문' '정절각'
이라 이름한 돌비석에 돌흙담을 두른 독특한 구조물이 보여 건축연대를
보니 시대적으로 그렇게 오래된 것은 아니다. 충절을 장려하기 위한
것이라 상정되는데 다른 곳에서 볼 수 없는 이런 것을 누가 언제 만들게
했는지 고성군 관계자나 향토학자들에 문의해보았지만 별로 신통한 답을
얻지 못했다. 어떻든 앞으로도 이를 보존하는 것이 다음 세대에게 교육적
으로 좋은 볼거리가 될 것이라 생각을 하면서 걸음을 옮겼다. 길가에
거류산성(巨流山城) 표식판이 보여 반가웠다. 거류산성은 비교적 알려진
산성으로 거류산에 가야시대 신라와 왜의 침입을 방어하기 위해 쌓은
성으로 가야 패망 이후에는 신라가 보완 축성한 것으로 알려지고 있다.

우리 일행 50명은 거류면에 있는 으와리 모텔에 도착하여 짐을 풀었다.
저녁에는 이곳 출신 남정현 회원의 동생 내외분이 귀한 음식을 장만해와
모든 회원들을 즐겁게 해주었다. 오늘 하루 어느날 보다 힘들었던 피로가
모두 풀린 것 같다.

다음날 9일, 오늘도 고성군 거류면에서 통영을 거쳐 거제까지 이르는
상당한 거리인데 버스를 이용하는 관계로, 실제 걷는 거리는 20km로
조정했다고 한다. 모두들 이 정도 걷기야 대단치 않게 생각하는 것 같다.
그래서인지 함수곤 대표를 비롯한 회원 몇 분이 어제 저녁 잠자리 때문에
감기 기운이 있는 것 같은데도 별로 크게 걱정하지 않는 것 같다.

아침 안개에 휩싸인 거류산을 뒤로 하고 회원 모두는 통영시를 향해
발걸음을 옮겼다. 이곳도 벚꽃 길, 도로는 활짝 핀 벚꽃으로 뒤덮였고
옆산에는 진달래가 장관을 이루었다. 가로수 벚꽃과 길가에 진달래가
어울려 독특한 아름다움을 만들어 내었다. 걸음을 옮기면서 주변 풍광을
둘러보며 이런저런 생각을 해본다. 최근에 세계 곳곳에서 일어나는 자연적

인 재해를 보며 한국에 태어난 것이 무엇보다 가장 큰 행운이라는 생각이 든다. 자연적인 재해가 가장 적은 곳일 뿐 아니라 이런 풍광을 즐길 수 있다니. 걷다 보니 벌써 고성군에서 통영시로 들어왔다. 길가에는 웅장한 조선소들도 보인다. 지휘부의 안내에 따라 골목길을 오르니 오늘 점심 먹을 '창포산방' 식당이다. 3층 목조건물로, 층계를 오르니 고풍스러운 질그릇 등을 장식한 멋스러운 방, 나온 음식도 방 분위기에 어울리는 맛깔스러운 닭백숙, 정말 맛있는 점심을 먹으며 즐거운 휴식을 취하였다. 오후에는 통영버스터미널까지 4km를 걷기로 되어 있는데 지휘부의 배려로 이곳까지 버스(대웅관광)가 와 거제 장승포로 직접 이동한단다. 어쨌든 오늘은 복 받은 날이다. 모든 회원들도 나처럼 즐거워한다.

우리는 버스를 타고 통영시를 거쳐 거제도로 옮겨 갔다. 버스 차창을 통해 들어오는 거제시 풍광을 보며 이충무공의 행적뿐 아니라 조선 수군과 거제도와 연계하여 반드시 기억하여야 할 몇 가지 생각이 난다. 옥포해전(거제도 동쪽 옥포만)과 칠천량 해전(거제도와 칠천도의 좁은 바닷길)이다. 이 두 해전 전적지는 이번 걷기에서 꼭 둘러보고 싶었는데 거제도 체류시간이 짧아선지 이번 코스에는 빠져 옛날 기억을 더듬어보며 다음 기회를 기다리기로 하였다.

옥포해전은 임진왜란 발발 이후 이충무공의 최초의 승리요, 조선군이 수륙전을 통해 얻은 최초의 승전이다. 선조 25년(1592) 4월 13일, 부산에 상륙한 이후 승승장구(乘勝長驅) 무인지경처럼 북진하던 일본군에게 근 한 달 만인 5월 7일, 조선군이 얻은 대승첩이었다. 이로써 패배주의에 사로잡혀 있던 조선군에게 자신감을 심어줄 수 있었고 이것이 임란의 전세 변화에 계기를 주었다고 볼 수 있다.

반면 칠천량 해전은 임진왜란 중 조선 수군의 최초의 패배이자, 조선 수군 전체가 전멸 당해 완패한 전투이었다. 일본이 정유재란(1597년

거제 옥포해전지

거제 칠천량 해전지

2월)을 일으키면서 시작한 칠천량 해전을 통해 통제사 원균, 전라우수사 이억기, 충청수사 최호 등 수군 지휘부가 모두 전사하고 출전한 함대 전부가 괴멸 당한 치욕적인 패배이었다. 일본으로서는 이전에 이충무공이 이끈 조선 수군에 당했던 패배를 모두 설욕한 대단한 승리였다. 이 패전은 선조에 의해 삼도수군 통제사를 이순신에서 원균으로 교체함으로써 비롯된 것이라 하겠다. 그렇지만 이 패전으로 이순신은 오히려 재기할 수 있었고 결국 임진왜란의 최후 승리를 조선군이 가져올 수 있게 되었다고 볼 수 있다. 어떻든 거제도는 임진왜란 중 전개된 해전의 주전장이었고 승리와 패전이 교체되었던 역사의 주무대였다고 하겠다.

또 우리 세대에게 거제도가 잊혀지지 않는 것은 6·25전쟁 와중에 북한군 포로수용소가 이곳에 있었고 포로수용소와 얽힌 비극적인 많은 이야기들이 생생하게 떠오르곤 하기 때문이다. 우리 세대들만이 기억하는 이야기지만, 이번 걷기에서 수용소 흔적이라도 보았으면 하는 기대를 했지만 희망으로 끝났다, 다음 기회를 보기로 하고.

우리는 장승포 대우조선소를 지나 해안도로 입구에 내려 벚꽃이 만발한 해안도로를 따라 걸으며 거제도에 얽힌 이야기와 오늘 저녁에 있을 자축모임에 대한 이야기를 주고 받았다.

예정시간에 맞추어 '환영 한밤의 사진 편지 U자 걷기팀 숙박' 플래카드를 내건 오늘의 숙소인 아트 호텔에 회원 전원이 무사히 도착, 완주의 기쁨을 나누었다.

저녁식사를 마친 뒤 회원 모두는 호텔 대연회장에서 'U자걷기' 정례행사인 자축모임을 가졌다. 즐거운 경쟁 속에 이루어진 재미있는 행사였고 우리 삶의 다양한 모습을 보면서 나름대로 많은 것을 얻고 배우고 즐거움을 선사 받은, 정말 즐겁고 유익한 모임이었다. 모두들 흐뭇한 미소를 나누며 잠자리에 들었다.

다음날 10일, 마지막 걷기의 날. 대견하기도 하고 시원하기도 하고 아쉽기도 하고 모두가 나와 같은 심정인 것 같다. 더욱이 오늘 일정은 통영(統營)에서 이충무공 흔적을 찾아 하루를 보낸다고, 걷는 거리도 30여 리 정도라 이를 계획한 4반에 정말 머리 숙여 고마움을 표시하고 싶다. 회원 모두가 같은 심정일 것이라 믿는다. 아침 8시, 버스편으로 통영으로 출발하였다. 버스에서 임진왜란과 이충무공에 대한 이야기를 부탁하기에, 임진왜란은 아무런 준비 없이 당한 전쟁(4월 13일 부산에 도착한 왜군이 20일 만에 서울 함락, 6월 중순 평양과 함흥이 함락)으로 전국토가 유린당하였지만 이충무공이 이끈 수군이 연전연승 제해권을 장악, 일본의 기본전략인 수륙병진책(水陸竝進策)을 좌절시키므로 전쟁을 승리로 종결시킬 수 있었다. 또 이충무공의 위대성과 그의 인간적인 면과 그의 죽음에 대한 이야기 등을 중언부언(重言復言)하였다.

이충무공 흔적을 찾는 통영에서의 첫걸음은 한산도다. 정말 한산도는 섬 전체가 이충무공 기념관이라 하겠다. 우리 일행은 통영 여객터미널에서

한산도

한산도행 여객선에 승선하여 한산도로 향하였다. 한산도는 이전에 두 차례 찾은 적이 있지만 이곳을 찾을 때마다 항상 새로운 느낌을 받곤 한다. 한산도는 임진왜란 3대첩 중 하나요, 세계 해전사상 4대첩 중 하나인 한산대첩이 있었던 곳이고 이충무공의 본영인 삼도수군통제영이 설치되었던 곳이다. 또 이곳에서 충무공은 삼도수군통제사의 첩지와 파직의 수모를 당한 영욕(榮辱)이 교체되었던 곳이기도 하다.

　한산도로 향하는 배 위에서 점차 선명해지는 한산도 앞바다의 거북선 등대를 보며 임진왜란 당시 한산도대첩 모습을 그려 본다. 이충무공은 제1차 출전에서 옥포해전을 비롯한 합포해전, 적진포 해전에서 승리, 제2차 출전에서 사천해전, 당포해전, 당항포 해전을 승리로 이끌고 제3차 출전에서 이룬 것이 한산도 대첩이다. 일본은 수군이 연패하여 그들의 수륙병진책이 무너지자 도요토미 히데요시(豊臣秀吉)의 명을 받아 100여 척의 함선을 모아 제해권을 빼앗기 위해 조선 수군과 최후의 결전을

한산도 거북등대

한산도 대첩문

벌이기로 했다. 양국 함선 200여 척, 양국 병력 2만여 명이 싸운 해전으로, 여기서 이충무공은 왜선을 한산도 앞바다로 유인, 학익진으로 적에게 치명적 타격을 주어 적의 함선 80여 척을 불사르고 수천 명의 왜군을 수장시킨, 세계 해전사에 빛나는 대첩을 이룬 것이다. 이 해전의 승리로 조선 수군은 제해권을 완전 장악, 일본의 호남지역 침략을 저지하였을 뿐 아니라 전세를 완전히 뒤바꿔놓았다.

　30여 분 만에 우리 일행은 한산도에 도착, 배에서 내려 벚꽃 길을 걸어 대첩문(大捷門 : 1970년대 유적지를 고치면서 새로 세운 문)을 지나 걸어가며 이런저런 한산도의 역사를 떠올려 본다.

　한산도는 이충무공이 임진왜란이 일어난 이듬해인 선조 26년 7월에 이곳으로 진을 옮겼고(이곳은 원래 경상우도 수군 관할구역이었다), 한산도 대첩 이후 그해 8월 15일 새 직제인 삼도수군통제사 직첩을 받고 이곳을 삼도수군통제영으로 삼아 조선 수군의 총본영이 되었다. 이충무공은 이곳에서 파직될 때까지 3년 3개월간 머물렀다. 그런데 칠천량 패전 이후 일본군이 이곳에 상륙, 초토화하여 거의 흔적을 찾을 수 없게 되었다. 이제는 대부분 복원되었지만 일부 학자들은 제승당(制勝堂 : 막료장수들이 작전회의 하던 運籌堂 터에 세움), 수루(戍樓 : 적을 감시하던 망루)

한산도 제승당

한산도 활터

위치나 모양에 대해 이견을 제시하기도 한다.

　나는 이충무공의 활터인 한산정을 둘러보고 수루에 올라 나라를 걱정하며 한숨지으며 번민하던 충무공 모습을 머릿속에 그려보기도 했다. 일행이 충무사(忠武祠 : 이순신의 영정을 모신 곳)에 모여 참배를 하는데 다른 참배객을 인솔한 안내원이 이순신의 모습을 설명하며, 충무공이 옥에서 석방되어 백의종군을 명 받은 날 난중일기에 "나는 옥문을 나섰다"라고 간결하게 소회를 기록하였다고 설명한다. 나도 그 이야기를 들으며 그 옛날 난중일기를 보며 군왕에 대한 유교적인 충성심 또는 일기가 노출되었을 때 필화 등 때문에 그런 기록을 남기지 않았을까 이런저런 생각을 했던 기억이 난다.(『亂中日記』丁酉四月 初一日 辛酉晴 得出圓門)

　이충무공은 이곳에 머무는 동안 공을 따라 이곳에 모여든 농민들에게 농사를 짓게 하고 염전을 개발하여 소금을 만들고 함선과 각종 총통 및 화약을 만들어 이곳을 수군 요새인 동시에 군수기지로 만들었다. 또 이곳에는 어선 상선들이 모여들어 전란 중인데도 남해에서 물산집산지로 성시를 이루었다. 이충무공이 파직되어 이곳을 떠날 때 군량미 9천9백14섬, 화약 4천근 각종 총통 3백 자루가 남아 있었다. 이런 것이 칠천량 패전으로 전부 소실되었다. 이렇게 이충무공의 승리의 배경은 전쟁을

한산도 충무사

통영 충렬사

위한 수많은 준비와 노력의 결실이라 하겠다. 우리 일행은 한산도에 찾지 못한 몇몇 곳을 두고 아쉬움을 남긴 채 통영으로 옮겼다. 통영은 얼마 전까지 이순신의 시호인 충무공을 따라 충무라 부르다, 삼도수군통제영의 도시라 통영이라 개명하였다. 이렇게 이곳은 이충무공과 깊은 인연을 가진 도시요 도시 전체에 공의 흔적이 남아 있는 도시다.

　우리 일행은 남망산공원을 올라 통영시를 내려다보며 이곳 저곳을 찾았다. 초정 김상옥 시비도 둘러보고, 이곳에서는 어제 저녁 우리와 합류한 허윤정 시인의 재미있고 유익한 문학강의도 들은 후, 이충무공의 사당인 충렬사(忠烈祠)를 찾았다. 넓은 경내에 위패를 모신 사당, 내삼문, 서재, 동재, 경충재, 숭무당, 외삼문, 충렬묘비, 전시관 등이 있어 돌아보는 데 시간이 많이 걸렸다.

　이곳에는 이충무공 관련 유물이 많이 있지만 그중에도 정조가 편찬한 『이충무공전서』 원본 한질이 보관되어 있어 많은 참배객들의 시선을 모으고 있다. 이곳의 영정은 아산 현충사와 달리 군복을 입은 영정을 모셨다. 나는 이곳에 머리 숙여 참배하고 일행을 따라 이곳을 나와 세병관으로 향하였다.

통영 세병관

세병관(洗兵館)은 제6대 통제사 이경준(李慶濬)이 1603년 여기에 처음 짓고, 다음해 통제영을 이곳으로 옮겨와 삼도수군의 중심지요 국방의 요충지가 되었다고 한다. 우리 일행은 세병관 마룻바닥에 올라 앉아 안내원의 세병관에 대한 이야기를 들었다. 세병관은 중국 두보의 시에 만하세병(挽河洗兵 : 은하수를 끌어와 병기를 씻는다)에서 따온 말로 현재의 현판은 136대 통제사 서유대의 글이라 한다.

일행은 이곳에서 나와 통영항 부둣가 문화마당으로 걸음을 옮기면서 이곳을 제5구간 골인 지점으로 하였다. 이전 같은 분위기는 아니었지만 어떻든 127km의 대장정을 마감, 제5구간 완주를 자축하며 임진각까지 완주를 기원하는 의미를 담아 다 같이 우렁차게 만세를 제창하고 서로 서로를 부둥켜안고 완주의 기쁨을 나누었다.

제6구간 | 경남 고성~전남 장흥

2010년 11월 1일, 한사모 걷기 일행 44명은 경남 고성군 고성읍 송학동 가야고분군(伽倻古墳群) 앞에서 정오의 따뜻한 가을 햇살을 받으며 제6구간 340리길 대장정의 첫발을 내딛었다. 이번 출발지점을 5구간 골인 지점인 통영시가 아닌 인접한 고성군으로 한 것은 명분보다 실리를 택한 현명한 선택이다. 이와 같이 6구간 코스개발을 맡은 제5반은 두 차례나 치밀한 답사를 거쳐 차량을 동반, 명분과 실리를 적절히 배합, 환상적인 걷기 코스를 개발한 것 같다. 거보(巨步)를 내딛는 우리의 첫출발을 위해 첫 식사 장소를 거보식당을 선정한 것처럼.

이제는 모든 회원들이 걷기에 달인이 된 것 같다. 지도를 들고 걷기코스와 앞으로의 일정을 설명하는 주재남 반장의 긴장된 표정과 달리, 이를 듣고 있는 회원들의 모습은 희희낙락(喜喜樂樂) 여유만만하다. 전혀 걱정하는 분위기가 보이지 않는다. 이런 것이 걷기에 숙달된 달인의 모습 같기도 하고.

어떻든 우리 일행은 1400여 년 전, 이곳에 번성하였던 소가야국 선조들의 말없는 응원 속에 선두 5반의 뒤를 따라 걸음을 옮겼다. 우리가 이미 걸어온 경상도 일대와 이곳에 자리 잡았던 가야국은 고분 등 유적을 중심으로 보면, 대체적인 세력권이 고령과 대구 중심의 대가야권, 김해 웅천 중심의 본가야권, 함안 진해 창원 중심의 아라가야권, 그리고 이곳 고성을 중심으로 통영 거제에 자리 잡았던 소가야권으로 산정하고 있다. 이 송학동 고분은 소가야의 왕릉으로 추정하고 있지만 이를 뒷받침할 기록이나 유물 등이 발견되거나 출토되지 않아 확실하지는 않다. 다만 고분의 규모로 보아 이러한 무덤을 조성할 강력한 힘을 가진 인물 즉 왕이나 족장이 묻혔던 곳이라 보는 것이다. 나는 이곳을 떠나며 아직도 많은 부분이 미궁 속에 묻혀 있는 가야국의 실체가 좀더 밝혀져 이 지역의 고대사가 제대로 복원되었으면 하는 바램을 마음속에 담으면서 걸음을 옮기었다.

우리는 이곳이 고향인 고영수 회원의 안내를 받으며 삼천포로 가는 지방도로를 따라 걸으면서, 그의 생가도 보고 이 고장과 얽힌 이런저런 이야기, 이곳 출신으로 제3공화국 시절 경제기획원 장관을 역임한 김학렬의 유년시절 이야기, 제3·4 공화국 시절 고급공무원 중 이곳 출신이 가장 많았다는 이야기 등 흥미 있는 이야기에 취해 힘든 줄 모르고 발걸음을 옮기었다. 우리가 걷는 국도는 지방도로로 차량 통행이 많지 않아 마음 편히 주변 경관을 둘러보며 걸을 수 있었고 눈에 보이는 마을 모습에 옛 농촌의 정취가 그런대로 남아 있어 우리 마음을 푸근하게 해주었다. 나는 이곳을 걸으며 5구간 때부터 생각했던 남해안 일대에 분포해 있는 충무공의 흔적을 찾아 볼 수 있는 기회가 많이 있었으면 하는 희원(希願)을 해보았지만 여의치가 않은 것 같다.

고성군의 대표적인 충무공 유적지는 당항포(회화면)이지만 우리가 걷고 있는 방향은 그곳과는 반대방향이다. 아쉽지만 그곳을 찾는 것은 다음 기회로 미룰 수밖에. 당항포는 충무공이 두 차례나 대승을 거둔 곳이다. 첫 번째는 임진왜란이 발발한 이후, 충무공이 제1차 출전시 옥포해전 등에서 대승을 거두고 여수 본영으로 귀항한 후, 다시 제2차 출전(1592년 5월 29일)을 해 사천해전, 당포해전에서 연승을 한 후 6월 5일, 이곳

당항포에서 대승을 거둔다. 2차 출전 때 처음으로 거북선을 해전에 투입하여 왜군들의 혼을 빼앗았고, 2차 출전 11일 동안 네 차례 해전에서 왜선 72척을 격침시키었다. 두 번째는 충무공이 1594년 3월 4일, 명군과 왜군이 강화교섭을 하면서 전쟁이 교착상태가 되었고 전쟁 확대를 우려하는 명군의 방해로 우리 수군이 제해권을 가지고 있으면서도 왜군을 제대로 공격하지 못하였다. 그러자 이 틈을 이용, 왜군들은 남해안 일대에서 노략질을 자행하였다. 이에 충무공은 명의 견제를 무릅쓰고 출전하여 당항포에서 왜선 30여 척을 격침하여 이곳에서 발호하던 왜군들의 노략질을 근절시켰다.

어떻든 걷고 있는 우리 주위에 펼쳐지는 아름다운 남해 바다를 보며 몇몇 회원과 이 부근 바다에서 전개되었던 이들 해전에 관한 이런저런 이야기를 나누며 걸음을 옮기었다. 걷고 있는 길가에 제5구간 때 고성군에서 보았던 석축으로 두른 열녀각, 정절각 등이 간혹 눈에 띄어 반갑게 찾아보고는 일행을 쫓아 걸음을 재촉하였다. 오늘 종착지는 고성군 삼산면 면사무소를 지난 곳. 멀리서 보니 우리 버스가 기다리고 있다. 오늘 코스 14km를 완주한 것이다. 우리를 반갑게 맞아주는 이여송 버스기사의 환대를 받으며 버스에 승차, 식당으로 이동하였다. 오늘 저녁은 맛있는 회와 김태종 회원 댁에서 제공한 가을국화주와 매실주, 여기에 고영수 회원이 제공한 전어구이에 묻혀 흥겨운 기분 속에 하루의 피로를 풀었다.

오늘 숙소는 참다래 체험농장. 잠자리는 새로 편성한 반별로 배당, 나는 6반원들과 모여 앉아 오랜만에 옛날 군대시절 내무반의 추억을 떠올리며 이런저런 이야기를 주고받으며 나란히 누워 쉽게 숙면할 수 있었다.

다음날 2일, 오늘은 고성군 서남쪽(하일면, 하이면) 해안을 따라 걷다 버스를 이용, 사천시를 통과하고 남해군으로 25km를 걷는다. 만만치 않은 거리이다. 그런데 회원 모두는 재미있고 다양한 코스라는 기대 때문인지 별로 부담스러워하지 않는 것 같다. 더욱이 아침에 먹은 맛깔스러운 된장국 맛, 걷기 알맞은 서늘한 날씨, 거기다 오랜만에 본 남해안의 일출(日出)이 회원들에게 근 70여 리 걷기의 부담을 잊게 해주는 것 같다.

그런데 나는 아침에 세면대에서 머리에 약간의 부상을 당해 영 기분이 다운되었다. 5구간 때도 눈에 이상이 생겨 걷기 내내 술 한잔 입에 대지 못하였는데, 이번에도 그렇게 되는 것이 아닌가. 높은 곳에 계신 분이 보내는 경고라 생각하고 고맙게 받자 하면서도 기분은 별로다. 걷는 길가에 펼쳐진 가을 풍광에 어우러진 남해 바다를 보며 다도해의 진수를 보는 것 같았다. 이곳의 이러한 자연풍광이 많은 인물을 배출한 바탕이 아닐까. 어설픈 풍수설을 머리에 그려보기도 한다.

한참 걷고 있는데 길옆 마을에 동화리 마을 표식비가 서 있고 그곳에 봉수대(烽燧臺) 모양의 석축이 보이고 생소한 이름의 소을비포성지(所乙非浦城址) 방향 표지판과 안내판이 서 있다. 안내판을 읽어보니 뒤에 보이는 산이 좌이산(佐耳山, 415.3m)이고 그곳에 봉수대가 있다는 것이다. 우리는 이곳까지 걸어오면서 몇 군데 봉수대를 거쳐 왔지만 대부분 봉수대가 산 정상 부근에 위치해 있어 아직 직접 답사한 적이 없다. 봉수(烽燧)는 불빛과 연기로서 변경의 적의 동향이나 내침을 중앙이나 진보(鎭堡)에 알려 위급한 사태에 대비케 한 국가의 동맥 구실을 한 교통통신망이라 할 수 있다. 조선시대 전국에 약700여 개소의 봉수대가 있었지만 현재 원형이 그런대로 보존된 곳이 30여 곳 정도이고 대부분 파손되었고 일부 복원된 곳이 있지만 대부분 확실한 고증 없이 모방 복원해 오히려 원형을 찾아보기 어렵게 하여 관심 있는 분들의 가슴을 아프게 하고 있다. 이곳 남해안의 봉수대는 주로 왜구(倭寇) 침입에 대비하여 축조한 것이다.(『세종실록지리지』에 따르면 고성현의 봉수대는 彌勒山 牛山 天王岾 曲山 佐耳山에 있었다) 이 좌이산 봉수대는 산 밑에 있는 소을비포성과 중요한 연계관계를 갖고 있었던 것으로 보인다. 소을비포성은 정확하지는 않지만 15, 16세기에 왜구를 대비한 수군기지로 축성된 성으로 알려지고 있다. 멀리보이는 좌이산 정상을 쳐다보며 봉수대로 올라가는 것은 아쉽지만 다음으로 미룰 수밖에.

마을 안쪽으로 최근에 복원한 듯한 성문이 보여 하일면사무소에 문의해 보니 일부 남아 있는 소을비포성지 옛 성문자리에 최근 성문을 복원했다고 한다. 어떻든 칭찬할 만한 일이지만 이런 복원사업을 경쟁적으로 지나치게 서두르지 말고 차분하게 전문가의 철저한 고증을 거쳐 하여줄 것을 부탁하고 싶다.

다시 한참 걷다 보니, 상록암 군립공원 안내판이 보이고 멀리 서 있는 하얀 공룡모형이 보인다. 옆에서 걷는 안희수 교수에게 공룡의 활동하던 시기를 물어보니 약 1억 년 전이라 한다. 정말 시간을 산정하기 어렵다. 인류학자들은 지구상에 인류조상의 등장을 400만 년 전 아프리카의 평원이었다고 본다. 어떻든 인류가 지금까지 살아온 시간이 지구의 생명계 전체를 두고 보면 얼마나 짧은 시간인지. 지구상에 존재하다 공룡처럼 사라져간 수많은 생명체처럼 인류도 언젠가는 사라지는 것이 아닌지, 이런 것이 자연의 섭리가 아닌지, 인류가 자연계의 주인처럼 행세하고 있는 지금의 모습이 올바른 것인지, 정말 창조주가 있는 것인지, 이런 생태계의 모습을 창조주의 섭리라 이야기할 수 있는지. 이런저런 생각이 걷고 있는 나의 머리를 어지럽게 한다. 참 어려운 이야기 같다.

이곳 들녘이 아닌, 주변 산은 아직 가을 맛이 별로 느껴지지 않는다. 아직도 나무들은 지구의 온난화 때문인지 푸르름을 잃지 않고 있다. 이런저런 이야기를 나누며 걷다 보니 벌써 오늘 오전 종착지인 하이면사무

삼천포대교

소 앞에 이르렀다. 모든 회원들도 별로 힘든 기색이 보이지 않는다. 이곳에서 버스를 이용, 사천시 삼천포를 통과하였다. 이윽고 오후 걷기의 출발지점인 창선 삼천포대교 밑에 있는 제일회집에 도착, 맛있는 회덮밥, 여기에 주재남 댁에서 제공한 과일까지 곁들여 먹고 일행은 대교에 올라 남해로 향하였다.

　삼천포대교에 올라 멀리 다리 건너 보이는 남해섬을 보며, 이 섬과 충무공과의 인연을 떠올리지 않을 수 없었다. 남해 바다에서 충무공과 가장 깊은 인연을 가진 세 곳을 선정한다면 나는 한산도, 남해도(露梁), 진도(鳴梁)를 선정하고 싶다. 한산도는 충무공이 임진왜란 최대의 승첩을 이룬 곳, 남해도는 충무공이 생을 마감하고 7년 임란의 대미(大尾)를 승리로 종결시킨 곳, 진도는 충무공이 감옥에서 나와 13척의 군선으로 대승을 거두어 재기에 성공한 곳이다. 나는 남해안 U자 걷기에서 이 세 곳만은 꼭 찾고 싶었다. 다행히 5구간 때 한산도는 찾았고 이번에 남해를 찾게 되어 다행이었지만 걷는 코스에서 노량이 제외된 점이 좀 아쉬웠다. 이전에 두어 번 남해도를 찾았지만 노량만 찾고 다른 지역은 찾지 않았는데 이번에는 노량을 제외한 다른 지역을 방문할 수 있어 다행스럽긴 하지만.

나는 대교를 걸으며 서쪽 남해대교가 있는 노량 쪽을 보며 이곳에서의 마지막 충무공 모습을 그려보았다. 임진왜란을 일으킨 일본의 도요토미 히데요시(豊臣秀吉)가 1598년 8월 18일 사망했다. 그는 11월 중순까지 왜군을 귀국시키라는 유언을 남기었다. 이에 왜군은 귀국을 위해 명장(明將)들에게 뇌물을 주고 퇴로를 열려고 했으나 충무공의 반대로 뜻을 이루지 못하자 모든 왜병들은 힘을 합쳐 500여 척의 군선을 동원, 노량 해협에서 퇴로를 막고 있는 충무공과 진린이 이끈 조명 연합군을 공격하게 된다. 이렇게 시작된 노량해전은 1598년 11월 18~19일(음력) 양일에 걸쳐 전개되었다. 이 해전은 임란 해전사상 가장 격렬한 해전이었지만 11월 19일 정오경에 조명 연합군의 대승으로 끝났다. 왜군은 겨우 50여 척 만이 탈출에 성공하였고, 여기에는 순천 왜성에 갇혀있던 적장 고니시 유키나가(小西行長)도 포함된다.

전투 중 충무공은 19일 새벽, 적탄에 맞아 숨을 거두며 옆에 있는 장자 회(薈)와 조카 완(莞)에게 "전투가 한창 급하니 나의 죽음을 알리지 말라(戰方急 愼勿言我死)"는 유명한 유언을 남기고 운명하였다. 충무공은 임진왜란을 위해 태어나 결국 임진왜란의 종전과 함께 생을 마감한 것이다. 최근 충무공의 순국을 자살로 보는 견해가 있을 정도로 충무공은 주변의 많은 모함과 위해 속에서 살았고 만약 충무공이 순국하지 않고 종전을 맞았다면 어쩌면 정치적 모함으로 수명을 다하지 못했을 것이라고 보는 것이다. 충무공은 7년간의 왜란을 승리로 마감하는 삶의 절정의 순간에 순국함으로써 역사상 가장 위대한 인물로 길이 남을 수 있지 않았을까

남해 노량 충렬사

남해 관음포 이락사

하는 생각을 해보았다. 노량에는 이곳에서 전사한 이순신 장군을 모신 사당 충렬사(忠烈祠)가 있고 뒤편에는 충무공 시신을 잠시 모시었던 가묘가 있다. 이외도 '관음포 이충무공전몰 유허'에는 충무공이 순국 후 처음 육지로 옮겨졌던 곳, 이락사(李落祠)가 있다.

남해섬으로 들어오니 주변 경관이 육지와 다른 제주도 같은 풍치가 풍긴다. 바닷가 갯벌에는 다른 곳에서 별로 보기 어려웠던 죽방 멸치를 잡는 죽방렴이 보이기도 하고, 걷고 있는 길가에 '독일마을'이라는 이색적 안내 표지판이 보여 남해군청에 문의해보니 1960년대 독일로 갔었던 광부와 간호사들이 귀국해 만든 마을이라고 알려준다. 어려웠던 옛 시절 생각이 난다. 당시 대학까지 나온 고급인력이 직장이 없어 독일에 광부로 또 간호사로 갔고 이들이 벌어들인 외화가 우리 경제발전에 커다란 기여를 하였던 일이 떠오른다. 이들이 아름다운 남해섬에 자리 잡고 노후를 여유있게 보내는 모습이 정말 보기 좋다. 비교적 조용한 지방 국도를 따라 걸으며 남해군민이 보물섬이라 자랑하는 풍광에 취해 보았다. 선두반인 5반의 정확한 길안내로 오늘 최종 골인 지점인 비치장 목욕장에 한명의 낙오자도 없이 도착하였다. 나는 마침 길가에 약방이 있어 머리치료를 하고 시간 여유가 있어 몇이서 즐거운 시간을 가졌다. 저녁식사는 버스로 이동하여 호반가든에서 오랜만에 이 고장 특산인 돼지고기 참숯불구이로 입맛을 다시면서 몇몇 회원이 부르는 노래를 따라 흥얼거리며 피로를 씻었다. 저녁 잠자리인 창선 삼천포대교 부근 나포리 모텔에서 숙면할 수 있었다.

다음날 3일, 벌써 3일째. 오늘만 잘 걸으면 반이 지난다. 모든 회원들도 나와 비슷한 생각을 하는 것 같다. 아침 식당에서 만난 모든 회원들은 오늘 일정에 별로 걱정하는 기색이 안 보인다. 자신 만만들 하다.

우리는 버스를 타고 어제 도착 지점인 창선교 건너 비치장 목욕장 앞에 도착, 걷기 출발을 하였다. 오늘 걷는 거리는 21km. 여유가 있어 보인다.

걷고 있는 길가에 갈대와 억새가 어우러져 장관을 이루고 틈틈이 야생화가 시선을 끈다. 걷는 국도 주변 밭과 논 가운데 농로가 있어 오랜만에 흙길을 밟으며 걷기도 하였다. 우리는 남해읍을 향해 걸음을 재촉하다보니 길가에 '남해국제탈공연예술촌'이 보인다. 폐교한 학교 건물을 이용하여 만든 것이다. 나는 몇몇 회원과 건물 안을 들어가 보니 생각한 것보다 잘 정리되어 있고 우리의 전통적인 여러 형태의 탈을 볼 수 있었다. 이곳을 보며 남해군민이 남해를 보물섬이라 자랑하는 실체를 보는 것 같았다.

남해읍을 들어서니 '남해유배문학관'이 시선을 끈다. 정말 참신한 발상이라 할 수 있다. 이곳 출신이 아닌, 이곳에 유배왔던 인물들을 찾아 전시한 것이다. 언뜻 이곳에 유배왔던 대표적 인물로 서포 김만중(西浦 金萬重, 1637~1692)이 떠오른다. 서포는 1689년, 남해 노도로 유배되어 여기서 그의 대표작이라는 『구운몽(九雲夢)』을 집필하였고, 끝내 여기서 병사하였다. 그뿐 아니라 조선조에서 제주도를 비롯한 남해안의 여러 섬들이 유배지로 많이 이용되어 많은 인물들이 이곳을 거쳐 갔다. 어림잡아 살펴보아도 남해를 거친 인물이 200여 명은 넘을 것 같다.

비록 시간이 없어 이곳을 찾는 것은 뒤로 미루었지만, 나중 전화로 알아보니 나의 예견이 맞는 것 같다. 그런 서포를 중심으로 이곳에 유배되었던 인물들의 행적과 작품을 소개하고 있다는 것이다. 걸으면서 서포의 행적에 대해 이런저런 생각을 머리에 떠올려 보았다.

서포 김만중이 벼슬길에 머물었던 시기는 당쟁이 가장 격심했던 현종~숙종 연간이다. 그는 효성이 지극하고 강직한 성품이었으나 당색이 서인이라, 이때 격심했던 남·서인 당쟁 와중에 휩싸여 정2품 대제학 벼슬길과 귀양길을 수차례 오가야 했다. 그가 이곳 남해에 귀양 왔던 것은 기사환국(소위 장희빈 사건)으로, 귀양지는 다르지만 그는 세 조카와 같이 귀양길에 올라 아들, 손자를 보내는 노모 윤씨를 보며 가슴 아파했던 모습이 그려진다. 그는 옛이야기를 좋아하던 노모를 위로하기 위해『구운몽』을 썼다고 전한다. 나는 길을 걸으며 그가 귀양지에서 어머니를 그리며 지은 시구절 "해마다 어머님 생신날이면 형제 마주서서 색동옷 입고 춤을 추었건만"이 떠오르면서 새삼 부러워진다. 내가 부모님 생전에 해보지 못했던 아쉬움 때문인지도 모른다.

오늘 점심 장소는 남해읍에 있는 보물섬 남해 한우마을 식당. 이름에 걸맞는 맛깔스러운 갈비탕을 즐기며 오전의 여독을 풀었다. 오후에 걷는 길은 비교적 차량통행이 한가해 길가를 여유 있게 살피며 걸었다. 이곳에도 열녀각, 정절각 등이 간혹 눈에 보인다. 대정리 부근에 있는 효자각, 잠긴 문틈으로 보니 비 앞면에 "孝子 朴廷奎之碑"라 새겨져 있다. 비 후면을 볼 수 없어 주인공의 행적은 자세히 알 수 없지만 어떻든 서포 같은 효자로 칭송받은 분이겠지. 또 한 곳에 비석이 보여 가보니 "경주 김한량 첫발 디딘 곳"이라는 재미있는 비석이다. 아마 경주 김씨 첫 이주자가 이곳을 거쳐 부근에 뿌리를 내린 것을 기념하는 비석인가보다. 이것도 가문사(家門史)에 하나의 족적(足跡)을 남겨주었다고 볼 수 있겠다.

이런저런 생각을 하며 걷다보니 서면 사무소 앞이다. 드디어 오후 걷는 길의 도착점이다. 우리 일행은 대기하던 버스를 타고 서상 선착장으로 이동, 이곳에서 여수행 여객선에 승선했다.

여수는 예전에 수차례 찾았지만 배를 타고 가기는 이번이 처음인 것 같다. 큰 배 상층 갑판에서 서늘한 바닷바람을 맞으며 호남지역의 역사적 배경에 대한 이런저런 생각을 해보았다.

멀리 여수항이 보인다. 내륙 쪽에서 보는 것과는 또 달리 바다 쪽에서 보는 여수항은 정말 아름답다. 옆에 있는 회원들이 터키 이스탄불과 유사하다고 나누는 이야기가 들린다. 그리고 보니 배 위에서 보는 여수항 모습이 양안을 건너는 다리(돌산대교)하며, 주변 해안 풍광이 이스탄불의 보스포러스 해협을 중심으로 보았던 모습과 비슷하게도 느껴진다. 정말 여수 수려(麗水 秀麗)라 불러주고 싶다.

배에서 내리는 우리 일행을 반갑게 맞아주는 분이 계시다. 이곳까지 오며 함 대표님이 몇 번 소개하였던 한영대학교 김재호 이사장이다. 이 분을 보며 엉뚱하게 옛날 들었던 "여수에서 돈 자랑 말고, 순천에서 인물 자랑 말고, 벌교에서 힘(power) 자랑 말라"는 이곳 속담인지 유행어인지가 계시처럼 떠오른다. 이 세 가지를 다 갖추신 명문가 후예답다. 모든 처신에 자신감이 넘치고 소탈하고 누구에게나 호감을 주는 분이다. 우리는 김 이사장의 안내로 그의 고택을 방문하고 조양루 등 집안 곳곳을 들러보며 그로부터 주변 산세에 얽힌 풍수 이야기며, 또 집안에 내려오는 가문사(家門史)와 지역사 등 귀중한 많은 이야기를 들을 수 있었다. 나는 이 분의 이야기를 들으며 '여수·순천 10·19 사건'(1948)과 연계되어 비교적 생생히 기억하고 있는, 당시의 많은 사건 장면들이 떠올라 가슴이 저렸다. 정말 비극적인 사건, 다시는 반복되어서는 안 될 사건이지만 역사의 교훈으로 꼭 기억하여야 할 사건이라 생각한다. 그러면서 역사편수관 시절 종래 써오던 '여수·순천 반란사건'이라는 역사용어를 지역민이 아닌 이곳에 주둔했던 군부대의 반란사건이었음을 나타냈을 수 있도록 개정하기 위해 많은 고민을 했던 기억이 떠오른다.

우리 일행은 김 이사장님의 안내를 받아 유명한 토속음식점인 봉정식당에서 이곳 아니면 맛보기 어려운 왕서대절임 맛을 보았다. 저녁에 통일교에서 운영하는 시설 좋은 디오션 콘도에서 호남에서의 첫 밤을 편안하게 숙면하였다.

다음날 4일, 오늘은 새벽 6시 30분에 출발이다. 매일 일어나는 시간(4시 30분)이지만 왠지 마음이 조급하다. 그래도 기분은 개운하다. 어제 숙면한데다 오늘로 걷기 반이 훌쩍 지났다는 안도감 때문인지. 그렇지만 오늘 걷는 거리도 만만치는 않은 것 같다. 버스로 여수반도 남단까지 갔다가 도보로 순천만을 따라 25km 걷는 것이다. 그런데 마당으로 나오며 만나는 모든 회원들 모두가 여기까지 완주한 자신감 때문인지 원기 왕성하다. 버스로 김 이사장이 소개한 식당으로 이동, 아침부터 호남지방의 맛깔스러운 음식잔치로 막을 열었다. 붕장어탕이라고 쉽게 먹기 어려운 별미를 맛보았다. 더구나 보양탕이라니.

식사후 버스에 승차, 8시 정각에 김이사장의 안내를 받으며 여수반도 남단을 향해 출발하였다. 차창에 비쳐지는 여수 시내를 보며 이 도시와 충무공과의 인연을 생각하지 않을 수 없었다. 여수는 통영과 거의 쌍벽을 이룰 정도로 충무공의 흔적을 많이 담고 있는 도시다. 이곳에는 충무공의 군영인 전라좌수영이 있던 곳이다. 충무공은 임진왜란 전해인 1591년에

여수 진남관

여수 좌수영대첩비

전라좌수사로 부임, 이곳에 머무르며 전란을 치렀다. 물론 몇 차례 이곳에서 군영을 옮기기도 했지만 1598년 순국할 때까지 거의 8년의 세월을 보낸 곳이다. 여수에는 전라좌수영의 흔적을 볼 수 있는 것으로 진남관(鎭南館 : 국내 최대의 목조건물, 240평)이 남아 있다. 이외에도 고소대(姑蘇臺), 좌수영 대첩비(左水營大捷碑), 타루비(墮淚碑)가 있고 충민사(忠愍祠 : 최초의 사액사당) 등이 남아 있다. 대부분 몇 번 찾았던 곳이지만 이번 길에 한 곳이라도 들렀으면

하는 바램이 있었다. 지나는 버스 차창에 선소(船所 : 시전동 선소부락) 입구라는 표시판이 지나간다. 이곳은 내가 찾지 못했던 곳인데 전라좌수영

조선소가 있던 곳이고 거북선이 만들어진 곳이라고 알려진 곳으로 유일하게 흔적이 남아 복원된 곳이다.

　여수는 충무공의 남다른 효심과 관련이 깊은 곳이기도 하다. 충무공은 전란이 일어난 후 노모 변씨를 여수로 모셔와 고음천에 모시고 매일 문안을 드리고 효성을 다했다. 충무공이 투옥된 후에도 이곳에 계시다가 충무공이 석방되어 백의종군하기 위해 남행한다는 소식을 듣고 팔순 노구를 이끌고 아들을 찾아 아산 본가로 올라오다 돌아가셨다. 충무공은 아산에서 노모를 기다리다 부음을 듣고 절통한다. 공은 "어머님의 부고를 전했다. 뛰쳐나가 … 하늘의 해조차 캄캄하다 … 가슴이 미어지는 슬픔이야 어찌 적으랴"라고 『난중일기』에 당시에 심정을 적고 있다. 충무공이 자식으로 어버이께 향한 효심을 볼 수 있는 글이다.

　우리는 여수반도 남단 백야도에서 하차, 산 정상에 있는 등대를 찾았다. 등대 앞에서 다도해 해상국립공원을 내려다보며 점점이 연이은 섬에 둘러싸인 호수 같은 바다를 보고 새삼 그 절경에 반해, 걸음을 떼기가 주저스러웠다. 다시 버스로 죽림사거리까지 이동, 본격적인 걷기를 시작했다. 우리가 걷는 해안도로는 비교적 한적한 길, 별로 차량통행이 없다. 걸으며 눈에 띄는 마을 마다 전통적인 옛 한옥 와가(韓屋瓦家)가 많이 보이고 비교적 잘 정리되어 있고 여유로움이 풍긴다. 이런 모습을 보며 놀라움을 금할 수 없었다. 우리나라에서 옛 전통문화를 가장 잘 간직한 곳을 영남지방이라 보고 있었는데(영남권은 조선 후기 정권에서 소외되어 향촌에서 자존(自存)하며 전통문화 보존에 전념하였다), 오히려 이곳이 영남을 능가하는 느낌이다. 걸으면서 몇몇 회원이 이곳 도청에서 전통가옥을 건축하는 경우 일부 지원을 해주며 권장한다는 이야기를 한다. 이런 것이 잊혀져가는 우리 전통문화를 보존 발전시키는데 크게 기여하는 일이라 생각된다. 정말 상찬해주고 싶다.

점심은 달천 마을회관에서 마을 분들이 정성스럽게 차려준 전통 호남지방 시골밥상을 받았다. 평생 잊지 못할 점심이었다. 식사후 마을회관 길 건너에 비각이 있어 찾아보니 정열각(貞烈閣)이다. 안을 보니 비 앞면에 "昌原 黃致淵妻 金海金氏貞烈"라 새겨져 있다. 자랑스러운 부인이었던 것 같다. 비각 뒤편에는 깨끗하게 관리하고 있는 창원 황씨 재실(齋室)이 보여 동네 분들한테 물어보니 이 부근 마을이 황씨 집성촌이라고 알려준다. 어떻든 후손들이 이와 같이 선대의 위업을 기리는 것은 칭찬할만한 일이라 하겠다.

오후에는 순천만의 해안도로를 따라 열심히 걸었다. 옛날 학창시절 인천 부근 해안가나 섬 주위를 맴돌며 느꼈던 기분이 되살아난다. 낙조의 바다를 보며 걷는 것도 우리 걷기팀 만이 가질 수 있는 복이란 생각이 든다.

드디어 바닷가에 자리 잡고 있는 오늘의 종착지 에코비치 호텔이 보인다. 오늘 걷기 25km를 완주한 것이다. 완주를 축하하는 현수막 "환 '대한민국 U자 걷기' 영"이 걸려 있어 우리의 기쁨을 배가시켜 주었다. 이곳에서 바다로 떨어지는 해를 배경으로 단체사진을 찍으며 오늘 60여 리 완주의 기쁨을 나누었다.

저녁식사는 고향에 온 김태종 댁(장조카 내외)이 베푸는 잔치라 고맙게 받으며 노래 춤까지 어울려 하루의 피로를 말끔히 씻었다.

다음날 5일. 내일로 6구간 걷기 종장(終場)이 다가오고 있다. 아쉽고 시원한 감정이 교차된다. 어떻든 오늘도 순천에서 보성까지 25km 걸어야 한다.

아침식사는 짱뚱어탕. 처음 먹어보는 이 지방의 별미(別味)이다. 이번 걷기에 음식 선정은 정말 칭찬해드리고 싶다.

우리 걷기팀에 오늘 새 손님이 왔다. 함 대표님이 몇 차례 자랑스럽게 소개하였던 강사원 님이다. 은퇴 후 노년을 주변 사람의 부러움을 받으며 멋스럽게 사시는 분이다. 평생 종사했던 토목 공직(전남도 건설국장)과 거리가 먼 문학, 사진 등에 전념, 취미가 아닌 전문가 경지에 올라 이 분야에서 많은 수확을 거두고 계신 분이다.

나는 일행의 뒤를 따라 순천시 해룡면 지방도로를 걸으며 주변에 잘 다듬어진 마을을 보면서 이런 곳이 나의 고향이라면 얼마나 푸근할까, 고향이 없는 실향민의 비애를 다시 느껴본다.

순천을 걸으면서 어느 책에서 보았던 〈순천가〉 생각이 난다. 이영민(李榮珉)이 짓고 박향산(朴香山)이 창으로 작곡하였다는 노래인데, "湖南順天을 구경가자"로 시작해서 순천의 역사와 명승지와 역사 유적을 돌며 찬양한 일종의 서사시로 "과연 順天은 東方一大名勝地됨을 알겠더라"라고 끝을 맺었다. 기회가 된다면 이 노래 가사를 찾아보고 한번 따라 불러보고 싶다. 순천사람들은 자기 고장을 삼산이수(三山二水)라고 한다. 삼산은 무등산의 맥이 내려와 뭉쳐 세 봉우리가 된 원산(圓山)이고 이수는 동천(東川)과 옥천(玉川)이다. 산수가 수려한 곳이다. 순천에 와서 인물자랑하지 말라는 말이 이러한 풍수 자연환경에서 만들어진 것 같다. 우리 회원 중에 순천 출신 몇 분을 보면 이 말이 맞는 것 같다.

순천 역시 많지는 않으나 충무공과 관련 깊은 임진왜란 유적을 가지고 있다. 정유재란 때 왜군은 충무공이 없는 전라도를 공략, 남원을 거쳐 순천까지 침략하였다. 이곳을 점령한 왜장 고니시 유키나가(小西行長)는 이곳에 왜성을 쌓고 이를 남해의 중심거점으로 삼았다. 이 성은 성 밖 땅밑을 파 바닷물을 끌어들여 해자(垓字)를 만든 전형적인 일본식 성으로 해자 위에 다리를 놓았기에 왜교성(倭橋城), 예교성(曳橋城)이라 부르기도 한다.

충무공은 삼도수군통제사로 재임명되어 명량해전에서 승리, 제해권을 장악하자, 1598년 9월 19일, 전라좌수영을 거쳐 순천 앞바다에 있는 유도(柚島)에 진을 치고 순천왜성을 공략하였다. 그러나 명군의 비협조로 공격이 여의치 않았고 뇌물을 받은 명군은 바닷길을 열어 주려 하였다. 왜장 고니시는 이미 철수 명령을 받고 있으나 충무공이 왜성 바로 코앞 장도(獐島)에 진을 치고(11월 3일) 퇴로를 막고 있었기에 본국으로 돌아갈 방법이 없었다. 결국 순천 왜성을 구하려고 남해의 모든 왜군이 노량으로 몰려와 노량해전이 일어났고 이 해전에서 충무공이 순국하였다. 『난중일기』의 마지막 부분을 보면 바로 이 순천왜성 앞에서의 상황이 상세히 나와 있다.

11월 11일 : 유도에 이르러 진을 치다.

11월 13일 : 왜선 10여 척이 장도에 나타나므로 도독과 약속하고 수군을 거느리고 추격하니 왜선은 종일 나오지 아니한다. 도독과 장도에 진을 치다. …

11월 17일 : 잡은 왜선과 군량은 명나라 군사에게 빼앗기고 빈손으로 와서 보고한다(所捕倭船 及軍粮 被奪於唐人 空手來告 : 난중일기의 마지막 일기이다 충무공은 19일 새벽에 순국)

이번 걷기에서 순천을 통과할 때 충무공의 마지막 노량해전과 가장 중요한 관련을 갖고 있는 이 왜성을 볼 수 있었으면 하는 기대를 하였건만 아쉽게도 이루지 못하였다.

이곳에도 걷는 길가 주변 마을에 제각(祭閣)들이 간혹 눈에 보인다. 한 곳은 마을(해창마을과 중흥마을) 입구에 '순천용줄다리기 마을'이라는 표식비가 서 있다. 우리의 농촌마을에서 가을 수확 이후 논뜰에서 행하던 옛 풍습이 아직도 잘 지켜지고 있는 모습이 정말 보기 좋다. 해창들 넓은 벌판에 쭉 뻗은 농로를 걸으며, 옛날 피난시절 강경 부근의 내포평야를 걸으며 사방을 봐도 산이 보이지 않는 넓은 평야에 놀라 했던 기억이 떠오른다. 벌판 가에 흐르는 동천 다리를 건너 갈대와 억새풀이 어울려진 산책로를 따라 걸어 순천하수종말처리장에서 대기하는 버스를 만나 승차, 순천시를 하직하고 보성군으로 이동하였다.

점심식사는 보성의 '시골밥상'에서 했는데, 상호에 걸맞는 호남식 시골밥상이 정말 맛깔스러웠다. 더욱이 주인 아주머니의 인품도 푸근해 보이고 반주로 나온 술 '야관문'은 생전처음 맛보는 술이다. 오후 걷기 일정을 버리고, 주저앉아 술잔이나 기울이고 싶지만 그럴 수도 없고. 식당문을 나서며 보니 함 대표님도 비슷한 심정인지 술병을 몇 병 챙겨 나온 것 같다. 여기서 이곳 출신인 박해평 회원이 걷기에 참여하였다.

식당 밖 길거리에 나와 이곳에 오며 생각했던 충무공과 이곳과의 인연을 떠올려 본다. 『난중일기』에 보면 이 식당 부근 조성면 조성리는 조선시대 조창(漕倉)인 조양창이 있던 곳으로 충무공과 인연을 가진 곳이다. 충무공은 조선 수군이 칠천량 해전에서 대패하고 삼도수군통제사로 복직되어 그 교지를 1597년(정유) 8월 3일 받고 남해안을 더듬으면서 병력과 군비를 모으며 8월 9일 이곳을 찾는다. 다음은 그날 일기 내용이다.

8월 9일(丁卯) 맑다. … 오후에 길을 떠나 십리쯤 오니 노인들이 길가에 늘어서서 다투어 술병을 가져다 바치는데 받지 않으면 울면서 강권한다. 저녁에 보성 조양창(兆陽倉)에 이르니 사람은 하나도 없고 창고 곡식은 봉한채 그대로 있으므로 군관 네 사람을 시켜 수직케 하고 나는 김안도의 집에서 잤는데 그 집주인은 벌써 피란 나갔다.

충무공은 몸이 불편해 이 집에서 이틀 묵고 8월 11일 양상원의 집(보성군 득량면 송곡리)으로 옮긴다. 충무공이 묵었던 김안도의 집터나 마을 입구에 표식비가 없을까 눈길을 돌려보았지만 없는 것 같다. 만들어 놓으면 좋은 역사 학습자료나 관광자원이 될 수 있을걸 하는 아쉬운 생각을 하며 발걸음을 옮겼다.

오후 길은 비교적 차량통행이 적은 지방도로를 따라 걸어 모든 회원들이 여유로워 보였다. 득량만 바다를 끼고 조성된 끝이 아득하게 보이는 득량만 방조제길도 열심히 걸었다. 걷다 보니 마을 표시판에 해평리가 보여 반가웠다. 나의 본관인 해평은 경북 선산군에 있는데 어떻든 같은 이름이어서 깊은 인연이 있는 것 같아 다시 되돌아보게 된다. 걷다가 휴식할 때 야관문 술잔 돌림이 있었다. 이것도 걷기에 변화 발전의 모습이라고 보아야겠지. 어떻든 반가운 일이다. 열심히 걷다보니 멀리 반가운 버스가 기다리고 있다. 오늘 걷기도 마감이다. 이제는 하루만 잘 걸으면 완주다. 일행은 이여송 버스기사의 따뜻한 환영을 받으며 버스에 승차, 저녁 식당으로 향했다. 저녁식사는 기러기 식당(박해평 회원의 누이동생이 운영)인데, 우리 회원들이 몇 번 찾았던 잊을 수 없는 식당이다. 식당 마당에 도착해보니 식당 벽면을 가득채운 '한밤의 사진편지 가족 대한민국 U자 걷기 환영'이란 현수막이 우리를 반겨주었다. 정종해 보성군수까지 우리를 환영해주어 음식 맛의 격을 한층 높여 주었다. 정말 즐겁고 행복한 저녁이었다. 우리 일행은 버스로 저녁숙소인 보성 유스호스텔로 이동, 3층 대강당에서 반별장기자랑 경연대회를 웃음과 함성 속에 치르고 하루 동안의 일들을 흐뭇하게 되새김하면서 잠자리에 들었다.

다음날 6일, 벌써 마지막 날. 시간의 흐름이 빠르다. 시원하기도 하고 아쉽기도 하고 그래도 오늘까지 잘 버텨준 내 몸이 고맙다. 더욱이 집사람

걱정을 많이 했는데 정말 다행스럽다. 아침식사는 기러기 식당에서 했는데, 모든 회원들 표정이 정말 밝다. 더욱이 오늘은 함 대표님 생일, 이달 생일을 가진 몇 분 회원님들(11월 3일 생일인 집사람)도 함께 생일 노래를 들으며 케이크까지 자르고, 보기 좋은 정경이다.

오늘은 보성에서 장흥까지 25km 걷는다지만 걱정스럽지 않다. '마지막인데 이쯤이야.' 대부분 회원이 비슷한 생각인 것 같다. 우리가 걷는 장흥으로 가는 지방도로에 안개가 자욱하다. 차량통행은 많지 않지만 위험한 길이다. 일렬로 대오를 이루어 조심스럽게 발걸음을 옮기면서도 나름대로 오랜만에 주변 산세에서 맛보는 흥치(興致)가 있다.

한참 걷고 있는 우리 주변을 엷은 햇살이 서서히 감싸기 시작한다. 안개가 개이면서 보성이 자랑하는 녹차 밭이 눈에 들어온다. 지휘부에서 오늘 일정에 약간의 변화가 있다고 알려준다. 어제 보성군수가 자랑한 '보성녹차 해수탕'을 들렀다 가자고. 마지막 날 마음에 여유가 생긴 것 같다. 우리 일행은 회천면 율포리에 있는 목욕탕을 찾아 목욕을 즐겼다. 몇 사람은 바닷가에 있는 마음씨 고운 아줌마를 만나 맛과 흥을 나누는 즐거운 시간을 가졌다. 점심은 버스로 이동, '푸른바다 횟집'에서 정말 다른 곳에서 맛볼 수 없는 별미 전어회덮밥을 맛보았다. 지휘부에서는 오늘 6구간 골인지점에서 환상적인 분위기를 연출하고 싶은 모양이다. 이런 것도 시간의 흐름에 따라 얻어지는 중요한 교훈이라 생각된다. 골인지점도 분위기에 알맞은 곳, 골인 시간도 어스름이 깃든 알맞은 시간대, 여기에 맞추어 연출도 하기로 한 모양이다. 우리 일행은 시간대에 맞추기 위해 바닷가를 걸으며 즐거운 시간을 갖고 버스로 걷기 출발지점으로 향했다. 나는 버스로 보성군을 떠나며 얼마 전에 찾았던 송재 서재필(松齋 徐載弼, 1864~1951) 기념공원 생각이 떠오른다. 이번 걷기에서는 송재가 태어난 생가(보성군 문덕면)를 찾고 싶었는데, 못가서 좀 아쉬웠다.

송재는 비교적 널리 알려져 있고 그에 관한 저서와 논문만도 200여 편에 달하고 대체적으로 긍정적인 평가를 받고 있다. 그렇지만 송재에 대해서도 그의 유해 봉환(1994년) 논의가 있을 때 엇갈린 평가로 많은 문제가 있었다. 그러나 그는 항상 시대에 앞선 개혁사상가였고 강한 민족애를 가졌던 분이라 높이 평가 받을 수 있는 분이다. 원래 송재의 고향은 충남 논산이고 그곳에서 자랐고 7세 때 서울에 와 외숙집에서 수학하다 1882년 과거에 합격했다. 보성군이 송재의 외가(성주 이씨)가 이곳에 있어 그 분이 이곳에서 태어났다 하여 이런 기념사업을 하는 것은 정말 높이 평가해주고 싶다. 나는 이 기념공원을 보며 초대 대통령 우남 이승만(雩南 李承晩, 1875~1965)이 제대로 된 기념관 하나 갖지 못한 것이 비교가 되어 정말 송재는 외가를 잘 두었다는 생각을 했다.

　일행은 장흥군 안양면 덕동마을에서 버스에서 하차, 장흥읍을 향해 걷기 시작하였다. 걸으면서 장흥군과 충무공과의 인연을 더듬어 보지 않을 수 없었다. 충무공은 통제사로 다시 임명된 뒤 남해안의 보성을 거쳐 장흥군을 찾았다. 당시 장흥군에는 조선 수군이 거의 전멸한 칠천량 해전에서 유일하게 탈출한 인물인 경상우수사 배설(裵楔)이 머물고 있었다. 그는 겁 많고 무능한 장군으로 칠천량 해전에서 뒤에서 돌다 휘하 12척의 배를 이끌고 탈출, 장흥군 회령포(장흥군 회진면 회진리)에 숨어 있었다. 그런데 이 부근에 충무공이 왔는데도 그는 찾아오지 않아 충무공이 직접 이곳을 찾았다. 『난중일기』에는 다음과 같이 기록되어 있다.

　丁酉 8월 18일 : 맑다. 會寧浦로 갔더니 수사 배설이 수질(水疾)이라 칭탁하고 보지 아니한다. 관사에서 자다.

　丁酉 8월 19일 : 맑다. 여러 장수들이 교서에 엄숙히 절하되 배설은 교유(敎諭)에 고개 숙여 환영하지 않는다. 오만한 태도가 형언할 수 없다. 그

영리를 곤장 때리다.(其悔慢之態 不可言 其營吏決杖).

충무공은 이곳에서 엄하게 군기를 잡아 배설과 12척의 군선, 그리고
연안에서 모은 병사를 수습하여 이를 재기의 발판을 삼아 명량해전에서
대승, 재기에 성공한다. 회진포에는 충무공이 머물었던 회진령성 흔적이
남아 있다고 한다. 찾아보지 못한 곳이기에 찾고 싶었지만 역시 다음으로
미룰 수밖에 없다.

이런저런 생각에 젖어 걷다 보니 장흥읍에 도착했는데, 우리 일행을
맞는 반가운 분이 있었다. 박해평 회원님의 제씨되는 박해영 면장이다.
일행은 그 분의 안내를 받아 잘 가꾸어진 탐진강변을 걸어 분수대앞
넓은 잔디밭을 골인지점으로 어둑어둑해지는 황홀한 분위기 속에 한명의
낙오자도 없이 6구간 135km 완주의 환희를 맛보았다. 다 같이 완주를
축하하고 임진각까지 완주의 기원을 담아 만세 삼창을 우렁차게 외쳤다.

제7구간 | 전남 장흥~영암

2011년 4월 4일, 정오의 따뜻한 햇빛 속에 한사모 회원 48명은 제6구간 완주의 환희를 맛보았던 장흥군 탐진강변 분수공원 앞에서 "꿈은 이루어진다"라는 우렁찬 외침과 함께 제7구간 350여 리 대장정의 첫발을 내딛었다. 우리의 출발선인 장흥은 최근에 행정지명 보다 이 지역 사람들이 새로 작명한 정남진(正南津 : 한반도의 최북단 중강진(中江津)에서 광화문을 거쳐 정남향 포구)으로 알려지고 있는 곳이기도 하다. 어떻든 우리 걷기팀이 정동진(正東津)을 거쳐 정남진을 밟았다는데 남다른 의미를 두고 싶다. 그러면서 정서진(正西津)은 아직 없지만 우리가 걸으면서 위도를 찾아(정동진에서 광화문을 거쳐 정서향 포구) 작명하여 그곳 주민에게 선사하고 밟고 지났으면 어떨지. 그리고 지금의 걷기 골인지점인 임진각에 도착 후 다시 걷기를 연장, 걷기의 최종 종착지를 정북진(正北津)인 중강진으로 하면 어떨까 하는 바램을 해본다.(남북 정세의 획기적인 변화로 가능할 것이라는 기대를 해본다)

오늘 걷기는 이곳에서 강진까지 15km. 만만치 않은 거리다. 그러나 회원들은 다른 곳에서 맛보기 어려운 점심맛(바지락 무침 비빔밥)과 김재호 이사장(한영대), 김기형님(김태종님의 장조카), 박해영 면장님(박해평님의 제씨)들이 베푼 후덕한 인심에 취했는지 아니면 걷기에 달인의 경지에 이르렀다는 자신감 때문인지 여유만만들 하다.

이번 7구간은 종전에 반별로 해오던 일정 계획과 코스 개발 그리고 안내를 지휘부에서 전담하기로 하였다. 이런 것이 아마추어에서 프로로의 전환이라는 발전적인 모습이라 말할 수 있겠다. 그러면서도 그 이전에 아마추어 안내 팀이 간혹 보여준 애교스러운 실수를 즐기면서 서로를 위로 격려하며 오고가던 따뜻한 정이 사라지는 것이 아닌가 하는 생각이 떠오르기도 한다. 늙은이의 기우(杞憂)이겠지만.

우리 일행은 잘 다듬어진 강변공원길을 거쳐 차량통행이 적은 구도로를 따라 훈련된 병사집단처럼 선두에는 기수(旗手 : 황금철 님) 향도(嚮導 : 이영균, 이경환 님)가 뒤에는 조교(助敎 : 김태종 님)를 두고, 이들의 지도 하에 대오(隊伍)를 지어 강진을 향해 걸음을 재촉하였다. 나는 일행을 따라 걸으며 이 지역을 여행할 때 가끔 나던 엉뚱한 생각을 해본다. 역사에 가정이란 있을 수 없지만 만약에 삼국통일을 신라가 아닌 백제가, 또 후삼국 통일을 고려가 아닌 후백제가 주도해 이루었다면 우리 역사는 어떻게 전개되었을까. 또 지금의 기호지방, 호남지방, 영남지방의 지역정서는 어떠한 모습이 되었을까. 재미있는 공상을 해 본다. 이런저런 생각을 하며 걷고 있는 나의 눈에 길가에 비각과 조금 떨어진 곳에 갓을 쓴 동상이 들어온다. 일행에서 떨어져 급히 찾아보니 존재 위백규(存齋 魏伯珪, 1727~1798)의 동상이다. 존재(存齋)에 대해서는 조금은 알고 있었지만 이 지역과 인연을 가진 인물임을 처음 알았다. 그는 이곳 관산읍 방산리 출신으로 당시에 일반적인 유학자와 달리 천문지리, 백공기예(百工技藝) 등 실생활에 활용할 수 있는 학문에 관심을 가지고 실사구시(實事求是)의 정신으로 학문연구에 매진, 100여 권의 저술을 남긴 실학자의 효시라 할 수 있다. 그는 정조의 지우(知遇)를 얻어 말년에 임금의 강권으로 옥과현감(玉果縣監)을 하기도 하였다. 어떻든 이 지방이 자랑스러운 표상(表象)으로 내세울 수 있는 인물이다.

더욱이 이 동상을 어린 학생들이 등하교 길에 매일 접할 수 있는 장흥남초등학교 부근에 세운 것도 남다른 의미가 있다 하겠다. 나는 동상을 보고 군 문화과에 전화를 해보니, 장흥 위씨가 120여 가구 모여 사는 집성촌이 관산읍 방촌리에 있고 그 곳에 '방촌유물전시관'이 있어 주로 위씨 집안에서 제공한 귀중한 유물이 전시되어있다고 알려주면서 친절하게도 필요하다면 『방촌유물전시관도록』을 보내주겠다고 한다.(고맙게도 집에 오니 도록이 이미 도착해 있었다)

이곳에서 몇 가지 챙기다 일행과 좀 떨어져 이를 뒤쫓아 가는데 다른 때보다 떨어진 거리가 쉽게 좁혀지지 않는다. 달인의 경지에 있는 일행들의 걷는 속도가 옛날보다 빨라진 것인지, 내 걸음이 늦어진 것인지.

우리가 걷는 구도로 주변은 전통적인 농촌 풍경을 대부분 그대로 간직하고 있어 우리의 마음을 푸근하게 해준다. 그러면서 일제강점기 초기, 새로운 차량도로인 신작로(新作路)가 개통되면서 옛날 구도로가에 있던 역참(驛站)이나 주막집들이 서리를 맞았던 것처럼 우리가 걷는 구도로가에 있는 주유소나 음식점 등이 신작로(차량전용도로)에 밀려 거의 문을 닫고 있는 모습이 보여 변화 발전의 한 단면이기도 하지만 기분은 왜 그런지 스산하다.

한참 걷다 우리 일행은 자연경관이 아름다운 사인정 휴게소에서 걸음을 멈추고 휴식을 취하였다. 이 부근에 있는 주유소와 사인정 상호를 달은 음식점도 문을 닫아 황량하기까지 하여 일행은 잠시 머물다 이곳을 떠나 걸음을 재촉하였다. 산모퉁이를 돌자 사인정(舍人亭)이라는 정자가 있다고 하여 찾아보니, 세종조에 과거를 거쳐 벼슬길에 나아갔던 김필(金珌 雪嵒, 1426~1470, 영광 김씨 장흥파의 선조)이 세운 정자로 정자이름 사인은 의정부의 관직명(정4품)을 따서 지었다고 한다. 설암(雪嵒)은 세조의 찬탈로 야기된 사육신 사건 등에 환멸을 느껴 이 부근으로 은퇴,

이곳에 정자를 짓고 은둔생활을 하다 뒤에 세조의 권유로 벼슬길에 나아가 이조참판 등을 역임하였다고 한다. 어떻든 이런 역사적인 흔적을 잘 가꾸고 보존하고 있는 장흥군청에게 찬사를 드리고 싶다.

탐진강과 차량전용도로를 이웃하며 주변경관에 취해 걷다보니 강진군 계 표시가 눈에 들어온다. 오늘의 걷기 종착지인 강진군이 보여 반가우면서도 최근에 수차례 찾아 정들었던 장흥군을 떠나는 것이 아쉽기도 하다. 장흥군을 하직하며 장흥군과 이충무공과의 인연을 되짚어 보지 않을 수 없었다.

충무공은 장흥군 회령포(회진면 회진리)에서 1597년(丁酉) 8월 19일(음력), 경상우수사 배설(裵楔)로부터 10여 척의 함대를 인수 받고 연안답사를 통해 모은 120여 명의 군졸을 모아 이곳에서 수군을 재건하였다.(배설은 뒤에 도망가 고향인 선산에 숨어있다 전후에 잡혀 참형 당하였다)

『이충무공전서 행록(李忠武公全書 行錄)』에 보면

> 18일에 회령포에 이르니 전선이라고는 다만 10여 척, 공은 전라우수사 김억추를 불러 병선을 모으게 하고 … 모든 군졸에게 "우리들은 다 같이 임금의 명령을 받았으니 의리상 같이 죽어야 마땅하다. … 한번 죽음으로써 나라에 보답하는 것이 무엇이 아까우랴. 오직 죽음이 있을 따름이다." 하자 모든 장수들이 감동하지 않는 이가 없었다.(十八日到會寧浦 戰船只十艘 公召全羅右水使金億秋 使收拾兵船 … 約曰'吾等共受王命 義當同死 … 何惜一死以報國家乎 惟死而後已' 諸將無不感動)

이와 같이 충무공은 이곳에서 제장(諸將)들과 재기를 다짐하고 이러한 결의 속에 명량해전 승리의 초석을 만들었다고 하겠다.

그리고 다음날, 충무공은 진영을 회령포에서 이진(梨津 : 해남군)으로 이동하였다. 이러한 점에서 장흥군은 패전 후 절망의 늪에 **빠져** 있던 조선 수군이 재기의 첫발을 내딛은 곳으로 오래 기억되어야 할 곳이다.

　일행은 강진군계를 넘어 강진읍에 있는 영랑 김윤식(永郞 金允植, 1903~1950) 생가를 향해 걸음을 재촉하였다. 한참 후 우리 일행은 오늘의 최종 종착지나 다름없는 영랑 생가에 한명의 낙오자도 없이 도착, 여유있게 생가를 둘러보았다. 영랑은 대표적인 시 〈모란이 피기까지는〉을 비롯하여 80여 편의 시를 남긴 호남 출신의 뛰어난 시인이다. 나는 그의 생가를 돌아보고 동상을 올려다보며, 일제 식민지하에서 지주 집안 출신이지만 지식인으로 겪어야 했던 그의 고뇌에 찬 삶을 더듬어 보았다. 그리고 그의 아름다운 시 속에 담아진 시대적인 아픔을 되짚어 보면서 그의 생가를 뒤로 하였다.

　우리 일행은 저녁식사 장소인 둥지식당을 찾았다. 이곳에서 오늘 새로 편성된 반별로 자리를 잡았고 푸짐하고 맛깔스러운 한정식에다 김태종댁에서 제공한 매실주에 모두들 허리띠를 풀었다. 그리고 새로 U자 걷기에 참여한 여섯 회원의 소감과 장기를 보고 들으며 즐거운 시간을 가졌고 흥겨운 기분 속에 첫밤은 '프린스관광 모텔'에서 피로를 풀었다.

　다음날 5일 화요일.

　아침 일찍 눈이 떠졌다. 창밖을 보니 아직 어둠에 싸여 있지만 오늘 하루도 걷기에 최적의 날씨일 것 같다. 예정시간보다 이르게 아침식사 장소인 '강진만 식당'을 찾으니 벌써 많은 회원들이 자리를 잡고 앉아 있다. 모두들 원기 왕성하고 모두들 행복한 미소를 담고 있다. 오늘 걸을 26km. 만만치 않은 거리인데도 별로 부담스러운 기색이 보이지 않는다. 프로 걷기팀 회원다운 모습이다. 아침식사는 토속적인 냄새가 풍기는 된장국과 병어조림. 입맛을 돋운다.

우리 일행은 8시 버스에 승차, 남포교 앞으로 이동, 이곳에서 걷기를 시작하였다. 오전의 종착지인 다산초당을 향해 강진만을 옆에 두고 해안도로를 따라 걸음을 재촉하였다.

안개가 짙게 드리어져 주변 경관이 별로 보이지 않는다. 차량통행은 별로 없지만 짙은 안개로 시야가 가려 일렬종대로 대오를 지어 조심스럽게 싱그러운 해풍이 얼굴을 스치는 속을 열심히 걸었다. 안개가 걷혀 가는 만덕 간척로 길에 들어서 보니 멀리 만덕산 밑에 다산 정약용(茶山 丁若鏞, 1762~1836)의 유배지와 다산초당(茶山艸堂)이 보인다. 이곳 강진은 다산의 유배지(流配地)로 많은 사람들의 관심을 끌고 있다. 강진뿐 아니라 남해안 곳곳은 조선조의 유배지로, 유배자(流配者)들이 이곳에 심어놓은 문화적인 뿌리가 이 지역의 문화와 정서 형성에 많은 영향을 미쳤다. 최근에는 이 지역에 유배문학관이나 유배자들의 기념관을 중심으로 유배문화라는 독특한 문화영역이 형성되고 있을 정도이다. 또 이곳 유배지들은 대부분 풍광이 뛰어나고 인적이 드문 절해고도(絶海孤島)나 산골로, 요사이는 자연이 아름다운 명소로 관광객이 많이 찾는 곳이기도 하다. 이런 곳에 유배온 유배자들은 주변의 아름다운 풍광 속에 파묻혀 절망과 고독을 이겨낼 수 있었고 세속적인 욕망에서 벗어나 풍류를 벗 삼고 학문이나 시문학에 매진할 수 있어 뒤에 이 분야에 훌륭한 업적들을 남길 수 있었다. 이런 것도 재미있는 역사의 아이러니(Irony)라 하겠다. 우리가 걸으면서 접할 수 있었던 김만중, 윤선도, 정약용 등이 대표적인 본보기라 하겠다.

다산초당 입구 부근에 비석 등이 보여 일행에서 떨어져 살펴보다 좀 늦게 입구에 도착해보니 이 지역 출신으로 다산과 깊은 인연을 가진 집안 후손인 윤동환 전 강진군수의 다산초당과 다산에 대한 이야기가 진행 중이다. 다른 곳에서 쉽게 들을 수 없는 귀중한 이야기이다. 끝난 후 그와 인사를 나누면서 그의 선대에 대한 이야기를 몇 가지 더 들어보았다.

강진 다산초당 앞에서

　다산초당 인근에는 다산의 외가인 해남 윤씨 집안 세거지가 많이 있어, 다산이 이곳에서의 18년(1801~1818)이라는 오랜 유배생활 동안 외로움을 이겨내는데 정신적으로 많은 도움이 됐을 것으로 생각된다. 다산의 모친은 이웃 해남군의 명문거족인 고산 윤선도의 증손자(曾孫子)가 되는 공재 윤두서(恭齋 尹斗緖, 1668~?)의 손녀이다. 공재는 자화상으로 널리 알려진 조선시대 대표적인 서화가로 다산의 뛰어난 서예솜씨도 외가의 재능을 이어 받은 것으로 생각된다.

　일행의 뒤를 따라 다산초당을 찾았다. 이곳을 찾을 때마다 느끼는 것이지만 다산초당을 초당(艸堂 : 草堂)이 아니라, 다산 와당(瓦堂)으로 만들어 놓았는지 눈에 거슬린다. 초당 뒷산까지 올라 바위에 새겨진 정석(丁石)까지 보고 내려오며 다산에 대해 이런저런 생각을 해보았다.

　다산은 정조를 빼놓고 이야기하기 어렵다. 정조는 다산의 학문적 스승이자 지우(知遇)요, 정치적 방패막이요, 동지였다고 할 수 있다. 정조가

1800년 6월 28일 승하하자, 노론벽파는 척사위정(斥邪衛正)을 내세워 서학(西學 : 천주교)을 수용하였다고 남인계에 대한 대대적인 탄압을 가하면서 다산도 투옥(1801년), 경상도 장기로 유배되었다. 그의 가형 정약종을 비롯한 이가환, 권철신, 이승훈 등은 참수당했다. 그러다가 곧 이은 황사영(黃嗣永 : 다산의 맏형 丁若鉉의 사위) 백서사건(帛書事件 : 북경에 있는 주교에게 보내기 위해 조선에서의 천주교탄압 전말과 대책을 흰비단에 쓴 밀서)으로 강진으로, 둘째형 정약전은 흑산도로 유배되었다. 다산은 이곳에 유배생활 동안 학문연구에 전념, 정치, 경제, 군사, 지리, 역사, 문학 등 모든 분야에 미치지 않는 분야가 없을 정도의 방대한 연구업적인 500여 권의『여유당전서(與猶堂全書)』(丁茶山全書)을 남기었다. 특히 중앙정치 제도개혁을 논한『경세유표(經世遺表)』(40권)와 지방행정을 다룬『목민심서(牧民心書)』(48권)는 이중에서 가장 뛰어난 업적이라 하겠다.

　나는 만약에 정조가 장수하여 다산이 고위관직에 계속 머물렀다면 이런 학문적인 업적을 이루었을까 하는 생각을 하며 걸음을 옮기었다. 그러면서 다산학을 조선학의 핵심이라 말한 위당 정인보(爲堂 鄭寅普, 1892~?) 선생님의, "선생의 저술의 종지(宗旨)는 '우리의 낡은 나라를 새롭게 한다(新我舊邦)'의 네 글자가 두뇌이다"를 떠올리지 않을 수 없었다. 이와 같이 다산은 오랜 유배 생활에서 얻은 경험과 지난 관료 생활에서 얻은 경험을 통해 당시의 사회현실을 비판하고 사회체제의 전면적인 개혁을 내세웠다고 하겠다. 또 위당은 실학의 계보를 정리한 글에서 "조선 근교의 학술사를 정리해보면 반계(磻溪, 柳馨遠)가 1조(祖)요, 성호(星湖, 李瀷)가 2조(祖)요, 다산이 3조(祖)"라고 실학의 계보와 사숙관계(私淑關係)를 정리하여 실학을 집대성한 다산의 학문적인 업적을 잘 나타내주었다.

　회원들과 다산에 대한 이런저런 이야기를 나누며 점심식당인 '다산명가식당'에 도착, 명가라는 상호에 어울리는 맛있는 우거지해장국으로 점심을 먹었다.

　오후 걷기는 13km. 버스에 승차하여 10여 리를 이동, 도암면 석문리에서 하차, 걷기를 시작하였다. 걷는 길가 산에 간혹 진달래꽃이 보여 봄철의 흥치(興致)를 돋군다. 그런데 길가 벚꽃 가로수는 아직 피지 않고 망우리만 보인다. 작년 5구간 때와는 같은 시기인데도 벚꽃 개화기는 완전히 다르다. 어떻든 벚꽃 가로수를 보지 못하는 아쉬움은 있지만 오히려 주변 경관을 보기에는 나은 것 같다. 이번 걷기에 강진군에서 고려청자 도요지(대구면 일대 : 청자박물관)가 포함되었으면 하는 바램이 있었지만 걷기 코스에서 빠져 있어 아쉽지만 옛날 기억을 반추하는 것으로 만족할 수밖에. 도예(陶藝) 전문가의 이야기로는 이곳에서 훌륭한 고려비색청자가 만들어질 수 있었던 것은 이곳에는 다른 곳에서 볼 수 없는 흙을 비롯한 자연적인 여건이 뛰어났기 때문에 가능했다고 한다. 또 강진군에서 찾고 싶었던 것이 전라병영성지(全羅兵營城址) 성곽(병영면 성동리)과 이 부근에 있는 하멜기념관으로, 과거에 찾은 적이 없는 곳이기에 이번 걷기 코스에 포함되었으면 하는 기대를 했지만 이곳도 다음 기회로 미루고 발걸음을 옮겼다. 이곳은 하멜이 7년이나 억류되었던 곳이기도 하여 이를 기념하는 하멜기념관이 세워져 강진군과 네덜란드 호르콤시와의 문화적 교류의 거점으로 삼고 있다고 한다.

　하멜(Hendrik Hamel, ?~1692)은 네덜란드 상선 선원(書記)으로 효종 4년(1653)에 일본 나가사키(長崎)로 항해하다 태풍을 만나 배가 난파되어 선원 64명 중 36명이 제주도에 표착하였다. - 제주도 걷기 때 표착지를 방문했다. - 이들은 다음해 한양으로 압송되어 훈련도감에 배치되어 박연(본명 : Weltvree, 인조 5년 표착 귀화)의 지도로 무기제조 등에 참여하였다. 그런데 이들 중 2명이 우리나라에 온 청국사신 앞으로 뛰어나가 구원을 요청하는 사건이 일어나, 이들 전원을 전라도로 유배 보내 각

강진 하멜기념관

군영에 분산, 억류하였다.

1656년 3월, 우리는 말을 타고 한양을 떠나 … 우리는 전에 상경할 때 거쳤던 성읍을 통과하여 … 전라병영(全羅兵營)이란 대읍에 도달하니 읍의 반대편에 대성곽이 있어 … 우리를 데리고 온 인솔자는 왕의 교서와 함께 우리를 병사(兵使)에게 맡기었다. (『하멜표류기』)

그런데 이곳에 억류되어 있던 하멜 등 8명이 몰래 선박을 구해 일본으로 탈출(현종 7년, 1666), 뒤에 본국으로 귀환하여(1668)『하멜표류기』(蘭船済州道難破記 및 朝鮮國記)를 출간하였다.(『현종실록』, 全羅道分置南蠻人逃入日本) 이 책은 우리나라를 방문했던 서구인이 쓴 최초의 저술로 억류생활 14년의 기록과 우리나라의 역사, 지리, 풍속, 교육, 군사 등을 서구에 소개한 최초의 문헌이기도 하다. 또 하멜은 배의 서기였기에 학식이 있었던 인물이어서 일반 여행가의 주마간산식(走馬看山式) 여행기와 다르게 당시 조선사회의 모습을 비교적 상세하게 기술하여 서구인들의 조선왕조 인식에 공헌한 바도 크고, 우리에게도 17세기 조선조 사회를 이해하는 측면사로 상당한 기여를 한 사료적 가치를 가지고 있는 서책이라 평가할 수 있다.

우리 일행은 오후 5시경, 오늘의 목적지인 '해남온천 관광랜드'에 도착, 온천목욕을 하며 하루의 피로를 풀었다. 저녁 먹기 전 시간여유가 있어 나는 몇몇 분과 어울려 즐거운 시간을 만들기도 하고. 저녁은 '케이불카 식당'에서 맛깔스러운 생선구이로 음식맛을 즐겼다. 저녁 잠자리는 반별로 배당, 8반 회원들과 많은 이야기를 나누며 편안하게 숙면을 취했다.

다음날 6일 수요일.

아침에 일어나 창문을 열자, 서늘한 아침공기가 가슴을 확 트이게 한다. 정말 이런 산속 새벽에서만 느껴볼 수 있는 공기 맛이다. 오늘만 잘 걸으면 반이 지나는 것인데. 오늘도 26km, 그렇게 만만한 거리는 아니다. 그러나 아침에 만나는 회원들은 걱정하는 모습은 전혀 보이지 않고 희희낙락(喜喜樂樂)들 하다.

아침은 어제 저녁식사를 한 '케이불카 식당'에서 시원한 전주식 콩나물해장국으로 속을 달랬다. 일행은 버스로 대흥사 입구에서 하차, 걸어서 대흥사를 찾았다. 올라가는 길가에 여러 기의 부도탑(浮屠塔) 등이 보여 절의 연륜을 짐

해남 두륜산 대흥사

작하게 해준다. 한참 오르자 '두륜산 대흥사(頭輪山 大興寺)' 편액을 건 일주문이 보인다. 절의 경내로 들어가니 서산대사 휴정(西山大師 休靜, 1520~1604 : 이곳에 보물로 지정된 서산대사의 부도가 있다), 초의선사(草衣禪師, 1786~1866) 등 유명한 선승들의 발자취가 곳곳에서 눈에 들어온다. 더욱이 임란시 의병 승장으로 활약했던 서산대사의 애국 행적과 조선조의 숭유배불정책으로 불교의 퇴조와 함께 사라져가던 다도(茶道)문화를 재흥시킨 초의선사의 행적을 더듬어보며 몇몇 회원과 일본의 다도문화와 비교하여 이런저런 이야기를 나누며 발걸음을 옮겼다. 서산대사는 대흥사 일원을 풍수적 이상의 땅이라는 '삼재불입지처 만년불훼지지(三災

不入之處 萬年不毁之地)'의 명당이라고 하였단다. 주변 산세를 보니 어설픈 나의 눈에도 명당자리 같다. 나중에 시간이 있으면 뒷산인 두륜산 정상 (706m)에 올라 대흥사 일원과 바다 건너에 있는 완도도 찬찬히 보고 싶다.

일행은 대흥사 입구에서 버스로 호교마을까지 이동하였다. 나는 버스 속에서 차창을 통해 주변 풍광을 보며 해남과 다리로 연결된 완도군을 걷지는 못하더라도 버스로 잠깐 들러나 보았으면 하는 혼자만의 바램을 가져 보았다.

완도는 자연적인 풍광도 뛰어나지만 신라 하대에 장보고(張保皐, ?~846)가 여기에 청해진을 설치하고 동양 삼국의 혼란했던 시대적인 조류를 타고 해상세력으로 크게 성장하여, 완도를 거점으로 해남, 영암, 강진, 나주를 아우르고 일본과 당나라까지 무역사절을 파견하는 등 3해의 해상권을 장악, 해상세력으로 군림했던, 역사적으로 뜻깊은 곳이다. 이러한 해상활동의 전통이 면면히 이어져 뒤에 이충무공의 해전 대승첩의 초석이 되었다고 하겠다. 청해진의 거점은 장좌리 일원과 장도(將島 : 將軍섬)였다. 이곳은 한·중·일 해상교통의 요충지로, 장도 내에는 토성과 석성의 유적과 목책(木柵) 등이 남아 있고, 장좌리에는 법화사지(法華寺址) 등이 남아 있다. 예전에 찾아보았던 기억을 다시금 떠올리며 오늘 못간 아쉬움을 달래보았다.

일행은 버스에서 내려 이곳을 걷기의 출발선으로 삼았다. 비교적 한가한 국도이기에 차량통행도 거의 없고 가로수가 별로 보이지 않아 모두들 우리가 독점한 길 같아 마음 편하게 걷는 것 같다. 걷는 길가에 전통적인 마을과 어울리지 않는 서구형의 흰 목조양옥이 눈에 자주 띄어 많은 생각을 하게 한다. 6구간 걷기에서 자주 보았던 전통적인 와가 건물이

아닌, 이런 건물이 이곳에 왜 많이 등장하였는지, 몇몇 회원과 이야기를
나누어 보지만 신통한 대답이 나오지 않는다. 물론 자기 편의에 맞추어
지은 것 같은데.

걷는 길 중간 중간에 이여송 기사의 힘찬 격려의 함성이 우리의 걸음을
가볍게 해준다. 자기 직업에 보람을 갖고 최선을 다하는 전문직업인의
본보기로 내세우고 싶다. 드디어 오전 골인지점인 황산면 사무소 부근
명동식당에 도착, 호남음식의 진수라고 자랑할 만한 아가미젓갈, 전어무
침 등이 곁들인 생선매운탕으로 점심을 즐기며 행복한 시간을 가졌다.
점심 후 들러본 황산면 사무소(주민센터)에 주민 휴식공간으로 지어 놓은
팔각정을 보며 면민을 주인으로 생각하는 공복(公僕)의 자세가 엿보여
이곳에 앉아 잠시 쉬는 것이 편안하게 느껴졌다.

오후 걷기는 이곳이 출발선
이다. 나는 발걸음을 옮기면
서 어제 해남군에 들어오며
가장 먼저 떠올렸던 고산 윤선
도(孤山 尹善道, 1587~1671)
에 대해 이런저런 생각을 해
보았다.. 해남은 지금도 고산
후손인 해남 윤씨(海南 尹氏)

해남 녹우당

들의 세거지지(世居之地)라 할 수 있고 인근에는 그의 고택(녹우당)과
다산의 외증조부인 윤두서의 고택, 윤선도 유물관이 있는데다, 환상의
섬으로 알려진 보길도에도 고산과 연관된 많은 유적들이 남아 있어 많은
사람들이 찾는 곳이다. 나는 이번 걷기에 고산 고택이라도 찾았으면
하는 바램을 가져보았지만 예정되어 있지 않아 옛날에 찾았던 기억이나
되돌아 볼 수밖에 없었다.

얼마전 제3구간 동해안 영덕을 걸으면서 그곳에 귀양왔던 고산을 기념하여 세워진 시비(詩碑)를 보며 그의 고향인 해남을 걸을 때는 그의 고택을 찾자고 회원들과 이야기를 나누었던 기억이 난다. 또 십수 년 전, 호남의 양반상류주택으로 대표적인 고산의 고택을 찾아 그의 종손의 안내를 받아가며 집안 곳곳에 얽힌 옛이야기를 들으면서 그와 많은 이야기를 나누었던 생각이 난다. 고산은 전통적인 명가집 후손으로 경제적으로는 큰 어려움 없이 평생을 살았지만 그가 살았던 16, 17세기는 왜란 및 호란과, 정치적으로 당쟁이 치열하였던 다사다난한 시기였다.

고산의 평생을 보면 유배(流配)길, 벼슬길(仕路), 은둔(隱遁)길의 세 길을 번갈아 내왕하는 고난의 삶이었지만, 가사(歌詞)와 시조의 아름다움에 취해 많은 작품을 남기었다. 특히 우리말로 표현한 그의 주옥같은 시는 지금도 많은 사람들에게 애송되고 있다. 고산은 충직한 의지와 자기의 신념을 끝까지 지키며 살았기에 벼슬에 안주하지 못하였고 더욱이 당색이 남인이어서 효종의 지우(知遇)를 얻었지만 귀양길을 벗어나지 못하였다. 효종 사후(死後), 노론(尤庵：宋時烈)과 예송문제(禮訟問題)로 31세에 처음 시작한 귀양길을 73세에 마지막 떠났고, 현종 8년(1667) 81세에 귀양이 풀려 귀향하여 85세로 생을 마감하였다.

고산의 시 가운데 가끔 술잔을 들 때 떠올려보는 "잔 들고 혼자 앉아 먼 뫼흘 바라보니 그리던 님이 오다 반가움이 일어하랴 말삼도 우음도 아녀도 못내 좋아 하노라"를 중얼거려 보며 걸음을 옮겼다.

걷는 길가에 여러 집안 묘장지(墓葬地)가 눈에 많이 띈다. 요사이 세간에 많이 논의되고 있는 장례문화(葬禮文化) 변화의 한 면을 보여주는 것 같아 긍정적으로 볼 수 있으나 아직도 주변을 지나치게 의식, 실질보다 형식적이고 사치스러운 모습, 예를 들면 지나친 석물 사용(호석, 망주석, 장명등, 상석 등), 묘역의 장대한 규모 등이 보여 기분이 개운치가 않다.

한참 걷다 보니 길가에 미륵불(彌勒佛)을 모신 건물이 보인다.(황산면 연당리) 안내판을 읽어보니 이 미륵불은 동민들이 수호신처럼 받들어 매년 정월보름과 사월초파일에 마을 제사를 지낸다고 한다. 오랫동안 마을 사람들이 의지한 정신적인 지주 역할을 한 것 같다. 아름다운 전통이고 계속 전승할 미풍이라 하겠다. 미륵불 하면 생각나는 것이 우리 역사에 태봉국(泰封國)을 건국한 궁예(弓裔)가 자신을 미래불(未來佛)인 미륵이라 자칭하고 백성을 우롱했던 고사(古事)가 생각난다.

걷다 도중 잠시 쉬는 곳에 이여송 기사가 시원한 맥주 캔과 오이를 나누어 주어 지친 몸에 원기를 불어넣어 준다. 제6구간부터 점차 프로로 변모해 가는 우리 걷기팀의 발전된 모습이라 생각된다.

오늘 종착지인 '우수영 호텔'을 향해 걸으면서 이충무공을 생각하지 않을 수 없다. 우수영은 전라우수영으로, 임란 초기에는 이억기(李億祺, 1561~1597) 장군이 수사(水使)로 재임, 이충무공과의 연합작전을 통해 해전 승리에 크게 기여한 수영(水營)이다. 그 뒤 칠천량 패전으로 이억기 장군이 순국한 이후, 이충무공 재기의 근거지가 되었던 곳이기도 하다. 해남군에는 우수영 이외에도 충무공의 재기와 관련 깊은 여러 곳이 있다. 충무공의 『난중일기』를 보면,

- 정유 8월 20일(戊寅) : 맑다. 앞 포구가 협착하기 때문에 진을 이진(梨津 해남군 북평면 이진리)으로 옮기다.
- 8월 21일(己卯) : 맑다. 새벽에 토사를 만나 몹시 앓아 인사불성이 되어 밤새워 앉아 새우다.(4일 동안 이충무공은 곽란(癨亂) 증세가 보여 병세가 심각, 배에서 내려 치료하다)
- 8월 24일(壬午) : 맑다. … 어란포(於蘭浦 : 해남군 송지면 어란리)로 진을 옮기다. 왜선은 이진까지 진출 기회를 노리다 28일 새벽에 8척의 군선으로 어란포를 습격했으나 이들을 격퇴하고 이들을 해남반도 남단

갈두(葛頭 : 해남군 송지면 갈두)까지 추격했다 복귀하여 진을 장도(獐
島 : 해남과 진도사이에 있는 섬)로 옮겼다.
• 8월 29일(丁亥) : 맑다. 벽파진(碧波津 : 진도군 고군면 벽파리)으로 옮
겼다.

이충무공은 이곳 벽파진에서 명량해전 직전까지 머물렀다.
드디어 우리 일행은 한명의 낙오자도 없이 전원 무사히 오늘의 종착지
'우수영 호텔'에 도착, 짐을 풀었다. 저녁은 호텔 인근에 있는 '현대식당'에
서 삼겹살구이로 피로를 풀고 오늘로 걷기의 절반이 지났다는 안도감으로
숙면할 수 있었다.

다음날 7일 목요일. 오늘부터 걷기 후반부, 걷는 거리도 23km. 정말
몸과 마음이 가볍다. 더욱이 오늘은 남해안을 걸으며 반드시 찾고자
한 이충무공의 대표적인 전적지 세 곳 중 하나인 명량(鳴梁 : 울돌목,
울두목)을 찾는 날이기도 하다. 그런데 어제 일기예보에 비가 많이 온다고
해 걱정이 된다. 높은 곳에 계신 높은 분이 배려가 있겠지 하는 생각을
하면서도 불안하다.
창을 열어보니 부슬비가 내린다. '현대식당'에서 아침을 먹는 회원들 표정을
보니 그렇게 불안해 하지 않는 것 같다. 높은 분의 배려를 믿는 것 같다.
우리 일행은 버스를 타고 진도대교를 건너 진도해변공원 이충무공
동상 앞에서 하차하였다. 동상을 올려다보며 그동안 전국에 수많은 이충무
공 동상과 영정(影幀)을 가지고 일어났던 시비가 생각난다. 영정은 결국
표준영정이 만들어져 시비를 잠재웠지만 동상을 놓고는 아직도 검을
어느 손에 잡았는지(광화문 동상), 또 몸의 균형이 맞지 않게 한쪽 어깨가
처져 있다든지(목포 유달산 동상) 이에 대한 조각가의 해명이 있어 이해가

진도대교

됐지만 아직도 뒷소리가 있다. 이런 것도 우리 민족의 표상인 성웅에 대한 국민의 관심과 존경심의 일환이라 생각된다.(충무공은 진도와 인연이 있다. 충무공은 임란 전해(1591), 진도군수로 임명되었으나 전직되어 부임은 못했다.

우리 일행은 이곳에서 명량 해협을 내려다보며 바다가 운다는 해협의 실제 모습이 어떠한지를 살펴보면서 당시의 해전 모습을 그려 보았다. 이 해협의 길이는 2km 내외이고 가장 좁은 폭은 300m 정도, 가장 얕은 곳의 수심은 2m 정도, 남해와 서해의 물이 좁은 해협으로 흘러 조류의 속도는 11.5노트로 매우 빠르다. 조수의 간만의 차도 2~3m가 넘는다. 이곳에서 벌어진 해전은 일본군 330여 척, 조선 수군 13척, 일본군은 칠천량 해전 승리로 사기충천, 조선 수군은 패전의 늪에 빠져 전의를 완전 상실한 상태였다.

이런 상태에서 어떻게 싸워 승리했을까. 지금도 세계 해전사에서 명량해

진도 해변공원 이순신 장군 동상

전은 믿기지 않는 전쟁으로 많은 전문가들이 이야기하고 있다.

이 해전의 승리 요인을 분석해보자,

승리의 가장 큰 원동력은 이충무공의 탁월한 전략전술과 지휘능력이다. 그는 명량해협을 전장으로 택하여 조류의 변화 등 지형지물을 적절히 활용했다. 그리고 일본함대의 기세에 눌려 전의를 상실한 상황에서 스스로 선봉에 서서 단독으로 장시간 싸워 휘하함대가 전의를 가다듬고 총공세를 펼 수 있는 기회를 만들었다. 그리고 13척의 함대가 작지만 강한 세력을 구축했다는 것이다. 즉 충무공은 휘하에 자원해온 병력과 그동안 수집한 무기를 갖추어 강한 전투력을 갖추었다. 그런데 일본은 많은 주력함이 해협이 좁아 참전하지 못하고 330여 척 중 130여 척만 참전했다는 점, 또 이충무공함대 주변에 모여든 피난선과 해상의병들의 원조와 참전으로 절대적인 열세에 있는 조선함대에 큰 도움을 주었다는 점 등을 들 수 있다. 이와 같이 승리에 기여한 여러 요인을 들어 볼 수도 있지만 결국 이충무공이라는 뛰어난 지휘관이 없었다면 승첩이란 불가능했다고 단언할 수 있다.

이 해전의 승리로 조선 수군은 잃었던 제해권을 되찾아 일본의 기본 전략인 수륙병진책(水陸竝進策)을 무너트려 패망의 위기에서 나라를 구할 수 있었다.

그럼 명량해전을 난중일기를 중심으로 개괄해보자.

충무공은 9월 15일 진영을 벽파진에서 전라우수영으로 옮겼다. 이는 적은 수의 함선으로 명량 협수로(峽水路)를 등지고 싸울 수 없었기 때문이다. 그리고 부하 장수들에게 이진(移陣) 경위와 해전 전술을 설명하고 유명한 "필사즉생 필생즉사(必死則生 必生則死)"라는 훈시를 통해 장병들에게 필사의 각오를 갖도록 하였다. 다음날(9월 16일), 일본 군선이 명량해협을 통해 공격해 와 명량해전은 막을 올렸다. 초기 전투에서는 이충무공의 대장선만이 적에게 대응하면서 최선봉에 나서 일본 함대에 포위 당한 채 홀로 싸웠다. 이때 휘하의 함선들은 뒤에 처져 도망하려 하였으나 충무공이 이들을 신호 깃발 등으로 불러내어 군법을 시행하겠다고 질책하며 이들 함선을 동참시켜 이들이 일본 함대로 돌진, 본격적인 접전이 이루어졌다. 이러한 때 조류가 남동류로 바뀌어 일본 함선들은 전진하지 못하고 뒤로 밀려 우왕좌왕 혼란에 빠졌고 우리 함선들은 조류를 타고 적에 돌격, 적의 함선을 깨트리며 승리할 수 있었다.

승리한 다음날(9월 17일) 『난중일기』를 보면

맑다. 어외도(於外島 : 무안군 지도면)에 이르니 피란선 300여 척이 먼저 와 있다. 우리 수군이 대승첩한 줄 알고 서로 다투어 치하하며 양식들을 가지고 와서 군사들에게 준다.(晴 到於外島 則避亂船 無慮三百餘隻先到 知舟師大捷 爭相致賀 又持斗海斛之粮)

얼마나 흐뭇한 승리한 뒤의 모습인가.

우리 일행은 이곳에서 명량해전에서 전사한 선열들에 묵념하고 나에게 이야기를 부탁해 앞에 쓴 명량해전 전후의 이야기를 중언부언하였다. 그리고 울돌목 해협에 만든 목교를 걸어 주변을 둘러보고 진도대교에 올라 걷기를 시작하였다. 나는 일행의 뒤를 따라 진도를 떠나며 아쉬움이 있었다. 진도와 얽힌 삼별초(三別抄)의 흔적을 되짚어 보았으면 하는 바램 때문이다.

고려 삼별초는 13세기, 몽고의 침략에 맞서 싸운 고려군의 핵심으로 오랜 전란에 굴복하여 몽고와 화의를 맺은 고려왕실에 반기를 들고 독자적인 정부를 수립(1270), 강화도에서 진도로 남하, 이곳을 중심으로 고려중앙정부와 몽고(元)에 맞서 싸웠다. 뒤에 여몽연합군의 대대적인 공격을 받아 진도가 함락되고 삼별초는 다시 탐라(제주도)로 남하, 그곳을 거점으로 항쟁하다 결국 4년여(1273) 만에 여몽연합군의 의해 종말(終末)을 고하였다. 나는 졸저『역사의 아웃사이더』집필을 위해 수년전, 국사편찬위원회의 소개로 진도 향토조사위원인 박명석씨를 소개받아 그의 안내로 이곳에 있는 삼별초 상륙지(碧波津), 궁성터(龍藏城), 왕온(承化侯 溫) 무덤, 남도진성(南桃鎭城) 등 삼별초 유적지를 비교적 상세히 답사한 적이 있다. 이곳은 삼별초와 관련 있는 강화도, 제주도 중 비교적 삼별초 유적이 많이 잘 보존되어 있는 곳이었기에 뒤에 한번 다시 찾아보기로 하고 아쉬운 걸음을 옮겼다.

대교를 건너서 우리 일행은, 우수영 관광지는 진도에서 해협을 넘어 건너다 본 것으로 마감하고 대기한 버스에 승차, 문내면 삼거리로 이동하여 걷기를 시작하였다. 본격적인 서해안 걷기의 시작이다. 일행은 부슬비 속에 색색의 우비와 우산을 걸치고 들고 행렬을 지어 걸으니 나름대로 장관(壯觀)이다. 우리가 걷는 길은 지방도로로 거의 차가 내왕하지 않는 한가한 길이다. 길가에 가로수도 많지 않고, 꽃도 별로 보이지 않고, 밭에는 양파, 마늘 등이 많이 눈에 들어온다. 한참 걷다 보니 길가에 염전(세광염전)이 넓게 자리잡고 있다. 염전을 보니 옛날 학창시절 때 염전과 얽힌 여러 생각이 난다. 당시 우리 집에서 멀지 않은 곳에 있었던 인천 주안염전은 나와 친우들의 가장 애용했던 휴가 놀이터였다. 바닷물을 저장한 저수지가 낚시터였고 수영장이었다. 석양 노을 속에 아련히 보였던 염전 곳곳에 서있는 물레방아, 하얀 소금더미 등이 지금도 눈에 선하게 떠오른다. 정말 아름답고 그리운 모습이다.

드디어 오전 걷기 골인지점인 해남군 산이면 금호리에 도착, 부근에 있는 '선비촌 식당'에서 맛있는 생갈치 조림으로 허기를 달랬다. 건배는 이곳 특산주인 '대포(막걸리)'로, 술맛도 좋고 모처럼 남자회원만이 모여 앉아 걸쭉한 농담을 주고받으며 즐거운 시간을 만끽(滿喫)했다.

오후는 목포 시내를 버스로 통과하여 유달산 입구 주차장에서 하차, 굵어진 빗줄기 속에서 유달산을 둘러보았다. 이곳에서 강사원 회원이 떠나고, 안희천 교수가 합세하는, 서운함과 반가움이 교체되는 인사 나눔이 있었다. 특히 강사원 회원은 걷는 동안 나와 자주 어울려 이 지역 향토사와 가문사(家門史)에 대해 귀중한 이야기를 많이 들려주었다.

유달산에도 충무공과 연관된 이야기들이 많이 전해져 온다. 대표적인 것이 노적봉(露積峰)이다. 이는 봉우리에 짚과 섶을 쌓아 군량미처럼 위장하여 왜적에게 우리 군사가 많은 것처럼 속였다는 전설이다. 또 목포 앞바다에 있는 고하도는 이충무공이 통제영을 옮겨 수군 재건기지로 삼았던 곳이다. 이런 인연 등으로 유달산 공원에는 이충무공 동상을 세워 목포시를 지키는 수호신으로 삼고 있다. 우리 일행에게 이곳과 깊은 인연을 가진 김태종 님이 유달산과 연계된 재미있는 해설을 들려주어 즐거움을 더해주었다.

우리 일행은 목포해양특구로 알려진 해안도로를 따라 걸었는데, 내가 찾고 싶은 해양유물전시관, 문예역사관 등은 들를 예정이 없어 건물만 보는 것으로 만족하고 지나쳐 갔다. 나는 해양박물관 옆을 지나며 오래전에 이곳을 찾았던 것이 계기가 되어 은혜를 입었던 일이 떠올라 흐뭇한 기분에 잠기었다. 내가 이곳 전시물을 관람하다 해군에서 제공한 정교하게 만들어진 모형 거북선을 보고 마침 학교에 박물관을 만들고 있던 때이어서 큰 기대를 갖지 않고 해군 참모총장에게 서신을 띄웠더니, 해군에서 모형거북선과 총통 모형을 새로 제작하여 해군 장병까지 보내 완전히 설치까지 해주어 나를 감격시켰던 일이 그것이다.

갓바위(笠巖) 옆으로 난 해상목교를 따라 걸으며 지방자치단체들이 지역관광자원 개발에 많은 정성을 쏟고 있다는 것이 정말 피부로 느껴진다. 해안가에 새로 개발된 신도시를 보며 변모해 가는 목포의 밝은 미래를 보는 것 같다. 드디어 오늘 골인지점인 '보석사우나'에 도착, 빗속 길 23km를 낙오자 없이 완주한 기쁨을 나누었다. 나는 시간 여유가 있어 몇몇 회원과 즐거운 시간을 갖기도 했다.

저녁은 '하당어시장 회센터'에서 생선회 정식, 여기다 함수곤 대표, 박현자 여사의 결혼 43주년 기념식이 겹쳐 모든 회원님들의 즐거움을 배가 시켜주었다. 저녁잠자리는 '아미가 모텔'에서 이제는 이틀만 지나면 완주라는 희망 속에 편안히 잠자리에 들었다.

다음날 8일 금요일.
아침에 눈을 뜨면서 불안해졌다. 어제 오후에 걸을 때 왼발 뒤꿈치 발바닥에 통증이 있어 걱정을 하며 걸었는데 일어나 걸어보니 여전히 어제 아픈 데가 통증이 온다. 걷는 데는 자신이 있다고 자부하고 있었는데 이 무슨 변고인고. 높은 곳에 계신 분이 내리는 경고인지, 5구간 때는 눈에 핏줄이 터졌고, 6구간 때는 첫날 세면대에서 머리에 상처를 당했고, 이번에는 발바닥이다. 그래도 이번 걷기의 거의 마지막에 주신 경고라 생각하고 달게 받자 하면서도 기분은 저조하다. 오늘 걷는 길이도 25km, 만만치 않다. 버스로 '전주콩나물 국밥집'으로 이동, 전주식 콩나물 국밥으로 아침을 즐겼다.

일행은 버스로 목포대학 사거리로 이동, 이곳을 출발선으로 무안을 향해 걷기를 시작했다. 목포를 뒤로 하고 걸으면서 목포와 얽힌 생급스러운 옛이야기가 떠오른다. 일제 강점기인 1926년 당시 일본을 내왕하던 관부연락선에서 일어난 정사사건으로, 목포 명문가 출신인 김우진(金祐鎭)과 인텔리 가수인 윤심덕(尹心悳)이 쓰시마 근해에서 바다에 투신, 세인의 관심을 모았던 사건이다. 윤심덕 사후 그가 죽기 전에 취입하였다는 〈死의 讚美〉가 선풍적인 인기를 얻어 전국을 풍미하였다. 지금도 가끔 들을 수 있는 "광막한 광야에 달리는 인생아 너의 가는 곳 그 어데이냐~"가 머리에 떠오른다. 걸으며 옆에 회원에게 가사의 첫 구절을 부르자 쉽게 따라 불러준다. 거의 한 세기 전 유행가인데.

목포를 떠나면서 이충무공의 임진왜란 전적지 답사는 거의 막을 내리는 것 같다. 아쉬움 속에 이충무공의 마지막 유적지인 목포 앞바다의 고하도 쪽을 보며 충무공을 다시 생각해 본다. 고하도(高下島, 高和島, 寶花島)는 이충무공이 명량해전 뒤, 전라우수영으로 돌아와 월동하기 적합한 곳을 찾아 진영(통제영)을 옮긴 곳이다.

『난중일기』에 보면

丁酉 10월 29일 : 맑다. 새벽 두시에 출발하여 목포로 향하다. 보화도(고하도)에 대이다. 서북풍을 막음직하고 배를 감추기에 아주 적합하다. 육지에 올라 섬 안을 돌아보니 지형이 매우 좋으므로 진을 머물고 집 지을 계획을 세우다.

이와 같이 고하도에 진을 설치한 충무공의 의중을 엿볼 수 있다. 이곳에서 충무공은 수군 재건을 위해 가옥과 군량창고를 짓고 전선(戰船) 건조와 군량 모집에 최선을 다했다. 당시 명량해전에서 대승을 거두었다 해도 수백 척의 일본 수군에 비해 조선 수군은 십 수척에 불과해 이를 만회하기 위해 충무공은 노심초사(勞心焦思)하였다. 이곳에 10월 29일부터 다음해 2월 16일까지 108일간 머물면서 흩어진 민심을 수습하고 병사들의 모집과 훈련을 위해 심혈을 다해 나름대로 큰 성과를 이루었다. 그러나 고하도가 서해쪽으로 약간 올라가 남해안에서의 해상활동이 여의치 않고 섬이 좁아 이충무공을 찾아오는 수많은 유이민을 수용하기가 부족하여 2월 17일, 제2의 한산도로 알려진 고금도(완도 우측에 있는 섬)로 통제영을 이전하였다. 이곳은 호남 좌우도를 통제할 수 있는 요충지요, 농토도 넓고 가구도 1,500여 호나 되어 이곳에서 조선 수군은 상당한 수준으로 재정비할 수 있었다.(수군병력 8,000여 명, 전함 40여 척)

앞으로 걷는 길에 이충무공 흔적을 만날 수 있다면 충무공이 한양 감옥에서 출옥(1597. 4. 1), 남행길에 올라 경남 합천까지 걸은 백의종군길에서나 기대해본다. 나는 이곳에서 그동안 남해안 걷는 길 곳곳의 전적지에서 보고 느끼었던 이충무공의 위대한 삶을 되새김하면서 조용히 장군에게 하직을 고하였다.

우리 일행은 이날 함평읍에서 숙박, 다음날(4월 9일) 영암군 군남면 '지내들 돌탑공원'에 한명의 낙오자 없이 전원이 350리 길을 완주, 우렁찬 만세 속에 완주의 기쁨을 나누었다.

제8구간 | 전남 영광~전북 군산

　2011년 10월 31일 오후 1시경, 따스한 가을 햇빛 속에 한사모 회원 51명은 영광군 백수읍 백수해안도로 '노을정' 정자 앞에서 '꿈은 이루어진다'라는 우렁찬 구호 속에 8구간 300여 리 대장정의 첫발을 내딛었다. 출발지점을 제7구간 골인지점인 '지내들 옹기 돌탑공원'(군남면)에서 이곳으로 옮긴 것은 영광군의 명소인 아름다운 백수해안도로를 걷기 위한 지휘부의 현명한 판단의 결과라 생각된다.

　나는 잘 다듬어진 해안도로를 걸으며 7구간 후반부에 발바닥이 아파 고생하였던 생각이 떠올라 걱정스러움 속에 높은 곳에 계신 분에게 완주를 기원드리며 발걸음을 조심스럽게 옮겼다. 아직 단풍의 절정은 아니지만 가을의 풍치가 느껴지는 주변 산세와 간혹 보이는 해안가 마을의 풍요로움을 보며 옛날 서책에서 보았던 "지방수령을 지내려면 남은 전라도 영광이요, 북은 황해도 안악이라"라는 말이 떠오른다. 조선조 때 이곳은 모든 지방 수령의 선망이 대상이 되었던, 가장 물산이 풍부했던 곳이었기에 일명 옥당(玉堂)골이라 불려졌고 지금도 그렇게 부르기도 한다.

　제8구간도 지휘부에서 일정 계획과 코스를 개발, 확정하고 팀을 이끌었다. 오늘 걷는 길은 15km, 그렇게 만만한 거리는 아니지만 이제는 거의 걷기 달인의 경지에 이른 회원 모두가 여유만만들 하다. 한참 걷고 있는 길가에 '정유재란 열부 순절지'(丁酉再亂烈婦殉節地 : 영광군 백수읍 대신

리)라는 안내표지판이 눈에 들어와 발걸음을 멈추게 한다. 찾아보니 정유
재란(1597)시 이웃 함평군 월야면 월악리 거주 정씨(鄭氏) 문중의 아홉
부인이 이곳까지 피란 왔다 왜선을 만나 적에게 욕을 당하기보다 의롭게
죽자하고 이곳 칠산 앞바다에 몸을 던져 순절한 곳이고 이를 기리기
위해 이곳에 왕명으로 순절비(숙종 7, 1681)가 세워져 지금에 이르고
있다는 애달픈 옛이야기이다. 이런 비극적인 애사(哀史)도 충무공의 파직
과 중요한 관련이 있으니 정유재란 발발과 칠천량 패전으로 오랫동안
지켜져 오던 이곳까지 왜선의 출몰은 물론 호남의 중심지인 남원까지
왜군에 함락당하여 이곳에서도 이런 수난을 당하게 되었다.

당시에 이곳 사정은 충무공의 『난중일기』에 자세히 기록되어 있다.

> 9월 19일 … 바람도 부드럽고 물결도 순하여 무사히 칠산바다(영광군
> 낙월면)를 건너 저녁에 법성포에 이르니 흉측한 왜적들이 육지로 와서
> 인가 곳곳에 불을 질렀다. …(風軟水順 無事渡七山海 夕到法聖浦 則凶賊由陸
> 來到 人家 處處焚蕩)

나는 이곳을 떠나 백수 해안도로를 따라 걸으며 정유재란과 연관하여
불갑면에 있는 내산서원(內山書院)을 찾고 싶었으나, 우리가 걷는 코스와
방향이 달라 옛날 기억을 더듬어 보는 것으로 만족할 수밖에 없었다.
이 내산서원은 이곳 불갑면 유봉(酉峰) 출신으로 일본 주자학 흥성에
중요한 영향을 준 수은 강항(睡隱 姜沆, 1567~1618) 선생을 모신 곳이다.
수은은 명문가(세조때 좌찬성을 지낸 강희맹(姜希孟)의 5세손) 출신으로
과거를 거쳐 공조·형조 좌랑 벼슬에 있다가 임진왜란이 일어나자, 고향에
내려와 분호조판서(分戶曹判書) 이광정(李光庭)의 종사관으로 군량 수집
운반과 의병모집 활동을 하였다. 그러다 정유재란이 일어나 왜군에 의해

남원이 함락되고 왜선이 이곳까지 넘나들자 수은은 가족을 이끌고 해로로 탈출, 새로 부임한 통제사 충무공을 찾아 가다 바다에서 왜군에게 잡혀 포로가 되었다. 수은은 포로가 될 때 모습을 "옷을 벗고 물속으로 뛰어들었다. 붙잡혀 치욕

강항(姜沆)을 모신 내산서원(영광군 불갑면 소재)

을 당하느니 죽는게 옳다. … 남은 권솔들도 모두 내 뒤를 따라 바닷속으로 뛰어들었다. … 그러나 죽는 것도 뜻대로 되는게 아니다. 갯기슭이 얕아 왜적의 갈고랑이에 걸려 모두 뜻을 이루지 못하였다."(『看羊錄』: 수은의 俘虜記)

  수은은 일본으로 끌려가 교토(京都)의 후시미성(伏見城) 등에 머물면서 몇 차례 탈출을 기도하다 실패하였으나, 다행히 포로생활 3년여 만에 귀국할 수 있었다. 수은은 일본에 머무는 동안 선진적인 조선 유학을 흠모하던 일본 승려, 학자들과 학문적인 사제의 연을 가질 수 있었고 이중에서 일본 주자학의 선구자인 후지하라 세이카(藤原惺窩)가 수은의 학문적인 영향을 깊게 받아 뒤에 일본 유학사에 큰 족적을 남기었다.

  수은은 퇴계의 학설을 따른 우계 성혼(牛溪 成渾, 1535~1598)의 학통을 계승하여 학문적으로 대성, 영호남의 많은 학자, 유생들이 그의 문하에 모여 일가를 이루었다. 그래서 그가 일본에 뿌린 퇴계의 성리학은 임진왜란 이후 일본 유학계에 큰 영향을 미치었다. 수은은 일본에 포로로 있으면서도 수시로 일본의 정황을 본국에 알려 귀국 후에도 선조의 비호를 받아 벼슬에 오르기도 했지만 죄인이라 자처하고 고향에 은둔, 여생을 촌부로 보내다 52세로 돌아갔다. 나는 수은의 평생의 족적을 살펴보며

그의 의지와 관계없이 타의에 의하여 이루어진 결과지만 어떻든 한일 문화 교류에 남긴 업적이나, 귀국 후 삶의 자세 등은 후손들에게 좋은 교훈을 주었다는 점에서 높은 평가를 하고 싶다.

우리 일행은 칠산 앞바다를 옆에 두고 백수해안 노을길을 따라 노을 전시관 등을 지나 열심히 걷다보니 바다 너머로 멀리 법성포가 눈에 들어온다. 법성포는 조선조 때는 호남지역에서 가장 이름이 알려진 포구였다. 이곳을 조선시대 대표적인 인문지리서인『택리지(擇里志)』(李重煥)에 "법성포는 바다 조수가 들어오면 바로 앞에 물이 돌아 모여서 호수와 산이 아름답고, 민가가 빗살처럼 촘촘하여 사람들이 작은 호수라 한다"라고 되어 있다. 당시 법성포는 파시(波市)에는 인근에 어물상들이 모여들어 성황을 이루었고, 조창(漕倉 : 稅穀을 받아들이고 보관하던 곳)과 수군의 진(鎭)이 설치되어 있어 행정상으로는 영광군(당시에 縣)에 속해 있었으나 영광군보다 큰 고을로 이곳에는 수군첨사(水軍僉使 : 무반 3품)가, 영광현에는 현령(縣令 : 문반 6품)이 있어 법성포 사람들은 상당한 자부심을 갖고 살았다. 지금 유명한 영광굴비는 사실은 법성포에서 만들어진 것인데 이것이 영광에 육로로 모여져 이렇게 불리어진 것으로 보인다. 이런저런 생각을 하고 걷고 있는 나에게 회원 한분이 한자로 굴비(屈非)라 쓴 어원을 물어 이에 대해 깊이 살펴본 적은 없지만 조선시대 석수어(石首魚 : 머리 부분에 흰차돌 같은 것이 있어 불리어짐)또는 굴비(屈非)라고 불리었으나 굴비는 순수한 우리말을 한자로 이렇게 표기한 것이 아닌가 하는 대답을 드렸는데 자신은 없다.

법성포는 최근에는 백제의 불교 첫 도래지로 유명하다. 법성(法聖)이란 불교와 연관된 지명 등을 들어 백제에 최초로 불교를 전파한 호승(胡僧) 마라난타(摩羅難陀)가 중국의 동진(東晉)으로부터 이곳 법성포를 거쳐(침류왕 원년, 384) 불교를 전했다고 알려져 이곳이 불교성지화 되고 있으나 이를 뒷받침할 확실한 기록이 보이지 않아 안타깝다. 그렇지만 상당히 가능성은 있을 것으로 생각된다. 걷고 있는 길가에 음식점 중 문을 닫고 있는 집이 많이 보여 기분이 개운치가 않다. 경기 탓인지, 인구의 대도시 집중의 탓인지, 문을 닫은 이런 집들을 보며 우울한 기분에 잠겨 걷다보니 오늘의 최종 목적지 '영광군민생활체육공원' 안내판이 보인다. 다행히 걱정하던 발바닥이 괜찮아 천만다행이다. 회원들도 모두가 원기왕성하다. 우리 일행은 이곳에서 버스로 이동, 차안에서 법성포에 대해 이야기하라고 해 불교전래 문제를 가지고 위에 쓴 이야기를 중언부언하였다.

오후 5시 30분경, '일번지 식당'으로 이동하여 자리를 잡았다. 우리가 자리 잡은 방은 이집트의 대표적인 유물인 투탕카멘 황금마스크 모조품을 중앙에 걸어놓고 주변에 여러 유물 모조품으로 장식된 박물관 같은 느낌이 드는 방이었다. 나는 이런 방분위기에 젖어 잠깐 이와 연관 된 생각을 해보았다.

이집트의 분묘도 우리나라 고구려, 백제 분묘와 같은 횡혈식 석실분묘였기에 피라미드를 비롯한 모든 분묘들이 만들어진 직후부터 도굴꾼들에 의해 약탈 당하기 시작하여 기원전 천년까지 대부분의 무덤들이 약탈당하였는데 유일하게 안전하게 보존된 무덤이 투탕카멘 왕(Tutaankhamen, 재위 1352B.C~1347B.C) 무덤이었다. 이 무덤은 옆의 무덤에 의해 입구가 돌로 묻혀 버렸고 이것이 오랜 세월이 지나면서 자연적인 돌구릉처럼 되어 도굴꾼들의 표적에서 벗어날 수 있었다. 우리나라 고구려·백제 무덤도 거의 도굴 당하였는데 유일하게 완전하게 보존된 것이 백제의 무령왕릉이다. 이 또한 입구통로(연도)가 매몰되어 분묘 자체가 자연적인 구릉처럼 되어 도굴꾼의 눈으로부터 벗어날 수 있었다. 두 무덤의 유사성이 흥미롭다. 투탕카멘 무덤은 1922년 영국의 고고학자 하워드 카터(Howard H. Carter)에 의해 발견, 발굴되어 투탕카멘의 미라와 5,000여

점의 호화로운 유물이 세상에 빛을 보게 되었다. 음식점을 나오면서 주인에게 이런 방을 꾸민 의미를 물었더니 별다른 뜻은 없고 `자기가 이런데 흥미를 가지고 있어 꾸몄다고 한다. 어떻든 재미있는 분 같다.

모든 회원들은 이색적인 방 분위기에 어울리는 맛깔스러운 저녁음식과 재미있는 뒷풀이로 첫날의 피로를 풀고 버스로 고창 '웰파크시티'에 도착, 8구간 걷기 첫날 밤을 편안히 숙면할 수 있었다.

다음날 11월 1일 화요일. 새벽 4시 30분, 눈이 떠져 일어나 창문을 열어보니 인적이 드문 산속이기에 새벽공기가 시원 상쾌하다. 아침 7시, 이곳 경내에 있는 클럽하우스 식당을 찾으니 벌써 많은 회원들이 자리를 잡고 앉아 있다. 일부 회원들은 벌써 경내를 산책하고 이곳으로 온 것 같다. 모두들 원기왕성하다. 신선한 공기에 곁들인 아침 해장국 맛은 다른 곳에서 맛보기 어려울 정도로 훌륭하다. 오늘도 26km, 만만치 않은 거리다. 그러나 회원들 모두가 별로 걱정스러워하는 기색이 보이지 않는다.

이곳은 송도병원에서 개발하고 있는 규모가 엄청난 의료 리조트단지로, 앞으로 발전을 기대할 만한 곳이라는 이곳 임원진의 친절한 안내를 들으며 우리 일행은 집행부의 지도를 받아가며 대오를 정리, 선운사를 향해 발걸음을 옮겼다. 나는 대오를 따라 걸으면서 몇 번 찾았던 고창읍의 옛 기억 속 모습을 찾아보지만 눈에 잘 들어오지 않는다. 그동안 얼마나 많은 변화가 있었는지. 우리는 잘 다듬어진 읍중심지를 흐르는 개울가 길을 따라 걸었다. 한참 걷다보니 옛날 찾아보았던 고창읍성이 눈에 들어온다. 최근에 다시 한번 찾고 싶었던 곳인데. 우리 팀은 시간 때문에 찾지 않고 그냥 스치고 지나기로 한 것 같다. 어떻든 아쉽지만 성곽이나마 볼 수 있어 다행이다.

이 성은 현존하는 전국의 읍성 가운데 성곽이 비교적 잘 보존된 성으로

고창읍성

일명 모양성(牟陽城 : 백제시대 이곳 지명인 모양부리에서 유래)이라 부르
기도 한다. 이 성의 축성 시기는 정확하지 않지만 조선조 단종 때(1453)
왜구(倭寇)를 대비해 쌓은 것으로 전해지고 있다. 나는 이 성을 지나면서
이 성내에서 옛날 보았던 흥선대원군이 세운 척화비(斥和碑 : 洋夷侵犯
非戰則和 主和賣國) 생각이나 요사이 FTA 정국과 연계해 이런저런 생각을
하면서 성을 뒤로 하였다.

조금 걷고 있는 길가에 굵은 동아줄로 엮은 돌기둥이 서 있다. 안내판이
있어 읽어보니 '오거리당산(五巨里堂山)' 일명 '할아버지 미륵불'이라는
이 마을의 수호신이다. 이곳에서 매년 재앙을 막고 풍년을 기원하는
마을 제사를 지낸다고 하는데, 당산의 생긴 형상이 다른 곳에서 보지
못한 독특한 모습이다. 미륵불을 이런 모양으로 형상화한 것인지, 어떻든
신기하고 재미있다. 또 길가에 고인돌을 상호로 한 식당이나 상가, 심지어
예식장까지 눈에 띈다. 이는 고창의 대표적인 유적이 고인돌(Dolmen)이고

고창 고인돌 유적지(고창군 죽림리, 도산리)

전국적으로 널리 알려졌기 때문이라 생각된다.

고인돌은 청동기시대(B.C 6~4세기) 족장의 무덤이었지만, 일부 제단으로 사용되기도 한 이 시대 거석문화(巨石文化)의 대표적인 유적이다. 우리나라 고인돌은 대개 위치와 유형을 가지고 크게 북방식(탁자식)과 남방식(바둑판식)으로 분류하고 있다. 그런데 우리나라에서 가장 고인돌이 밀집되어 있는 곳이 이곳 고창군(2천기 정도)이다. 우리가 걷고 있는 데서 멀지 않은 곳에 고창에서 가장 고인돌이 밀집되어 있는(447기) '고인돌 유적지'(고창읍 죽림리, 도산리 일대, 세계문화유산 등록)와 고인돌 박물관이 있지만, 이곳도 시간 문제상 또한 대부분의 회원들이 이미 찾은 곳이기도 하여 그냥 지나기로 한 것 같다. 어떻든 고창군 일원의 고인돌은 우리나라뿐 아니라 세계적으로도 가장 밀집되어 있어 이 지역과 연계해 우리나라 청동기시대 연구와 규명에 중요한 자료로 높이 평가되고 있다. 나는 몇몇 회원과 걷다 길가에 눈에 띄는 고인돌을 보며 역사용어 한글화 과정에 오고간 이런저런 이야기(支石墓→ 고인돌, 碁盤式→ 바둑판식)를 나누며 걸음을 옮겼다.

주변의 아름다운 가을 풍광 속에 비각이 보여 찾아보지만 내용을 읽기에 시간이 촉박, 비각을 사진에 담는 것으로 만족하고 걸음을 옮기곤 하였다. 살펴본 비각들은 열녀비(烈女碑 : 烈婦晉州蘇氏行蹟碑, 孝婦高興柳氏紀蹟碑, 烈婦平康蔡氏紀實碑 등)가 주류를 이루고 있어 이를 통해 조선시대 부녀자들의 삶의 한면을 볼 수 있었다. 한참 걷고 있는 우리들 시야에 오늘 오전 종착지인 아산면(雅山面) 사무소가 들어온다. 마침 마을 길가에 비각이 보이고 언덕 위에 사당 같은 건물이 보여 찾고 싶었지만 거리가 떨어져 있어 찾기를 포기하고 지나는 마을 사람들에게 물었지만 신통한 답을 얻을 수 없었다. 그래서 면사무소를 찾아보았지만 마침 점심시간이어서 자리가 많이 비어 있고, 앉아 있는 분들에게서도 별로 만족스러운 답을 얻을 수 없었다. 별로 알려지지 않은 집안의 사당이어서 관심이 없는 것인지. 대신 몇몇 자료(아산의 역사와 문화)를 얻을 수 있어 고마웠다.

우리 일행은 면사무소 건너편 '영일식당'에서 호남 특유의 맛깔스러운 '김치찌개 백반'을 먹으며 오전 걷기의 피로를 풀었다. 그런데 이곳에서 지휘부에서 팀의 안내의 책임을 맡아 수고해주시던 이경환 님이 성지순례 일정으로 부득이 떠나게 되어 서운한 마음속에 무사하고 보람있는 여행이 되기를 기원하였다.

우리 일행은 아산면 사무소를 출발, 오늘 걷기 종착지인 선운산을 향해 걸음을 재촉하였다. 걷는 길 주변에 누런 억새풀이 가을의 풍취를 느끼게 해준다. 정말 우리나라 전국토는 원래의 자연풍광도 아름답지만, 최근에 이를 잘 다듬고 꾸미고 가꾸어 훨씬 돋보인다. 자랑스럽다.

계속 걷고 있는 나에게 정말 반가운 지명이 눈에 들어온다. '인천강!' 한자도 알아보니 나의 제2고향인 인천(仁川)과 같다. 또 이곳에 '부정마을'이 시선을 끈다. 한자로 '釜鼎'은 마을이 산으로 둘러싸여 터가 움푹한 가마솥터라는 뜻인데 한글로 표기하니 그렇다. 어떻든 지역간에 같은 지명도 많고 재미있는 지명도 많이 보인다. 이 지명을 가지고 나는 몇몇 회원들과 설왕설래(說往說來)하며 웃음 속에 걸음을 옮겼다. 나중 집에 와 찾아보니 이곳 출신으로 호를 인천이라 한 변성진(仁川 卞成振, 1540~1614)이라는 존경받는 유학자가 있었다.

한참 걷는 우리 일행에게 지휘부가 즐거운 곳에 휴식자리를 만들어

주었다. '고인돌 복분자주 시음전시관'이라 마음 놓고 술잔을 기울이며 피로를 풀 수 있는 오아시스(Oasis)가 아닌가. 회원들 표정이 무척 행복해 보인다. 어떻든 지휘부의 배려가 돋보인다.

걷고 있는 길가 가로수가 아름답다. 은행나무 가로수에 억새가 어우러진 멋들어진 길이다. 남해안 곳곳에서 보았던 벚나무길에 식상한 나의 눈에 참신한 느낌이 든다. 오늘 걷기의 목표가 달성되었다는 지휘부의 판단에 힘입어 일행은 버스로 선운산 동백호텔로 이동, 해수사우나로 피로를 풀었다. 저녁은 호텔 구내식당에서 이곳 특산인 장어정식으로 하루의 피로를 풀고 잠자리에 들었다.

다음날 2일 수요일.
새벽의 어스름 속, 호텔 앞 광장에는 벌써 우리 회원들의 모습이 여기저기 눈에 띈다. 걷기를 위한 체력 조절을 위한 산책이다. 나도 선운산에서 내려오는 서늘한 바람을 받으며 오늘이 제일 힘든 셋째날, 무사히 완주하기를 마음속으로 다짐하며 이곳저곳으로 발걸음을 옮겨보았다. 그런데 잔뜩 흐린 날씨가 걱정스럽다. 괜찮겠지 하면서도.

선운사는 이전 몇 차례 찾았지만 선운산 등반은 하지 못하였다. 일명 도솔산이라 불리는 호남의 명산으로 많은 등반객이 찾는 산인데, 다음에 기회를 만들어 보기로 하고 선운사도 찾지 못하고 이곳을 떠났다. 오늘 걷는 길도 27km, 만만치 않다. 그러나 회원 모두에게는 걱정스러운 표정이 보이지 않는다.

일행은 선운산도립공원(아산면)을 떠나 이웃 부안면을 향해 걸었다. 오늘의 종착지는 부안군의 휘목 아트타운(미술관), 어떻든 같은 지명이 군(郡)을 달리하고 이웃해 있다는 것도 희귀하고 재미있는 일이다. 두 군 사이에 지명 때문에 문제는 없는지, 발칸반도에서 마케도니아 국명을 가지고 그리스와 마케도니아가 싸우고 있는 생각이 얼핏 떠오른다. 이런저런 한가한 생각을 하며 걷는 길가에 정성을 담아 심어놓은 국화꽃이 시선을 끈다. 더욱이 주변 산의 가을풍치와 어울려 가을의 격을 높여주는 것 같다.

걷는 길가에 '손화중 피체지' 안내 표시판이 눈길을 끈다. 한자로 '被逮地'인데 한글로만 써놓으니 얼른 이해가 안 간다. 나는 걸으며 고창군 문화과에 전화로 '손화중 붙잡힌 곳'이라고 쓰는 것이 좋을 것 같다는 의견을 주었는데 별로인 것 같다. 어떻든 손화중(孫化中, 1861~1895)은 이 정읍지역 출신의 동학의 대접주로, 1894년 동학농민운동 당시 지도자로 활약하였다. 그는 이 운동이 실패하자 이곳 부안면 안형리로 피신하였다가, 배신자의 밀고로 체포되어 한성으로 압송, 처형당하였다.

이 동학농민운동은 19세기말 우리 역사뿐 아니라 동양 삼국에 커다란 역사적인 변혁을 가져온 사건이다. 이 운동은 오랜 민씨 세도정치로 인한 국정의 문란, 일본의 경제적 침투와 근대문물 수용으로 인한 사상적인 혼란, 경제적 수탈대상인 농민층의 불만 등을 배경으로, 1894년 고부군수 조병갑의 학정이 기폭제가 되어 폭발하였다. 이후 고창, 부안, 정읍이 중심축이 되어 동란이 전국적으로 확산되었다. 이 운동은 청일전쟁, 삼국간섭, 러일전쟁으로 이어져 우리 근대사에 큰 영향을 미쳤다.

동학농민운동의 중심축이었던 이번 제8구간 코스 곳곳에는 이 운동과 관련된 많은 기념물들이 있다. 우선 고창군에는 동학농민혁명운동 무장기포지, 전봉준장군 태생지가 있고, 정읍시에는 동학농민혁명기념관, 전봉준공원, 전봉준장군 고택, 만석보 혁파비, 황토현 전적지 등등이 있다. 그런데 최근 각 지방자치단체들이 경쟁적으로 역사적인 인물이나 유적을 찾고 이와 연관된 기념물을 조성하는 데 힘을 기울이고 있는 것은 상찬할만한 일이지만, 지나치게 관광사업만을 염두에 두고 역사적인 고증이 미흡한

동학농민혁명기념관(전북 정읍시 소재)

전봉준장군 고택(전북 정읍시 소재)

속에서 이런 것이 이루어지는 경우가 왕왕 있어 걱정스럽다. 이 지역에서
도 동학농민운동의 최고 지도자 전봉준(全琫準, 1854~1895)의 출생지를
각기 자기 고장이라 하고 있는 것 등을 볼 수 있다. 이러한 것 등이
하루속히 해결되어 바르게 정착되어야 하겠는데 걱정스럽다.

　나는 동학농민운동과 연관하여 잊지 못할 추억을 가지고 있다. 역사편수
관 시절 동학농민혁명운동으로 사용되던 역사용어를 1982년도판 국사교
과서에 동학운동으로 개정 사용, 진보성향의 역사학자들이 중심이 되어
국회에 청원서를 제출, 국회에 불려 나아가 여러 차례 논전을 하였던
기억이 난다. 결국 나의 주장이 국회의원들에게 공감을 얻어 '동학농민운
동'으로 확정되었지만 아직도 이곳의 모든 기념물에는 교과서의 용어가
아닌 '혁명'이란 용어를 그대로 사용하고 있다. 이들은 역사적인 평가보다
혁명을 운동의 상위개념이라 생각하고 있는 것 같다. 간혹 삼일운동을
삼일혁명운동이라 하여야 한다고 주장하고 있는 것처럼.

　내가 이 동란을 혁명으로 볼 수 없다고 한 것은, 동학사상 자체를
혁명원리로 보기 어렵고, 동학의 포교활동, 교조신원운동(敎祖伸寃運動)
등 교문 자체의 운동이 전봉준이 주도한 고부민란을 기폭제로 동란으로
확대되었으며 여기에 농민이 적극 가세한 것이라는 점. 또 최고지도자

전봉준은 전통적인 보수에 몸을 바친 철저한 유교엘리트로, 그는 민씨 척족을 몰아내고 흥선대원군 복귀, 조선왕조를 복고적으로 개혁하자는 목표를 내걸었다는 것, 그가 이끈 농민군은 근대적인 개화보다 개국 이전의 조선의 법규를 준용, 서민생활 향상을 이루자는, 사회개혁보다는 근왕적인 성격을 보여 혁명이라 보기 어렵다고 판단하였다.

반면 '동학혁명'을 주장하는 측에서 이 봉기의 사회혁명적 성격을 입증하기 위해 금과옥조(金科玉條)로 내세우는 농민군이 집강소(執綱所)를 통해 시행하였다는 '폐정개혁 12개안'은 1894년 당시 1차사료에는 전혀 나타나지 않고, 오지영이 1930년대에 쓴 역사소설『동학사』에 처음 실려 있는 것으로 일종의 야사로 볼 수 있다.

나는 8구간을 걸으며 기회 있을 때마다 이런 나의 생각을 회원들과 같이 나누었다. 나는 혼자 당시의 백성들이 녹두(전봉준)장군에 대한 기대와 애환을 담아 불렀다는 "새야 새야 파랑새야 녹두밭에 앉지 마라 녹두꽃이 떨어지면 청포장수 울고 간다" 민요를 읊어보며 걸음을 옮기었다.

걷는 길에 '서정주 생가' 안내 표시판이 보이고, 얼마 지나니 '미당 시문학관'(부안면 봉암리) 안내판이 보인다. 두어 차례 찾았던 기억이 나는데, 이곳도 시간 때문에 찾지 않는 것 같다. 나는 멀리 있는 기념관을 건너다 보며 최근 미

미당 서정주 시문학관(고창 부안면 봉암리)

당 서정주(未堂 徐廷柱, 1915~2000)에 대한 친일논쟁을 떠올리지 않을 수 없다. 일제시대 국내에 생존하고 있던 지식인들이 겪어야했던 시련과

고뇌를 외면한 채, 미당이 평생 이룩한 한국시문학에 대한 업적을 일제에 강요에 의해 쓰여진 몇 편의 글을 가지고 그를 친일문학인으로 폄하 평가하고 있는 지금의 세태를 보며 할 말을 잊은 채 발걸음을 옮기었다.

인촌 김성수 생가(고창군 송형마을)

한참 걷고 있는 길에 인촌 김성수(仁村 金性洙) 선생의 생가 안내판이 보이고 큰 돌에 새겨진 인촌 표지석이 서 있다. 곧 인촌 선생의 생가(송형마을), 우리 일행은 생가 앞마당에 모여 고인을 추모하는 간단한 의식을 하고 생가를 돌아보며 그의 일생을 되돌아보았다.

인촌 김성수(1891~1955) 선생은 현대사에서 고창을 상징할 수 있는 가장 대표적인 인물이다. 인촌은 우리가 가장 어려웠던 일제 강점기에 교육자(보성전문학교, 중앙고보)와 언론인(동아일보)으로, 또 기업인(경성방직, 삼양사)으로 우리 민족의 독립의지와 자립자강을 위해 헌신 하였고. 광복 이후 건국과정에서 좌우익의 사상적인 혼돈 속에서 앞장서 자유민주주의 대한민국을 건국하는 데 가장 큰 기여를 한 큰 인물이다. 나는 인촌의 생가를 돌아보며 그와 평생의 지기로 교유한 고하 송진우(古下 宋鎭禹) 선생이 생각난다. 인촌과 고하는 중앙고보, 동아일보 사장자리를 몇 차례씩 서로 주고받으며 끝까지 서로의 우정과 정치적 노선을 공유하였다. 나는 두 분의 아름다운 우정과 인품을 부러움을 담아 떠올리며 걸음을 옮겼다.

그런데 최근 인촌도 친일논쟁에 휩싸이는 걸 보며 황당하기 한량없다.

나는 인촌생가를 뒤로 하며 얼마 전 우연히 수첩에 적어온 미당이 쓴
「인촌선생 생각」을 되읽어보았다.

사기나 유기 밥그릇을 보면
인촌 김성수 선생이만이 생각나는 것은 묘한 일이다.
미나릿 강이나 쑥굴형에서도
또 묘하게 그의 생각은 만이 난다.

우리 중고등 학생들의 모자와 양복 쇠단추
대학생 옷깃의 뺏지에서도 물론
이분 생각은 만이 난다.

신문지야 신문지야
울멍이는 날이 너무 많은 한국의 신문지야
네 얼굴에서도
역시 김성수 선생 생각은 제일 만이 나고

삼일절 독립만세 날을 생각하면
맨앞 선봉대의 시발점
그의 댁 대문이 환이 열려 있다.

열입곱살 짜리 소년의 음성 그대로
이승에서 그의 생각은 참 만이 나지만,
또 저승에서도 묘하게는 만이 난다.

인촌과 미당은 가까운 동향인으로 두 댁이 가까운 연분을 갖고 있다고
한다.

나는 이 분들이 휩싸인 친일논쟁을 볼 때마다 생각나는 것이, 중국 원대(元代)를 대표하는 유학자인 허형(許衡)과 유인(劉因)의 모습과 태도이다. 몽고지배 밑에 있던 13세기 말은 중국의 지식인들에게는 엄청난 시련과 고뇌의 시기였다. 이때 몽고의 지배자가 대유학자 유인을 관리로 등용하고자 하자 그는 흔쾌히 받아들였고, 반대로 허형은 끝까지 거절하였다. 그런데 이들이 자기의 태도를 두고 주변사람에게 한 말은 모두 "이렇게 하지 않으면 도(道)를 지켜낼 수 없다." 결국 두 사람은 중국적인 가치와 문화를 보존하기 위해서, 유인은 자기절개를 굽혔고 허형은 중국 유학자의 당당함을 지켰다. 이 두 사람은 각기 다른 행동이었지만 이들이 추구한 목표는 하나로 결국 이를 통해 중국의 전통을 고수할 수 있었다. 지금도 중국에서는 두 사람에 대해 동일하게 높은 평가를 하고 있다. 나는 최근 중국이 공산당 타도에 앞장섰던 장제스(蔣介石)에 대해 긍정적인 평가를 하고 있는 것을 보며 이런 역사적인 전통의 산물이 아닌가 하는 생각을 해보았다. 정말 이런 것이 우리가 배워야할 가장 큰 교훈이라는 나의 생각을 몇 분과 나누어보면서, 걸음을 재촉하였다.

우리는 버스로 이동하여 오늘 점심 먹을 중국성 식당을 찾았다. 오랜만에 푸짐한 쟁반짜장에 어우러진 배갈 맛에 취해 기분 좋은 시간을 보냈다. 이어 부안군 보안면으로 오후 걷기 출발점을 찾아 버스 이동하였다. 나는 버스로 고창군을 떠나며 서남해안에서 거의 마지막이 될 이웃 정읍시에 있는 충무공 이순신 장군의 흔적을 떠올려 보지 않을 수 없었다. 정읍은 1589년 나이 45세의 충무공이 현감으로 부임하여 전라좌수사로 전임하기까지 7개월간 근무하였던 곳이다. 이곳에는 이를 기념하기 위해 충무공원이 조성되고 공원 안에는 충무공의 사당 충렬사(1963년 완공)가 있다. 이곳에서의 현감 생활이 충무공의 평생의 공직 생활 중 가장 안정되었던 시기였던 것으로 알려지고 있다.

내소사(전북 부안군)

우리는 부안군 보안보건지소에서 하차, 이곳을 오후 걷기 출발점으로 삼아 내소사를 향해 걸음을 옮기기 시작했다. 우리가 걷는 길은 차량통행이 비교적 적은 한가한 길로, 길가에는 오랜만에 보는 가을의 꽃인 코스모스가 눈길을 끌었다. 또 길가 마을에는 울타리 안에 누런 감이 주렁주렁 달린 감나무들이, 논에는 한참 벼를 수확하는 경운기가 우리들의 시선을 끈다. 정말 풍성한 가을의 풍경이다. 이것을 보는 것만으로 마음이 흥겹기 한이 없다.

열심히 걷고 있는 길가에 「해평윤씨세천(海平尹氏世阡)」이라는 비석이 보인다. 정말 반가워 찾아가 읽어보니 이곳(보안면 신복리 종곡마을)에 해평윤씨 초계공파가 정착, 집성촌을 이룬 역사를 담고 있다. 우리 집안과 파는 다르지만 시간이 있으면 마을을 찾아 어른을 만나 집안 이야기를 나누고 싶었지만 다음 기회로 미루고 아쉬운 발걸음을 옮기었다.

일행은 오후 4시경, 드디어 오늘 걷기의 종착지인 내소사(來蘇寺)에 도착하였다. 우리는 자유롭게 흩어져 내소사 안을 걸었다. 몇 번 찾은 곳이지만 일주문을 거쳐 오르는 길 좌우의 전나무 숲과, 뒤에 이어지는 단풍길은 여전히 고찰(古刹)의 고풍스러운 분위기로 나를 맞아준다. 내소사는 삼국시대 고찰이지만 임진왜란 때 소실, 인조 때 중건된 것으로 전해지고 있다. 또 삼국통일 과정에 해로로 백제를 공격한 당나라군을 이끌었던 소정방(蘇定方)이 이곳을 찾아 시주해 사찰명이 '來蘇寺'로 개명되었다는 이야기가 전해지기도 한다.(이 내용은 안내판에도 없고 요사이

내소사 일주문 앞에서

는 부인하고 있다) 이곳에서 나는 몇몇 회원과 시간여유가 있어 소주 몇 잔을 마시는 즐거운 시간을 만들기도 했고. 저녁은 가람 식당에서 김태종 회원님의 칠순잔치를 겸한 즐겁고 의미있는 시간을 가졌다. 나는 우리 팀을 위해 헌신하는 그의 노고에 감사드리며 앞으로 행운이 계속되기를 진심으로 빌었다. 우리는 잔치의 아쉬운 여운(餘韻)을 안은 채 버스로 '휘목 아트타운'으로 이동, 잠자리에 들었다.

다음날 3일 목요일.

아침 일찍 마당으로 나가보니, 이곳이 조각공원이라 많은 조각품이 눈길을 끈다. 옆에서 이야기를 나누는 회원들의 이야기를 들어보니, 황선주라는 분이 고가의 미술품을 수집하여 이곳에 미술관과 야외정원에 조각작품 전시장을 만들었다는 것이다. 정말 대단하다는 말밖에 할 수 없다. 나는 조각품을 찾아보며 몇몇 회원들과 어울려 사진도 찍고 어설픈 작품해설도 해보았다.

이제 버스로 이곳을 출발, 모항 해수욕장 부근에 있는 '모항횟집'으로 이동, 이곳에서 상큼한 백합죽으로 어젯밤, 방별로 가졌던 즐거운 뒷풀이 여독을 풀었다. 식당 밖에서 내려다보는 모항 해수욕장. 아름다운 풍광이 명성에 걸맞는 명품해수욕장 같다.

오늘은 이곳을 출발기점으로 27km를 걷는다. 만만치 않은 거리지만 오늘만 넘기면 내일은 걷기의 마지막, 그래서 그런지 모든 회원들이 여유만만들 하다.

우리 일행은 일렬로 대오를 이루어 변산반도 해안도로를 따라 걸었다, 나는 부안군을 찾을 때마다 가능하면 둘러보는 곳이 몇 군데 있다. 교산(蛟山) 선생과 반계(磻溪) 선생 유적지이다. 두 분은 전국을 둘러보고 마지막 은거지로 부안을 택해 이곳에 뿌리를 내렸다. 이들이 뿌리를 내린 곳은 우반동(愚磻洞)으로 지금의 부안군 보안면 우동리 부근이다. 우리가 걷는 코스에 포함되어 있지는 않지만 나는 걷는 길 주변의 풍광을 보며 두 분이 이곳을 여생의 안식처로 선택한 안목을 볼 수 있었다.

교산 허균(1569~1618) 선생은 『홍길동전』 저자로 널리 알려져 있지만 역적으로 몰려 저자거리에서 효수(梟首)당해 생을 마감한, 정치적으로 파란만장(波瀾萬丈)한 삶을 산 분이다. 그가 선조 34년(1601), 전운판관(轉運判官) 벼슬에 있을 때 변산에 출장와 이곳의 풍광에 반해 여기로 낙향할 결심을 하였다. 벼슬길에서 물러나자 1608년 교산은 이곳으로 낙향, 수석이 아름다운 이 우반동 골짜기에 집을 짓고 약간의 전장(田庄)을 갖추고 가족을 이끌고 이곳에 정착하였다. 교산은 부근에 정사암(靜思庵)이라는 암자를 수리하고 승려도 모셔와 머물게 하고 이곳의 자연풍관에 파묻혀 마음 맞는 친우들과 어울려 세속과 연을 끊고 신선 같은 생활을 하였다.

지금 이곳에는 교산의 흔적은 별로 남아 있지 않지만 이 지방에서는 교산이 이곳에서 홍길동전을 집필했다는 이야기를 하고 있다. 그러나 교산과 이곳과의 가장 큰 인연은 이곳 출신 기생 매창과의 아름다운 염문(艶聞)이다. 두 사람은 서로의 마음을 시로서 주고받는 사랑을 하다 매창이 37세라는 젊은 나이에 죽자 교산이 그를 애도하는 시를 지은 것은 지금도 많이 회자(膾炙)되고 있다. 이곳에는 매창공원, 매창묘 등이 있어 그의 뛰어난 문재(文才)와 애틋한 사랑이야기를 떠올리게 해 많은 사람들에 가슴을 울려주고 있다.

반계 유형원(磻溪 柳馨遠, 1622~1673) 선생은 우리나라 실학의 선구자로, 위당 정인보(1892~?) 선생님은 "조선 근고의 학술사를 종계(綜系)하여 보면 반계(磻溪)가 일조(一祖)요, 성호(星湖)가 이조(二祖)요, 다산(茶山)이 삼조(三祖)"라고 실학의 계보와 사숙관계를 정리하였다. 이와 같이 반계는 실학을 학문적으로 체계화하여 맹아기(萌芽期)의 실학을 학문적인 위치에 올려놓은 개척자라 하겠다. 반계는 한성 출생으로 증조부는 현령(縣令), 조부는 정랑(正郞), 부친은 검열(檢閱), 외조부는 우참판(右參判) 벼슬을 한, 전형적인 양반집안 출신이다, 반계는 14세 때 병자호란을 만나 원주로 피난, 그후 지평, 여주, 죽산, 과천 등지로 이사 다니다, 32세 되던 효종 4년(1653), 이곳으로 이사하여 여기에서 여생을 끝냈다.

그의 호 반계(磻溪)도 이곳 지명(愚磻洞)과의 인연에서 비롯되었다. 반계가 이곳과 인연을 갖게 된 것은 호란 때 조부를 따라 이곳에 잠시 와있으면서 풍광에 반해 자신의 평생의 은둔처로 정한 것 같다. 반계가 이곳을 그의 여생의 안식처로 정한 뜻을 자기의 글 속에 "우반동은 변산에 있어 바닷가와 숲이 절승(絶勝)을 이루고 있었다. 삼간 초옥(草屋)을 송죽(松竹) 우거진 속에 지어 세상을 등지고 저술을 업으로 삼았다"라고 묘사하였다. 반계는 이사온 다음해 과거시험 진사과에 합격했으나 관리의 길을 포기하고 학문연구와 저술에 전심전력(全心全力)하였다.

반계는 이곳에서의 농촌생활을 통해 토지는 천하의 근본이라는 중농사상을 바탕으로 토지개혁을 위시한 국가 전체의 개혁을 이루어 자영농민을 육성, 부국강병을 이루자는 주장을 하였고, 이는 후학들에 계승되어 실학 경세론의 토대가 되었다.. 그의 대표적인 저서로는 『반계수록(磻溪隨錄)』(1670년 완성)만이 남아있고 이외 20여 종의 저서가 있었으나 서목(書目)만 전해지고 있다.

나는 선두를 따라 걸으며 수백 년 전 이 부근을 거닐면서 정치적인 혼돈에 휩싸여 있던 당시의 조선조에 대한 개혁의지를 다지며 깊은 상념에 잠겨 있으면서도 유유자적(悠悠自適)의 은둔생활(隱遁生活)을 한 두 분의 족적을 찾아보며 그들의 모습을 그려보았다. 걷고 있는 길가에 전북학생해양수련원 표시판이, 곧이어 변산경찰수련원 표시판이 보인다. 이곳의 뛰어난 자연경관이 이런 기관을 이곳으로 부른 것 같다. 걷는 길 담벼락에 "불멸의 이순신 촬영지(전라좌수영세트장)" 안내판이 붙어 있다. 비교적 재미있게 보았던 드라마의 장면들이 머릿속에 떠오른다. 충무공의 마지막 전사 장면을 어떻게 처리할 것인가 궁금했는데 비교적 기존의 사실(史實)을 충실하게 묘사했던 기억이 난다. 고갯길을 걸어 오르자 옆 산봉우리로 봉수대길이라는 안내판이 있다. 가지고 있던 지도를 펴보니 봉우리 이름이 봉화봉이라, 고갯길을 내려 격포항으로 들어가 길가에 앉아 있는 생선시장 상인에게 앞산 이름을 물어보니 봉화산이라고 한다. 조선조에 들어와 왜구의 침입에 대비해 특히 법성포 등의 조창(漕倉)과 세곡선(稅穀船), 그리고 조운로(漕運路)를 지키기 위해 서해안 봉수 체제 강화의 일환으로 쌓아진 봉수대로 보인다. 세종 26년 대대적인 남서해안 일대 연변 봉수를 축조했다는 기록이 있다.

우리 일행은 격포항을 거쳐 부근의 채석강을 찾았다. 이전 몇 차례 찾은 기억이 있지만 찾을 때마다 창조주의 섭리나 자연이 이룩한 신비로움에 머리 숙이게 된다. 지휘부에서 물이 빠진 다음, 암석절벽 밑을 걸을 것인가를 놓고 이야기가 오고 갔지만 결국 걷기를 포기했다. 옛 선인이 즐겨쓰던 수락석출(水落石出)의 교훈을 받은 것인지. 이곳 방파제 쉼터에서는 안희수 교수의 채석강 자연지층에 대한 강의가 있었다. 문외한(門外漢)인 나 같은 사람에게는 귀중한 얻음이었다.

이곳에서 버스로 변산해수욕장 부근의 관수정 식당으로 이동, 이곳에는 뜻밖에 함 대표님의 제씨(弟氏)되는 권진홍 님 내외분이 기다리고 있었다. 음식까지 별미 우럭매운탕. 이런 분위기에 젖어 오후 일정을 포기하고 주저앉고 싶다. 이곳에서 또 서운한 헤어짐이 있었다. 이영균 운영위원장이 부득이한 일로 귀가한다니, 진심으로 조속한 쾌유를 기원했다.

우리 일행은 이곳에서 오후 일정을 시작, 대오를 지어 처음으로 모래펄 길을 걸었다. 걷다보니 '변산마실길'이라는 안내 표시판이 서있다. 마실길이라! 정말 정감이 가는 말이다. 우리가 지금 걷고 있는 길은 마실길 중에서도 '노을길' 구역이라 한다. 조금 늦게 걸었으면 멋있는 낙조를 볼 수 있었을 텐데. 걷고 있는 길가에 대항리 패총 표시판이 보인다. 찾고 싶었지만 다음으로 미루고 걸음을 옮겼다. 패총(貝塚)을 조개더미로 고치지 않은 것이 눈에 거슬린다.

한참 걸으니 길이 별로 다듬어지지 않은 해안 경비구역이라, 해안가로 철조망이 쳐져 있고 산둔덕에는 교통호가 파져있고 거리를 두고 참호가 있다. 잠간 잊고 있었던 남북분단의 아픔이 떠오른다. 언제쯤이나 이런 모습이 우리 주변에서 사라질 것인지. 멀리 새만금 홍보관이 눈에 들어온다. 가까이 가보니 간판에는 '새만금임시홍보관'이라고 되어 있다.

홍보관에서 우리는 새만금 방조제에 대해 이것저것 챙겨 보았다. 새만금 방조제는 1991년 11월 착공, 2010년 4월 27일 완성, 그해 8월 2일 세계최장 방조제(33.9km)로 기네스북에 등재되었다 한다. 면적이 1억 2천만 평.

두고두고 우리 역사(歷史)에 우리 세대의 대역사(大役事)로 기억되겠지.
　새만금방홍보관에서 대오를 정비하고 방조제 왼쪽 인도를 걷기 시작하였
다. 끝이 보이지 않는 바다 가운데 길을 걸어 드디어 오늘의 최종 목적지
'가력광장(쉼터)'에 도착하였다. 저녁노을이 서려있는 서해바다를 내려다보
며 오늘의 완주를 자축하였다. 이곳에서 버스로 오늘밤 숙소인 대명콘도로
이동, 식당에서 저녁식사를 하고, 반별로 숙소에 들어 숙면하였다.

　다음날 4일 금요일.
　오늘이 마지막날, 정말 마음이 가볍다. 걱정하던 발바닥이 다행히 아무
이상이 없다. 천만다행, 오늘만 무사하면 완주다. 모든 회원들도 나와
같은 심정인 것 같다. 오늘도 27km, 그런데 별로 걱정이 되지 않는다.
　우리는 버스로 가력광장으로 이동, 이곳을 기점으로 군산을 최종 목적지
로 하여 발걸음을 옮기기 시작했다. 끝이 보이지 않는 방조제길을 대오를
지어 걷는다. 많은 사람들에게 보여주고 싶고 자랑하고 싶다. 세계에서
가장 긴 방조제길을 걸어서 완주라, 얼마나 멋있는 모습인가. 한참 걸어
우리는 오전 골인지점인 '야미광장'에 도착, 이곳에 있는 태양횟집에서
점심식사 후, 이곳을 출발선으로 다시 발걸음을 옮기기 시작했다. 주변은
단조롭기 한이 없다. 저 멀리 내륙이 산야가 어렴풋이 보이기도 하지만,
우리 일행은 열심히 걸었다.
　드디어 오늘의 종착지가 가까워진 것 같다. 길가에 최영만 버스기사가
8구간 대장정 완주를 축하하는 플래카드를 들고 핸드폰으로 우리를 맞이
한다. 일행 51명은 한명의 낙오자도 없이 전원 8구간 종착지인 '새만금방조
제 군산종점'에 골인, 감격의 포옹 속에 완주의 기쁨을 나누었다. 그리고
다같이 8구간 완주를 자축하고 임진각까지 완주를 기원하는 뜻을 담아
만세삼창을 외쳤다.

제9구간 | 전북 군산~충남 당진

2012년 4월 9일 11시경, 한사모 걷기팀 57명은 봄날의 따뜻한 훈풍 속에 금강하구둑 군산에서 충청도를 향해 제9구간 300리길 대장정 첫발을 내딛었다. 특별한 행사 없이 둑 계단에 앉아 사진 한장 찍고 가벼운 마음으로 지휘부의 간단한 주의사항만 듣고 대오를 정리, 출발하였다. 이제는 지휘부가 회원 모두 걷기의 달인 경지에 이른 것으로 믿고 있는 것 같다.

금강하구둑을 따라 걸으며 나는 이번 걷기의 중심 무대인 충청도에 대한 이런저런 생각을 떠올려 보며 옆에서 걷는 회원들과 여러 이야기를 나누었다. 조선조 대표적 인문지리서인 이중환의 『택리지(擇里志)』에는 충청도를 "물산의 풍성함은 영남 호남에 미치지 못하나 산천이 평평하고 아름다울 뿐 아니라 서울에 가까운 남쪽에 있어 사대부들이 모여 사는 곳이 되었다. 서울의 유력 세가(世家)들은 충청도 안에 모두 농토와 집을 두어서 이곳을 근거지로 삼지 않는 사람이 없다"라고 하였다.

이런 역사지리적인 배경 속에 사대부들의 삶이 이곳에 뿌리내리면서 자연을 벗 삼아 즐기는 느긋한 성품이면서도 불의를 보면 참지 못하는 선비정신이 자리 잡게 되어 충청도를 '충청도 양반(忠淸道 兩班)' 또는 '청풍명월(淸風明月)'이라 우리 선인들이 일컬으며 예찬(禮讚)하게 된 인성 (人性)이 형성된 것이 아닌가 하는 생각을 해보았다. 이러한 충청도의

부여 낙화암

　인성과 기질이 국가에 기여한 훌륭한 인재, 특히 일제에 의한 국권강탈기에 애국운동에 앞장섰던 수많은 애국의사(김좌진, 이상재, 윤봉길, 유관순, 한용운 등)들을 배출하게 된 것이라 생각된다.

　금강하구둑을 걸으며 수십 년 전, 이곳을 저녁노을 속에 배로 건너며 술잔을 기울였던 생각이 나서 주변을 다시 더듬어 보았다. 그런데 이상하게도 이곳 금강하구에 서면 옛 백제의 애수어린 망국의 한이 느껴지곤 한다. 백제의 영역이 호남과 충청, 경기도를 포괄하고 있었는데도 유독 이곳에서만 옛 백제 망국의 애달픔이 깊게 느껴지는 것은 아마도 백제의 마지막 서울이었던 부여가 이곳과 연계되어 있는 부근이기도 하고, 백제가 멸망할 때 나당군의 공격로였기 때문이 아닌가 하는 생각을 해본다. 더욱이 부여는 경주나 평양, 개경과 달리 백제 망국의 슬픈 역사를 떠올릴 수 있는 많은 유적(白馬江, 落花岩, 釣龍臺, 龍岩 등)을 지니고 있는 것도 이유 중 하나일 것 같다.

나는 길을 걸으며 옛날 유행했던 〈백마강 달밤〉에 기억나는 노래 구절 "낙화암 그늘 아래 울어나 보자"를 흥얼거려 보았다. 나는 부여와는 특별한 인연이 있다. 6·25전쟁 중 긴 기간은 아니었지만 부여 석성면(扶餘 石城面)으로 피난 와 머물렀기에 당시 부여 모습이 머릿속에 인상 깊게 남아 있다. 일본강점기 말에 부여에 신궁(神宮)을 짓는다고 도시 전체를 황량(荒凉)하게 만들어 놓은 흔적이 당시에도 그대로 남아, 이를 보며 새삼 망국의 백제를 떠올렸던 기억이 난다. 그 뒤에 여러 차례 부여를 찾았지만 이번 걷기에서도 이곳을 찾았으면 하는 바램을 가졌었으나 금강하구를 걷는 것으로 만족할 수밖에.

오늘은 첫날이지만 점심 전에 10여 리 이상 걸을 계획인 것 같다. 그렇지만 이에 대해 회원 모두가 별 이의 없이 당연한 것으로 받아들이고 열심히 잘들 걷는다. 나는 충청남도는 자주 찾을 기회가 있어, 이 지역 역사적 유적지는 비교적 많이 찾아보았지만, 최근에 복원된 몇 곳을 찾고 싶었다. 우리가 오늘 걷는 서천군의 월남 이상재(月南 李商在, 1850~1927) 선생 생가(2010년에 완성)도 그중 하나지만 계획에 없어 아쉬움 속에 그냥 지나칠 수밖에 없었다.

월남 선생은 이곳 한산면 종지리 출신으로 한말에 선각자로 근대화와 애국운동에 헌신하였고 일본강점기에 국내에 남아 민족지도자로 우리 민족의 등불이 되었던 분이다. 월남이 돌아가셨을 때 식민지하에서 우리나라 최초로 사회장을 거행하였고 이때 전국에서 수만의 조문객이 참집(參集)하였을 뿐 아니라, 선생의 유해를 고향인 충남 한산으로 모실 때 경성역(지금의 서울역)에서 군산까지 각역마다 조문객으로 인산인해를 이루어 일본인을 놀라게 하였다고 전하고 있다. 선생에 대한 많은 일화가 전해지고 있는데, 특히 교훈적인 해학(諧謔)과 풍자(諷刺)그리고 경구(警句)는 지금도 많은 식자(識者)들 사이에서 회자(膾炙)되고 있다. 월남은 고려말 목은 이색(牧隱 李穡)의 후손으로 이 부근인 기산면에 한산 이씨 후손들이 세운 목은의 신도비가 전해지고 있다고 한다. 이곳도 다음에 월남생가를 찾을 때 가보기로 하고 걸음을 재촉하였다.

우리는 하구둑을 건너 68번 국도를 따라 걷고 있는데 도로표시판에 '원수교'가 시선을 끈다. 원수리라는 행정구역명에서 나온 것이지만 어떻든 재미있는 지명이 가끔 눈에 띈다. 근 1시간여를 걸어 오늘 점심 먹을 식당 자연횟집에 도착, 바닷가 정취에 맞는 생우럭매운탕으로 즐거운 식사시간을 가졌다.

오후에 걸을 거리가 12km, 점심시간에 반편성이 이루어져 오후 걷기는 반별로 대오를 지어 걸음을 옮겼고 모든 회원들은 걷기에 숙달된 모습을 과시하듯 가벼운 발걸음으로 속도를 높였다.

걸으면서 보는 주변 마을 모습은 여태까지 보아왔던 영남, 호남과는 다른 조용한 시골마을의 한적한 분위기가 느껴진다. 마음속에 기대했던 모습과 달리 영호남에서 보았던 윤택해 보이는 마을의 분위기나 자주 눈에 띄었던 전통와가(傳統瓦家)의 모습도 별로 눈에 보이지 않는다. 더욱이 영호남에서 많이 보았던 옛 비석(정절비, 공덕비 등)이나 사당이 별로 보이지 않는 것이 쉽게 이해되지 않는다. 우리가 걷는 617번 도로가 바닷가에 근접해 있어서인지. 나의 이런 느낌을 같이 걷는 몇몇 회원에게 이야기해보니 모두가 나와 비슷한 느낌을 받았다고 한다. 이런 것이 전통적인 충청도민의 기질이나 인성 때문인지 묘하게 이번 걷기팀에 충남 출신이 한분도 안 계셔서 내 나름대로 이런저런 생각을 해보았다.

한참 걷는 나의 눈에 옥남사(玉南祠)라는 안내판이 보여 반가운 마음에 그 방향으로 걸음을 옮겨보았지만 보이지 않아 서천군 문화과에 전화로 문의 해보니, 우리가 걷는 곳과 방향은 다르지만 이곳에서 가까운 곳(마서면 옥산리 발동)에 위치한 고려시대 인물인 두남 나광현(斗南 羅光賢)을 모신, 나주 나씨(羅州 羅氏) 문중에서 세운 사우(祠宇)라 한다. 찾고 싶었지만 이것도 다음 기회로 미루고 일행의 뒤를 따랐다.

이번 9구간은 계절이 늦은 것도 아닌데 이상기온 탓인지 벚꽃 가로수는 물론 주변 산야에 꽃이 별로 눈에 보이지 않는다. 약간 흐리어 스산한 느낌은 들었지만 걷기에는 최적의 날씨였다. 일행은 한명의 낙오자도 없이 전원 오늘 걷기 종착점인 한성사거리에 도착하였다. 여기서 버스에 승차, 오늘의 최종 목적지인 춘장대 해수욕장 '산에 바다에 펜션'에 도착, 반별로 숙소 배정을 받았고. 저녁은 '동양화타운'에서 이곳 최고의 제철 계절생선인 쭈꾸미 철판구이에 권영춘 회원이 제공한 참뽕주를 겻들인 환상의 식탁으로 첫날의 피로를 풀었다.

다음날 4월 10일.

새벽 어둠 속에 밖에서 인기척소리가 들려 커튼을 열고 내다보니 컴컴한 어둠속에 삼삼오오(三三五五) 짝을 지어 주변을 서성거리는 회원모습이 눈에 들어온다. 초등학교 시절 소풍날 마음이 들떠 새벽에 일어나 집 안팎을 서성거리었던 옛 생각이 난다. 이런 걷기행사가 우리를 수십 년 전 어린 시절로 마음을 되돌려 놓는 것 같다. 나도 서둘러 밖으로 나와 이들과 합류, 상쾌한 새벽 속에서 이리저리 몸을 풀며 걸음을 옮겨보았다. 그런데 날씨가 걱정스럽다. 일기예보에 비가 온다고 했는데, 높은 곳에 계신 높은 분이 잘 봐주시겠지 하면서도.

오늘 아침은 어제 저녁을 먹은 동양화타운에서의 맛깔스러운 된장찌개 백반이다. 오늘 걷는 거리 27km, 만만치 않은 거리다. 이제는 회원 모두가 이런 정도의 거리는 별로 부담스럽지 않은 모양이다. 걱정하는 모습이 전혀 보이지 않는다. 나는 작년 7구간 때와 같은 발바닥 고통을 당하지 않기를 기원하며 조심스럽게 발걸음을 옮겼다. 일행은 607번 국도를 따라 열심히 걸었다. 길 이름이 '부사로'라고 바닷가 주변이어서인지 주변 풍광이 풍성해 보이지 않는다.

한참 걷다 보니 부사방조제. 둑 위로 올라서 보니 방조제 끝이 아득해 보인다. 서해안에 이미 우리가 걸은 새만금 방조제를 비롯해 금강하구둑, 그리고 지금 걷는 부사방조제 그리고 앞으로 걸을 수개의 방조제를 생각해 보면 서해안 지도가 완전히 바뀐 것 같다. 이에 대한 찬반 의견이 있을 수 있지만 어떻든 단군 이래 최대의 국토확장역사(國土擴張役事)가 우리 세대에 이루어졌으니 자랑스럽고 대단한 일이라 하겠다.

한참 걷다보니 보령시 웅천읍 시계 표지판이 보인다. 보령시에 발걸음을 들여놓으며 약간 아쉬운 생각이 들었다. 나는 보령시 해안길을 걸으며 찾고 싶었던 곳이 충청도수영성(忠淸道水營城 : 보령시 오천면 소성리-오천항)이었다. 그런데 제9구간 일정표를 보니 이 지역은 버스에 승차하여 그대로 통과하도록 되어 있다. 서운했지만 다음 기회로 미룰 수밖에.

충청도수영성은 조선시대 충청도 수군절도사(忠淸道 水軍節度使)가 머물던 수영으로, 우리가 걸으며 찾아보았던 한산도(제승당), 통영(세병관), 여수(진남관), 해남(우수영) 등과 같은 조선시대 수영이다. 임진왜란으로 충무공 이순신이 삼도수군통제사가 되면서 충청도 수영도 충무공의 휘하에 들어갔다. 충무공이 파직 후 정유재란시 충청수사였던 최호(崔湖, ?~1597) 공도 원균 휘하로 칠천량 해전에 참전, 전사하였다. 『난중일기』에 보면 충무공이 최호 공의 죽음을 애통해하는 글이 보인다.

亂中日記 : 丁酉 七月十八日 丁未晴 … 舟師大敗, 統制使 元均 全羅右水使 李億祺 忠淸水使 崔湖 … 多數被害云不勝痛哭

나는 이곳을 옛날에 한번 찾은 적이 있었는데 당시에는 옛 모습이 많이 손상되어 아쉬워했던 기억이 남아 있다. 당시 이곳에서 보았던 것으로 객사 건물과 성벽 일부와 아문 그리고 각종 공덕비 등이 생각난다. 그런데 최근 많이 복원되었다는 소식이 들리고 우리의 U자 걷기에 임진왜란과 관계있었던 수영(水營)은 거의 코스에 들어 둘러보았기에 이곳도 한번 찾고 싶었는데, 아쉬웠다. 이런저런 생각을 하며 앞 회원을 따라 발걸음을 재촉하는 속에 일기예보를 확인하듯이 빗방울이 떨어지기 시작한다. 다행히 빗줄기가 심하지 않아 우산속의 낭만을 즐기며 걷다보니 오전 종착지 독산사거리에 도착, 여기서 버스로 동호식당으로 이동, 보양식인 닭도리탕으로 허리끈을 풀었다.

오후 걷기는 길 이름도 아름다운 '열린바다길'. 길을 따라 해변길을 열심히 걷다 보니 남포방조제, 우리는 둑 위 길에 올라 주변에 갯벌과 호수 사이로 난 길을 따라 보슬비 속을 걸었다. 둑 위에서 내려다보니 건너편 길 위에 '고운 최치원 유적지(孤雲 崔致遠 遺跡地)' 안내판이 보인다. 반가웠다. 별로 유적지 흔적이 눈에 띄지 않아 지도를 열심히 더듬으며 길 부근 유적을 찾아보곤 했는데.

고운 최치원의 유적은 제4구간 해운대를 걸으면서 이미 보았던 바와 같이 거의 전국에 분포되어 있다. 경남 함양, 경북 고령, 전북 정읍, 가야산 해인사 등등. 이는 고운이 신라의 골품제 사회에서 6두품이라는 골품의 한계에 부딪쳐 벼슬에 뜻을 접고 전국을 유랑하며 여생을 보냈기 때문이다.

둑길을 내려 유적지를 찾고 싶었지만 거리가 상당히 있어 보여 찾는 것을 포기하고 보령시 문화원에 전화로 문의해보니 고운의 후손인 경주 최씨 집안의 최덕원 님을 소개해 주었다. 이 분은 친절하게도 우리에게 내일 시간을 만들어 보령시에 있는 고운의 유적지를 안내, 소개하겠다고 했지만 일정상 어려움을 말씀드리고 고운 유적에 대한 자세한 설명을 듣는 것으로 대신하였다. 이곳의 고운 유적은 맥도(麥島 : 보리섬, 남포면 월전리)에 있는 평풍바위에 고운이 남긴 글씨(문화재 145호, 1984년 지정)인데 지금은 거의 마멸되어 글씨의 흔적은 보기가 어렵다고 한다. 그런데 맥도는 원래 섬이었지만 1995년 남포방조제가 조성되면서 육지가 되어 이제는 쉽게 찾을 수 있다고 한다. 이 분의 말로는 가까운 성주산에도 고운의 신도비가 있고 이웃한 홍성군 가야산(장곡면)에도 고운의 유적지가 있다 한다. 나는 이 부근을 수차례 여행을 하였지만 이번 걷기에서 이곳의 고운 유적지를 처음 알게 된 수확을 얻었다.

우리는 우산을 폈다 접었다 하며 해안도로를 따라 걸음의 속도를 잃지 않고 예정된 시간에 오늘 걷기 종점인 대천해수욕장에 전원이 골인하였다. 이곳에서 버스에 승차, 오늘의 숙박지인 '비체펠리스'에 도착, 여장을 풀었다. 저녁은 등대회집에서 이곳 명물인 회정식과 노래와 춤이 어우러진 즐거운 시간을 가졌다.

다음날 4월 11일.

걱정했던 새벽하늘이 괜찮다. 시원한 바닷바람을 쐬면서 어제 저녁 먹은 등대회집을 찾아 시원한 생조개미역국으로 속을 달랬다. 우리는 이곳에서 8시 이전에 버스에 승차, 보령시를 통과하고 홍성군과 서산시를 거쳐 태안군으로 이동, 태안군 최남단 영목항으로 2시간여를 달렸다. 나는 승용차 차창을 통해 밖을 보며 전날 안내지도에서 보았던 고려청자매장구역(高麗靑瓷埋藏區域 : 사적제321호)을 찾아보았다. 이곳은 고려, 조선조 때 선박의 내왕이 가장 잦았던 조운로(漕運路 : 稅穀을 나르던 뱃길)로 고려시대 이 길을 통해 강진이나 부안에서 제조한 청자를 개경으로 운반하는 경우가 많았다. 그런데 이곳의 뱃길이 험난하여 배가 난파, 침몰하는

경우가 많았고 그러다 보니 이곳에 배와 함께 매몰되었던 청자가 최근에
몇 차례 발견되어 이곳을 사적(史蹟)으로 지정하여 이를 보호하게 되었다.
1983년에 어망에 청자가 발견되어 다음해 해군잠수부를 동원하여 대대적
으로 수색, 많은 고려 상감청자를 발견하였다. 이 부근은 수로가 험난하여
조운선도 침몰하는 경우가 많아 풍랑이 심한 6, 7, 8월은 항해를 피하도록
하기도 하였고, 태안군 최남단 샛별해변 부근에는 파선된 조운선에서
쌀이 바다에 쓸려 썩은 쌀이 많다고 지명이름이 "쌀썩은여"라고 이름
지어진 곳이 있기도 하다. 그래서 이곳을 피하기 위해 태안반도에 연결되
어 있던 안면도를 인공적으로 섬으로 만들어 태안반도와 안면도 사이에
수로를 이용, 천수만을 통해 조운선을 운반하게 했다는 전설도 전해지고
있다. 물론 기록에도 없고 가능성도 희박하지만.

나는 홍성군을 지나며 잊지 못할 두 분을 떠올리지 않을 수 없었다.
홍성 출신으로 일제강점기에 국권회복을 위해 몸 바쳤던 백야 김좌진(白冶
金佐鎭, 1889~1930) 장군과 만해 한용운(卍海 韓龍雲, 1879~1944) 선생이
시다. 두 분은 동향(同鄕)에 동시대 인물로 우리의 국권회복에 커다란
위업을 남기셨지만 활동 영역이나 방법 등이 대조적이었던 분이었다.

백야는 해외에 망명, 무력항쟁을 통한 국권회복을 추구해 독립군을
양성, 1920년 만주 청산리(靑山里)에서 일본군 2개 사단에 섬멸적인 타격을
준 유명한 '청산리 전투 신화'를 만들어 일제의 식민지 질곡(桎梏)하에
허덕이던 우리 민족에게 용기와 희망의 등불이 되었고. 만해는 일제치하
국내에 머무르며 불교에 귀의, 불교 개혁운동(불교의 대중화)을 주도하며,
3·1운동에 민족대표로 참여하고 일제 저항문학에 앞장서 유명한『님의
침묵』등을 출간, 일제치하에서 허덕이던 우리 민족의 정신적 지주이자
향도자로 희망의 등불이 되었다.

나는 두 분과 얽힌 이런저런 일화를 생각해 보았다.

백야는 안동 김씨 명문거족 출신으로 15세 때 집안 살림을 맡게 되자 수십 명의 노비들의 노비문서를 불태우고 해방시켜주었을 뿐 아니라, 수천 석의 추수를 하던 논밭을 소작인에게 무상으로 나누어주는, 정말 범인이 할 수 없는 쾌거(快擧)를 하였다. 그런데 이런 백야가 일제가 아닌 동족의 손(공산당원 金一星)에 의해 유명을 달리한 가슴 아픈 일 등이 생각난다.

만해는 그와 독립선언서를 기초했던 최남선이 지조를 꺾고 일제에 협력하자, 새벽에 그의 집을 찾아 대문 앞에 엎드려 형제가 상을 당했다고 곡(哭)을 하며 친구의 훼절(毁節)을 질타(叱咤)하였다. 또 우리 주말 걷기에 서 만해의 옛집인 성북동 심우장(尋牛莊)을 찾아 집향을 두고 나누었던 이야기 등을 떠올리며 두 분에 대한 그리움에 젖어보았다.

더욱이 오늘은 국정을 맡을 국회의원 선거일. 이번 국회의원 후보군 가운데 자기나 정파보다 민족과 국가의 미래를 최우선으로 생각하는 두 분 같은 인물이 있어주었으면 하는 기대를 해보지만. 별로 밝지가 않다. 백야의 생가와 기념관(홍성군 길산면 행산리)은 옛날에 한번 찾은 적이 있지만 만해의 생가(홍성군 결성면 성곡리)는 아직 찾을 기회가 없어 그냥 지나는 것이 아쉽기는 하지만 역시 다음 기회로 미룰 수밖에.

우리는 9시가 좀 지나 안면도의 최남단 영목항에 도착, 여객선 선착장에 모여 사진을 찍고 다시 버스를 이용, 고남패총박물관 앞으로 이동하여 이를 출발점으로 오전 걷기를 시작하였다. 오전 걷기는 11km, 그리 만만한 거리는 아니지만 반별로 대오를 이뤄 원기왕성하게 발걸음을 옮겼다.

고남패총박물관(古南貝塚博物館)에 들어가 보고 싶었지만 일정에 없어 잠깐 들러 안내 팸플릿을 얻는 것으로 마음을 달래고 일행의 뒤를 따랐다. 안내서를 보니 이곳 고남면 고남리 부근의 선사시대(신석기, 청동기) 유적지를 1988년 한양대학교 박물관팀이 발굴, 그때 발굴된 유물을 중심으로 2002년 박물관을 개관했단다. 정말 상찬할 일이지만 조개더미(조개 묻이)가 아닌 패총이라는 역사용어를 그대로 쓰고 있는 것이 좀 아쉬웠다.

우리는 77번 국도를 따라 열심히 걸었다. 안면도 중심부지만 바닷가라 서인지 기온이 선선하여 걷기에 최적이었다. 그래서 길가 가로수나 꽃나무 들이 꽃은커녕 꽃망울도 간혹 눈에 띌 정도, 어쩌다 개나리꽃이 보이면 어떻게나 반가운지. 한참 걷다보니 오전 걷기의 종점. 이곳에서 버스에 승차, '낙원가든'에 도착하여 안면도에서 첫 점심식사를 맛있는 갈비탕으 로 즐겼다.

오후 걷기는 13km, 안면대로인 77번 국도에서 해안선으로 내려오는 병술만로를 따라 걸음을 옮겼다. 우리가 오전에 걸었던 길도 한가했지만, 이 길은 거의 자동차 한 대 볼 수 없는 길이었다. 차도와 인도에 가로수까지 잘 심어져 있었지만 인적이 없는 길이다. 앞으로 부근에 이 길을 필요로 하는 큰 시설물이 등장할 계획이 있는지 모르지만. 어떻든 이 길을 계획한 사람의 이야기를 듣고 싶다.

우리는 병술만로를 따라 해변길로 나와 시원한 해풍을 맞으며 열심히 걸었다. 그런데 우리 걷기 이후 우리 걷기팀의 영향을 받아서인지 전국에 걷기 코스가 여기저기 만들어져 아름다운 이름과 함께 많은 사람들의 관심을 끌고 있다. 전에 걸었던 길로 얼핏 생각나는 것이 '마실길' '열린바 다길' 등. 오늘 우리가 걷는 이 해안길도 '샛별바람길'이라는 이름을 가지고 새로 만들어진 길이라 한다. 이 다음으로 이어진 해안길은 '노을길' 이라고, 이 길은 220개 나무계단을 통해 산위 전망대로 이어져 이를 거쳐 계속 호젓한 바닷가 산속 길로 이어진, 다른 곳에서 보기 어려운 길이다. 나는 이 길을 걸으며 오랜만에 세속의 잡념에서 해방되는 평안함 을 느껴 보았다.

우리는 예정된 시간에 한명의 낙오자도 없이 전원 오늘의 종착지인 밧개해수욕장에 도착, 버스로 숙소인 드르니항 부근의 '드르니오션 리조트'로 이동, 반별로 방 배정을 받고 여장을 풀었다. 저녁식사는 '신영수산회센터'에서 회정식으로 하루의 피로를 풀었다. 여흥시간에 나에게 노래를 하라고 한다. 그런데 나의 애창곡인 〈울고 싶어라〉가 이날은 어떻게 내 기분에 맞는지.(국회의원 투표 출구조사를 본 기분)

다음날 4월 12일.

새벽에 눈을 뜨니 TV 화면이 보인다. 국회의원 투표결과를 방송하고 있다. 얼핏 보니 어제 저녁 출구조사와 상당한 차이가 있다. 기분이 한결 가벼워진다. 나는 급히 일어나 몸을 추스르고 어스름한 문밖으로 나왔다. 몇몇 회원들이 눈에 띈다. 서로 기분 좋은 인사를 건넬 수 있었다. 더욱이 걷기가 내일 하루 남았다니 정말 홀가분하다. 모두가 나와 같은 기분인 것 같다. 날씨도 맑아 우리 기분을 북돋아 주는 것 같다. 오늘 아침은 신영수산센터에서 이곳 특산인 바지락 해장국으로 속을 풀었다.

우리는 버스를 이용, 어제 걷기 종착지인 밧개해변으로 이동, 이곳을 출발점으로 북상하기 시작했다. 오늘 오전에 걷는 거리는 12km, 오늘은 반별로 대오를 짓되 남녀로 짝을 지어 걷는다고 한다. 어떻든 지휘부의 새로운 발상이 팀 전체에 활력을 불러일으키는 것 같다. 우리는 어제와 달리 오늘은 해변 '노을길'을 노을 햇살이 아닌, 아침 햇살을 받으며 열심히 걸었다.

나는 일행을 따라 걸으며 천수만을 넘어 서산시에 있는 해미읍성(海美邑城)을 떠올리지 않을 수 없었다. 해미읍성은 충청도뿐 아니라 전국적으로 가장 완전하게 보존된 대표적인 조선조 읍성의 표본이 되는 곳이고 천주교의 성지이기도 하다. 나는 우리 회원 중에 천주교 신자들이 많아 혹 해미읍성을 들르지 않을까 하는 기대를 해보았는데 일정표에 태안반도

해미읍성(서산시 해미읍)

서쪽 해안길을 걷는 것으로 계획되어 있어 좀 서운했다. 나는 이곳을 옛날에 두어 차례 찾은 적이 있지만 최근에 찾은 적이 없어 한번 찾고 싶었다.

해미는 원래 정해현(貞海縣)과 여미현(餘美縣)이었던 것을 조선조 태종 7년(1407), 두 현을 합쳐 해미현이 되었고 이 읍성은 조선조 성종 22년(1491), 왜구의 침입에 대비하여 축성한 석성(石城)으로 둘레가 2km, 높이가 5m나 된다. 이곳이 천주교 순교지가 된 사연을 보면, 천주교 전래 이후 충남 서편인 내포(內浦 : 아산, 당진, 서산, 덕산, 태안, 해미 등) 지역에 천주교 신자가 많았다. 그런데 18세기 말, 천주교가 박해를 받게 되면서 이 지역의 천주교 신자들을 잡으면 토포사(討捕使)가 있는 이 해미영으로 끌고 와 이곳에서 심문하고 처형하였기 때문에 순교지가 되었다. 더욱이 고종 5년(1868), 유명한 오페르트(Oppert, 1832~? : 유태계 독일인)의 남연군(南延君 : 흥선대원군 부)묘 도굴사건이 일어나고 이 사건에 천주교인이 가담한 사실이 드러나자, 해미읍성은 대원군의 천주교 신자에 대한 보복의 형장이 되었고 이때 수많은 천주교 신자가 학살 당하였다. 해미 이웃 덕산에 있는 남연군묘는 이대천자지지(二代天子之地) 라는 명당으로 알려진 곳으로 대원군은 이 지덕(地德)에 의해 고종이 등극한 것으로 믿고 있었는데, 이 묘를 도굴하려 했으니 대원군의 분노를 짐작할 만하다. 이 도굴사건은 그 뒤에도 서구인과 그 문화에 대한 유림양 반들이 편견을 갖게 하고 우리나라 개화기에 전국을 흔들었던 유생들의 위정척사(衛正斥邪 : 바른 유교문화를 지키고 그릇된 서양문화를 배척한다)운동에 상당한 영향을 미쳤다고 볼 수 있다.

　나는 이런저런 이야기를 주변 회원과 주고받으며 산기슭 길을 따라 걸으며 간혹 눈에 띄는 진달래꽃을 반갑게 맞이하기도 하고, 또 해변길로 나와 물 빠진 갯벌을 살펴보며 바닷가길을 주변에서 흥얼대는 노랫소리를 따라 흥얼거리며 열심히 걸었다. 걷다 보니 오전 골인지점인 '기지포 탐방지원센터'에 도착, 이곳에서 버스로 드르니항 부근 식당인 '신영수산 회센타'로 이동, 별식인 생고등어조림과 맥주를 곁들여 즐거운 점심식사를 했다.

　오후 걷기는 13km, 만만치 않은 거리지만 누구 하나 걱정하는 회원이 없다. 자신만만들 하다.

　오후 코스는 '솔모랫길'. 작명도 잘한 것 같다. 해안길을 따라 한참 걷다보니 염전이 나온다. 나는 염전을 보면 옛날 인천에 살 때 집에서 가까이 있던 주안 염전이 떠오른다. 학창시절의 여러 아름다운 추억과 함께.

　문득 태안반도 부근 해역에서 벌어졌던 원유유출사건이 떠올라 그 흔적을 찾아 주변을 살펴보았지만 별로 눈에 띄는 것이 없어 전화로 태안군청에 문의해 보니 이미 원래의 청정해역으로 복귀하였다고 이야기한다. 그러면서 이 사건(2007년 12월 7일)으로 검은 바다로 변한 이곳을 원상복귀하는데, 적어도 30여 년이 걸린다는 전문가들의 예측과 달리 130여만 명의 자원봉사자와 이곳 주민의 땀과 노력으로 5년여 만에 원래의 청정해역으로 원상복귀 하는 기적을 만들어내 세계를 놀라게 하였다고 자랑스럽게 말한다. 정말 가슴 뿌듯한 이야기이다. 우리 민족은 정말 대단한 민족임에는 틀림이 없다. 이런 이야기를 들으니 걸음도 한결 가벼워진다.

한참 걷다보니 청포대 해수욕장. 이곳 해안길가에 별주부전 유래비가 보인다. 구전설화로 널리 알려진 이야기지만 이곳을 거북을 속인 토끼가 상륙한 곳이라고 기념물을 만들어놓았다.

원래 이 설화는 『삼국사기』 열전 김유신전에 나온다.("戱語曰, 子亦嘗聞 龜兎之說乎, 昔東海龍女病心") 『삼국사기』 기록에는 동해인데, 어떻든 재미 있게 유래비를 읽고 부근에 자라바위 등을 보며 걸음을 옮겼다. 우리 일행은 소나무가 우거진 모랫길을 따라 걷다 또 산자락길로 옮겨 걷기도 하면서 걸음을 재촉하였다. 오후 3시경, 드디어 오늘 걷기의 종착지인 '몽산포 탐방지원센터'에 전원이 도착, 이곳에서 버스에 승차하여 오늘의 숙박지인 만리포로 향했다. 도중 태안읍을 경유하며 이곳에서 불가마사우 나로 오늘의 피로를 풀기도 하였다. 나는 몇몇 회원과 어울려 즐거운 시간을 갖기도 하였고.

승용차로 태안읍을 떠나며 아쉬움이 컸다. 태안군에서 가장 대표적인 국보급 문화재인 태안 마애삼존불(泰安 磨崖三尊佛, 국보 307호)을 찾고 싶었는데. 나도 이번 걷기를 준비하면서 처음 알게 된 흔치 않은 6세기 백제불상이고, 태안읍에서 가까운 백화산 기슭에 있어 한번 볼 기회를 얻었으면 했는데 이도 다음으로 미룰 수밖에. 그러면서 이웃 서산에 있는 백제 마애삼존불을 떠올리지 않을 수 없다.

이 서산 마애삼존불(瑞山磨崖三尊佛, 국보 84호)은 삼국시대 마애삼존불 로 충청도뿐 아니라 전국적으로 가장 대표적인 불상으로 알려져 있어 많은 관광객뿐 아니라 학생들의 수학여행코스가 되어 찾고 있지만. 태안 삼존불은 별로 널리 알려지고 있지 않아 찾는 사람이 많지 않은 것 같다. 나도 서산 마애삼존불은 수차례 찾을 기회가 있었고, 이번 걷기에서도 찾을 기회가 있었으면 하는 바램도 가져보기도 했다. 서산 마애불은

서산 마애삼존불상

본존불의 높이가 2.8m나 되고 당당한 체구와 머리 뒤에 화려한 광배를 한, 백제조각예술 사상 가장 뛰어난 작품이요, 웃음을 머금은 불상의 모습은 백제미의 정수라고 전문가들이 이야기하고 있다.

우리는 예정된 시간에 만리포에 도착, 오늘의 숙소인 '수비치캐슬'에서 방 배정을 받고 저녁식사는 '전주횟집'에서 바닷가에 어울리지 않는 삼겹살 구이로 오랜만에 포식을 하였다. 노래를 곁들인 여흥도 즐기며.

다음날 4월 13일.

새벽에 눈을 뜨니 기분이 정말 홀가분하다. 오늘은 제9구간 걷기의 마지막 날. 오늘까지 잘 견딘 것이 나 스스로 대견하기도 하고. 창밖을 내다보니 날씨가 흐린 것 같다. 별로 걱정은 되지 않지만 비만 뿌리지 않는다면 걷기에는 오히려 좋지 않을까 스스로 위안을 해본다.

밖으로 나가 만리포 해수욕장 주변을 서성거리는데, 몇몇 회원이 저쪽 바닷가에 정서진(正西津) 표시판이 있다는 이야기를 해 급히 찾아보았다. 나는 장흥의 정남진을 보면서 아직 정서진이 명명(命名)되지 않았다면 우리가 걸으면서 정서진 지점을 찾아 명명을 하자는 의견을 제시했던 적이 있어 이를 은근히 기대하고 있었는데, 그리고 그 지점을 몇 차례 지도상으로 찾아보아 그곳이 인천광역시 부근에 있을 것으로 추정하고

있었는데, 엉뚱하게 이곳에서 정서
진을 보니 황당하기까지 했다.

태안군청 문화과에 전화로 정서
진 설정 근거를 문의해 보니 충북에
있는 중원탑을 기준으로 하였다고
한다. 이해가 되지 않아 자료가 있으
면 보내달라고 부탁을 하였다. 집에
오니 고맙게도 자료가 도착해 이를
보니 이들이 근거로 제시한 내용은
"우리나라 중심지를 충북 충주시 중
원탑(통일신라 7층석탑)으로 하고

만리포 정서진

이곳 중심에서 최서단인 태안군 소원면 모항리(북위 36도46분12초 동경
126도6분49초)를 정서진으로 확정하였다는 것이다.(2005년 6월 표지석
설치)"

나는 집에 와 인천시청에 정서진 설치 여부를 문의하니 인천시 서구청에
서 작년 12월에 정서진 표지석을 설치하고 대대적인 명명식 행사를 했다는
것이다. 서구청에서 자료를 받아보니 서울 광화문 도로원표 기준점을
중심으로 정동진에 대칭되는 지점인 인천시 서구 "경인 아라뱃길 아라인
천터미널"(북위 37도34분8초 동경 126도35분17초 : 지번은 매립지가 되
어 아직 확정되지 않음)에 표지석과 이를 상징하는 조형물을 설치하고
특허청에 정서진 상표등록을 출원하여 거의 확정단계에 있다는 것이다.
이에 태안군에서는 '태안군 정서진 지키기 소송단'을 구성, 소송을 준비
중이라는 소문도 있고. 어떻든 기존의 정동진, 정남진을 바탕으로 지방자
치단체가 자기 고장 중심으로만 생각하지 말고 거시적인 안목을 가지고
이 문제를 잘 정리하였으면 하는 바램을 해본다. 아쉽게도 우리 걷기팀이

걸으면서 정서진을 명명한다는 것은 물거품이 된 것 같다.

우리 일행은 아침식사는 '전주횟집'에서 시원한 황태해장국으로 속을 달래고 버스를 이용, 인근 천리포 해수욕장에 있는 '천리포 수목원'으로 향했다.

천리포수목원! 말은 듣고 있었지만 찾은 것은 이번이 처음이다. 안내양의 소개를 들어보니 수목원을 만든 민병갈(Carl Ferris Miller, 1921~2002)이란 분은 외국인(원적 미국)으로 우리나라에 귀화, 이런 훌륭한 업적을 남겨놓았다고. 이런 분들이 있어 세상은 살만한 것 같다. 그 분의 일생을 더듬어 보며 나를 되돌아보지 않을 수 없었다. 나는 무엇을 하며 아직까지 살고 있었는지. 이런 생각을 하다 보니 발걸음은 무겁고 기분은 개운치가 않다. 다행인지 수목 안내판에 이상한 글귀가 보여 안내양에게 수정을 부탁하고 나니 그래도 수목원에 조그만 기여를 했다는 생각을 해서인지 기분이 조금 나아지는 것 같다.

오늘 오전 걷기는 12km. 우리 일행은 수목원을 출발 기점으로 발걸음을 옮겼다. 스산한 날씨와 달리 모든 회원들의 표정이 밝고 걸음걸이도 가벼워 보이고 팀 분위기가 좀 들떠 있는 것 같다. 천리포 해수욕장을 지나 얼마 걸으니 백리포 해수욕장 안내표시판이 보이고 더 가면 십리포도 있다고. 어떻든 재미있는 지명이다.

걸으면서 지도를 보니 우리가 걷는 가까운 곳(원북면 반계리)에 옥파 이종일(沃坡 李鍾一, 1858~1925) 생가가 있다. 이 분은 그렇게 널리 알려진 분은 아니지만 이곳 출신으로 한말의 선각자로 교육계(보성보통학교 교장 등), 언론계(황성신문 사장 등)에서 활동하면서 구국운동에 투신하였다. 3·1운동 때는 민족대표 33인 중 한 분으로 활약하신 분이다. 찾지 못한 곳이어서 한번 찾아보고 싶었지만 다음 기회로 미룰 수밖에. 한참 걷다 보니 오전 종착지인 송현삼거리에 도착, 이곳에서 버스로 점심

식당인 '국일대반점'으로 이동, 이번 걷기에 처음으로 중국음식에 배갈까지 어울려 즐거운 시간을 가졌다.

점심 후 우리 일행은 버스에 승차, 서산 삼길포항으로 이동하였다. 이곳을 오후 걷기 출발기점으로 삼고 대호 방조제길을 걷기 시작하였다. 날씨가 음산한데다 바닷길을 걸으니 추위가 느껴져 초가을 날씨 같다. 주변에 푸른 바다와 갯벌만 보이는 길을 우리 팀만이 대오를 이루어 열심히 걸었다. 나는 오늘로 충남 내포지역을 끝낸다고 생각하니, 챙기고 싶은 곳이 있다. 덕산의 매헌 윤봉길(梅軒 尹奉吉, 1908~1932) 의사를 모신 충의사(忠義祠)이다. 나는 이곳을 여러 차례 찾아보았지만 찾을 때마다 윤의사에 대해 몇 가지가 되새겨지곤 한다.

윤의사는 열혈청년으로 백범 김구 선생의 지도로 폭탄을 들고 충동적으로 일본군 기념식장에 뛰어든 단순한 테러리스트가 아니라, 농촌계몽가요, 교육선각자요, 사회운동가로 자기 스스로 이 일을 생각했고, 자기 판단에 의해 뚜렷한 역사의식을 가지고 이런 거사를 한 독립사상가라 생각한다. 이곳에 전시된 그의 친필인 '농민독본' '기사년일기' '월진회취지문', 또 300여 편의 한시(漢詩), 거사 직전에 가족에게 보낸 편지 글 등이나, 윤의사가 망명 전에 이곳에 부흥원을 세우고 전개한 농민계몽운동이 윤의사의 이런 면을 잘 보여주고 있다고 하겠다. 우리는 윤의사의 의거가 갖는 역사적 의미도 크지만, 그보다도 매헌의 정신과 그의 인간적인 풍모를 되새겨보며 그를 역사적인 위인으로 두고두고 흠모(欽慕)하며 우리의 귀감(龜鑑)으로 삼아야할 것이라 생각하곤 한다.

나는 매헌이 망명하며 집에 남긴 글 "丈夫出家生不還(사내대장부는 집을 나가 뜻을 이루기 전에는 살아 돌아오지 않는다)" 글귀를 입속으로 되새겨보며 아쉽지만 이곳을 찾는 것도 다음 기회로 미루고 걸음을 옮겼다.

우리는 방조제길을 따라 서산시에서 당진시로 시계를 넘어 걸었다.

왜목마을

당진 화력발전소 부근 길, 인도도 없고 차량통행이 많은 길을 일렬로
대오를 이루어 오늘의 종착지인 '왜목마을'(원래는 臥木인데)을 향해 앞
회원의 뒤를 따라 걸었다. 걸으며 왜목마을에 대해 "서해안에서 해뜨는
것을 볼 수 있는 마을"이라 들어서, 처음 가보는 곳이라 많은 기대가
된다. 드디어 오후 5시 30분경, 우리 걷기팀 전원은 한 명의 낙오자도
없이 왜목마을 '견우직녀가 만나는 다리' 앞 골인지점에 감격적인 도착을
하였다. 우리는 두 손을 높이 들고 대한민국 U자걷기 제9구간 완주를
자축하고, 앞으로 임진각까지 완주의 기원을 담아 우렁찬 만세삼창으로
골인의 기쁨을 나누었다.

제10구간 | 충남 당진~인천

　　2012년 11월 5일(월), 오전 10시경, 한사모 회원 56명은 충남 당진시 왜목마을 '견우직녀가 만나는 다리' 앞에서 별다른 큰 의식 없이 지휘부의 간단한 안내 설명만을 듣고 제10구간 380여 리 대장정의 첫발을 내딛었다. 금년 4월, 나는 이곳에서의 감격스러웠던 제9구간 골인 당시의 모습을 머릿속에 떠올리면서 10구간 완주를 기원하며 발걸음을 옮겼다. 그런데 이제는 걷기 달인의 경지에 이르렀다는 회원들의 자만을 경계하려는 높은 곳에 계신 높은 분의 뜻 깊은 배려인지, 날씨가 예전과 달리 들떠있는 우리들의 마음을 식혀주고 조심스러운 걸음걸이를 주문하는 빗방울을 내려주었다. 더욱이 오늘 오전 첫길은 바닷가 자갈길, 어렵고 걱정스러운 길이었는데 높은 분의 이러한 배려로 전원 무사히 거친 해변 자갈길을 완주할 수 있었다.

　　나는 해변 자갈길을 걸으며 회원 몇 분과 당진 지명에 대해 이런저런 이야기를 나누었다. 기록상에 등장하는 최초의 이곳 지명은 백제시대에 벌수지현(伐首只縣)이었고 삼국통일 이후 신라가 전국의 지명을 한자식으로 개명(景德王 16, 757)하며 당시 당항성(黨項城 : 경기도 화성, 남양) 다음으로 당나라 교역항으로 번성하였던 이곳을 당나라와 통하는 큰 나루라는 의미를 담은 당진(唐津)으로 개칭하여 고려, 조선왕조를 거쳐 현재의 당진시(2012)가 되었다. 간혹 당진의 지명 유래를 삼국통일 과정

중에 당군이 이곳에 오래 주둔한 것에서 비롯되었다는 설도 있으나 신뢰할
수 없는 이야기라 생각된다. 나는 빗속에 자갈길을 걸으며 옛날 명품
돌을 찾는다고 강가 바닷가를 탐석(探石)했던 생각이 나 눈에 띄는 명품이
혹 없을까 걸음을 늦춰 보았지만 늙어 감각을 잃어버린 눈에 별로 들어오는
것이 보이지 않아 몇 개 줍다가 떨어진 대오를 찾아 걸음을 재촉하였다.

　우리는 10여 리를 걸어 장고항(당진시 석문면 장고항리)에 도착, 심해진
빗줄기를 피해 버스로 점심 식당으로 이동하였다. 나는 차중에서 해뜨는
모습이 당진 8경의 하나로 꼽힌다는, 이 부근에 있는 노적봉(露積峰)과
촛대바위를 찾아보려던 계획이 무산되어 좀 아쉬웠지만 다음 기회로
미루기로 하고 마음 편히 눈을 감았다. 이곳에 있는 노적봉도 우리나라
여러 곳에 있는 노적봉과 같이 임진왜란 때 왜군에게 이곳에 대병력이
주둔했다고 속이기 위해 봉우리를 노적가리로 위장했었다는 전설이 전해
진다.

　점심식사는 '옥겸이네 횟집식당'. 이름에 걸맞는 푸근한 시골아줌마가
차려주는 것 같은 구수한 게장 된장찌개 백반이 우리 속을 달래주었다.
더욱이 오늘 점심은 박현자 시인의 정성이 곁들여 맛을 배가시켜 주었다.

　오후에 걷는 길은 석문 방조제 30여 리 길(송산면 장고항리에서 가곡리
까지), 만만치 않은 거리다. 더욱이 비바람이 몰아치니. 그래도 회원 모두의
표정은 밝고 자신 만만들 하다. 5년여의 걷기 수련의 결과 같다. 회원
모두는 손흥문 기사의 따뜻한 선물인 색색의 비옷을 입고 반별, 남녀별로
짝을 지어 방조제길에 올라 걸음을 재촉하였다. 서해안은 거의 방조제로
이어져 과거의 지도를 완전히 바꾸어 놓았다. 당진시만 하더라도 서산시와
당진시 사이의 대호 방조제, 내일 걸을 당진시와 아산시 사이의 삽교
방조제, 그리고 오늘 걷고 있는 석문 방조제를 비롯해 인근에 있는 10여
개의 섬도 거의 육지와 연결되어 과거의 해안선 모습을 찾아볼 수 없게

되었다. 이러한 모습을 보며 우리 세대가 지금까지 우리 역사상 가장 큰 변화 발전을 이룩한 세대라 자부할 수 있겠다. 나는 비바람 속의 방조제를 걸으며 내일이면 하직하게 될 이곳 충청도와 나와의 인연을 떠올려 보았다.

6·25전쟁 와중에 우리 가족은 부여를 거쳐 예산에서 잠시 뿌리를 내려, 나의 형제들은 이곳 학교에 피난학생으로 복학하여 학교를 다녔고, 나도 이곳 예산중학교를 다녔던(2, 3학년) 아련한 이런저런 옛 추억을 반추하며 발걸음을 옮겼다.

빗길 속을 걷는 길이었기에 주변 경관으로 머리도 돌리지 못하고 오직 앞사람의 발 뒤끝만 보고 걷다 보니 오늘 종착지인 가곡휴게소에 한명의 낙오자도 없이 전 회원이 무사히 도착, 이곳에 대기하고 있던 버스에 승차, 숙소인 당진관광호텔(당진시 송화읍 단촌리)로 이동하였다.

오늘 저녁식사는 '우렁이박사'집, 전국적으로 우렁이집으로 유명한 집이라고 독특한 맛과 풍치로 비에 젖은 우리들의 으스스한 몸과 마음을 풀어주었고 저녁 잠자리 또한 시설 좋은 호텔이어서 숙면할 수 있었다.

다음날 11월 6일 화요일.

새벽에 눈을 떠보니 5시, 오늘 날씨가 궁금해 창문을 열어보았으나 어둠이 걷히지 않아 잘 알 수는 없으나 비가 오는 것 같지 않아 다행 다행. 오늘 걸을 곳을 지도를 놓고 다시 한번 보니 아산만 일대의 U자 모양의 해안선을 따라 걸으며 삽교천 방조제, 아산만 방조제를 통해 충남 당진시를 떠나 아산시를 거쳐 경기도 평택시에 이르는 80여 리 길을 걷는 힘든 날이다. 날씨라도 좋아야 할텐데. 작년 봄에 고생했던 왼쪽 발바닥 통증(족저근막증)이 괜찮겠지 생각하면서도 좀 걱정스럽다.

아침식사 장소인 8층 호텔식당에 올라 보니 구름이 덮인 하늘을 보면서

도 모든 회원들 표정이 희희
낙락(喜喜樂樂), 날씨를 걱정
하는 분위기가 전혀 느껴지지
않는다. 어제 빗속을 걸은 것
이 그렇게 힘들지 않았는지.
모두들 따끈한 갈비탕으로 원
기를 완전회복, 어떤 악조건
도 쉽게 이겨나갈 것 같다.

삽교천

  우리는 버스에 승차, 한진포구로 이동하여 이곳을 기점으로 오전 걷기를
시작하였다. 멀리 서해대교와 아득히 삽교천 방조제 윤곽이 어렴풋이
보이고 바다 건너 아산시(牙山市)와 평택시(平澤市)로 짐작되는 산야가
보인다. 우리는 서해대교를 바라보며 발걸음을 재촉하였다. 나는 바다
건너 아산시와 평택시를 건너보며 남해와 서해안을 걸으며 챙겨보았던
충무공(이순신)과의 마지막 총정리를 하고 싶었다. 우리가 걷는 아산시
코스에 현충사나 충무공 묘소(於羅山)를 찾을 계획이 없어 좀 아쉬웠지만
2012년 11월에 이 부근을 지나는 것만으로도 나름대로 큰 의미가 있다는
생각이 들었다.

  이는 금년이 임진왜란(壬辰倭亂)이 일어난 지 7주갑(420년)되는 임진해
요, 음력이지만 11월(1598. 11. 19)은 충무공이 노량해전에서 장렬히 전사
하였고 7년간의 임진왜란이 끝난 달이기도 하여서다. 그런데 충무공을
생각하며 떼어놓을 수 없는 인물이 원릉군(原陵君 : 元均)인데, 이 분의
사당과 묘소(假墓)가 아산시 이웃 평택시 도일동에 있다. 나는 바다 건너
아산과 평택을 건너다보며 두 분의 숙명적인 관계를 떠올려 보았다.
충무공은 원래 한양 건천동(乾川洞 : 인현동 명보극장 부근)에서 태어나
(1545) 이곳에서 어린 시절을 보내다 10여 세 때 부모님을 따라 외가인

지금의 아산으로 낙향, 이곳에서 성장하였다. 그런데 원릉군은 지금의 평택시 도일동에서 태어나(1540) 이곳에서 어린 시절을 보내다 15세 때 부모님을 따라 한양 건천동으로 상경하여 이곳에서 생활하였다.(유성룡은 1542년 경상도 의성에서 태어나 13세 때 건천동으로 상경) 그래서 두 사람의 이런 인연 때문에 소설이나 드라마에서 충무공과 원릉군이 어린 시절부터 가까운 사이였다고 기술하고 있으나, 나이나 시간적인 간극(間隙)으로 보아 직접 교유할 수 없었다고 생각된다. 그렇지만 두 사람은 무과급제 이후 함경도에서 같은 시기에 근무했고 그 뒤 임란 당시에 같은 수사(全羅左水使, 慶尙右水使)로, 그 뒤 전란 중에 통제사(統制使)와 수사로, 그러다 통제사 자리를 주고받으며 남해에서 전사한 뒤, 이웃인 아산시와 평택시에 묻힌 인연을 가지고 있다.

나는 원릉군에게 동정적인 애증(愛憎)을 가지고 있다. 원릉군은 전란 중에 여러 가지 실책이 있었지만 임란 뒤 논공행상에서 충무공, 권율(權慄)과 더불어 선무일등공신(宣武一等功臣 : 3명)으로 선정되었고 선조의 사랑과 기대를 모았던 인물이었다. 그러나 그는 후대의 역사적인 평가나 세론에서 무능하고 용렬(庸劣)한 인물로 매도되었다. 원릉군이 충무공과의 이런 숙명적인 인연이 없었다면 당시 일반적인 무장 수준에서 그렇게 뒤떨어지지 않는 인물로, 어떤 면에서 유능했던 무장으로 역사적인 평가를 받을 수도 있었을 것이다. 그런데 원릉군은 불행히도 충무공이라는, 우리 역사상 가장 위대한 인물과 엮어짐으로 그와 여러모로 비교 평가되어 지금의 원균상이 만들어지게 되었다고 볼 수 있겠다.

그렇지만 최근 몇몇 인사들이 이런 원균의 잘못된 평가를 바로잡는다며 역사적인 사실을 도외시하고 그의 전공을 과장 왜곡하며 더욱이 충무공과의 얽힌 문제를 옳게 정리한다는 구실로 충무공을 폄훼(貶毁)하는 사례가 보여 식자들의 가슴을 아프게 하고 있다. 원릉군의 역사적인 평가를 시정하려는 원균 옹호론을 전개할 수는 있지만, 이를 위해 충무공의 성웅상(聖雄像)을 훼손하는 일은 있을 수 없는 일이요, 있어서도 안되는 일이다. 충무공이야말로 조국에 대한 충성심, 전장에서의 불굴의 용기와 신묘한 전략, 가정에서의 효성과 자애, 거의 완전에 가까운 고결한 인격은 누구와도 견줄 수 없는 우리나라가 낳은 가장 위대한 성웅이라 하겠다.

　나는 금년 4월, 역사를 공부하는 후배 몇 분과 도일동의 원릉군 사당과 묘소를 찾아 술잔을 놓고 참배하며 원릉군 후손들을 만나 이런 이야기를 주고받으면서 이들로부터 내가 구하고 싶어 하던 자료를 얻을 수 있어 고마워했던 일이 있었다. 이번 걷기에 별로 찾는 사람 없는 원릉군의 사당과 묘를 들러보았으면 하는 기대를 해보았지만 해안에서 떨어져 있어 코스에서 빠진 것 같다. 어쩔 수 없이 다음 기회로 미룰 수밖에.

　나는 이러한 이야기를 몇 분 회원과 주고받으며 산업도로를 따라 행담도와 서해대교를 바라보며 걸었다. 오랜만에 갈매기 무리가 눈에 들어와 바다에 생동감이 느껴지고 주변 해안가에 굴뚝과 산업시설들이 여기저기 보여 걷는 피로를 잊게 해준다. 우리들은 서해대교 밑을 지나 산업도로를 따라 걷는데 비가 뿌리기 시작한다. 비속의 매산 해변 둑길을 따라 계속 걸어 오전 도착지인 삽교호 함상공원에 도착, 버스에 승차하여 점심 식당인 '전라도횟집'을 찾았다. 전통적인 전라도 우럭매운탕의 맛깔스럽고 따뜻한 국 맛은 비에 젖은 한기를 잊기에 충분하였다. 고맙게도 점심은 주재남 고문이 제공하여 모든 회원의 가슴을 따뜻하게 해주었다.

　오후 걷기는 삽교천 '전라도 횟집' 앞을 출발하여 오늘 저녁 숙소인 평택시 '대영파크장'(현덕면 권관리)까지 30여 리 거리다. 더욱이 비바람이 부는 제방길이라, 걱정스럽다. 그런데 걱정스러워 긴장하고 있는 지휘부의 표정과 달리 회원들 표정은 여유만만 하다. 어제 빗길에 단련된 것인지. 우리는 이영균 위원장의 안전에 대한 간곡한 당부를 들으며 삽교천 방조제길에 올랐다. 오전보다 세찬 비바람을 받으며 걸음을 재촉하였다. 한참 걷다보니 어느 쪽이 내륙호수이고 어느 쪽이 바다 쪽인지 한참 서서 주변을 살펴보아도 별로 감이 오지 않는다. 나이 탓인가. 앞서 걷는 남종현 3반 반장에게 물어보니 정확하게 바다 쪽을 가르쳐준다. 그래도 낙오자 없이 무사히 방조제 둑길을 내려 산업도로 갓길로 들어서 1열 종대로 대오를 지어 걷는다. 비는 여전히 바람과 함께 뿌리고.

드디어 우리는 오후 3시경, 오늘의 최종 목적지 길인 아산 방조제길에 올랐다. 충청도를 하직하고 경기도로 걸음을 옮기며 아산 현충사를 찾을 때마다 생각했던 것을 떠올려 보았다. 내가 현충사를 보며 가장 바랐던 것은 성역화라 하여 충무공의 인간적인 면모나 참모습이 감춰져서는 안 된다는 생각이었다. 예로써 충무공의 옛집은 당시 모습으로의 복원이 아니라 통제사나 영의정의 새로운 관사나 저택으로 만들어져 충무공의 성장과정이나 생애를 엿보기에는 너무나 거리가 있다. 언젠가는 충무공의 인간됨을 느낄 수 있는 옛집으로 복원되기를 기대해 본다. 이렇게 현충사가 계속 보완되어 충무공의 참모습을 가깝게 볼 수 있는 곳으로 우리 역사와 함께 영원히 존속되기를 바라며 충무공에게 마지막 하직을 고하였다. 간혹 찾아 뵈었던 이곳 출신인 윤보선 전대통령 묘소(아산시 음봉면 동천2리)를 향해 머리 숙여 하직 인사도 하고.

아산 방조제길은 차갑고 세찬 비바람으로 우리 일행을 맞았다. 그런데다 제방 둑길이 거칠다. 잘 다듬어지지 않은 큰 돌을 거친 시멘트로 발라놓아 요철(凹凸)이 심하다. 그래도 회원 모두가 걸음의 속도를 늦추지 않고 잘들 걷는다. 참 대단하다. 5년여 걷기훈련의 결과인 것 같다.

나는 아산과 평택을 연결한 방조제길에 서서 이 지역에 얽힌 이런저런 생각을 해보았다.

우리 옛 선인들은 이 지역을 "산은 낮고 물은 천천히 흐르고 기름진

들은 평평하다." 그래서 평택(平澤)이란 지명이 만들어진 것이라 이야기하
고 있다. 역사적으로 평택이란 지명이 처음 등장한 것은 신라 경덕왕
16년(757) 행정구역명을 한자식으로 개칭하면서이고(지금의 팽성읍을
평택현으로), 아산(牙山) 지명은 백제시대 아술현(牙述縣)에 기원을 둔
것 같다. 이 지역은 충청·전라·경상도를 연결하는 교통요충지이여서
고래로부터 각국 간에 쟁탈전의 대상이 되었던 곳이었다. 삼국시대에도
백제에서 고구려로, 그 뒤 신라에 예속되었고 임진왜란 때도 명군과
왜군의 격전지로, 그리고 청일전쟁 때도 한반도에서의 첫 전투지역이었다.
6·25전쟁 때도 이 근처 오산에서 남하하는 북한군과 미군(스미스부대)과
의 첫 전투가 벌어졌던 곳이기도 하다.

　　1597년 이충무공이 통제사에서 파면, 하옥되면서 일어난 정유재란
때 왜군은 칠천량 해전에서 원균이 거느린 조선 수군을 대파하고 기세등등
(氣勢騰騰) 내륙으로 진격, 남원·공주 등을 함락하였다. 이렇게 북상하던
왜군이 이곳 평택시 소사(素砂) 벌판에서 잠복해 있던 명군의 공격을
받고 대패 당해, 충무공의 명량승첩과 겹쳐 왜군은 기세가 꺾여 북상을
포기하였다. 명은 왜군에 대패 당했던 벽제관(碧蹄館) 전투에 필적할
만한, 명군이 거둔 대승첩이라 기록하고 있다. 얼마 전까지도 밭갈이할
때 이곳에서 당시 왜군의 총, 칼 등의 유물이 발견되었다고 전한다.

　　또 이곳은 한말 우리나라를 사이에 두고 각축전을 벌였던 청과 일본이
처음으로 무력 충돌한 곳이기도 하다. 1894년 동학농민운동 당시 동학군
에게 전주가 함락 당하자, 집권세력인 민비 일파는 청에 원병을 요청하였
고 청은 이를 한반도에서 자국세력을 만회할 수 있는 호기라 생각하고
청군을 파견, 아산에 주둔케 하였다. 이에 일본은 텐진조약(天津條約 : 청
일 양국의 파병에 관한 조약)을 핑계 삼아 한반도에 군대를 파견하여
인천에 상륙, 한양에 주둔하였다. 청·일 양군은 한반도에 증원군을 파견하

고 양군은 평택 아산으로 집결, 일촉즉발(一觸卽發)의 위기가 고조되었다. 결국 양국은 7월 25일, 선전포고도 없이 아산만 입구의 풍도(豊島 : 현재 안산시)에서 해전을 벌여 전쟁의 막을 열었다. 이 풍도해전에서 일본군이 대승하였고(이곳 해저에는 당시 침몰한 청함이 아직도 남아있다고 함), 육전은 7월 28일, 소사벌판에서 벌인 전투에서 일본군의 대승으로 막을 내렸다. 8월 1일, 청일 양국은 동시에 선전포고를 하고 전면 전쟁에 돌입했는데, 전쟁은 다음해 일본의 승리로 종결되었다. 그래서 전쟁 초기 청일 양국은 소사전투와 풍도해전을 두고 "평택이 깨지느냐, 아산이 무너지느냐"하며 전쟁의 승운을 걸었지만 결국 두 전장에서 승리한 일본이 전쟁의 승자가 되었다.

아산 방조제길 걷기의 날씨는 대한민국 U자 걷기 5년 동안에 처음 겪어보는 세찬 비바람이었다. 더욱이 제방길이어서 몸을 숨길 수도 없어 빨리 이 길을 벗어나는 방법밖에 없었다. 우리 일행은 이러한 악조건 속에서도 속도를 높여 가며 2시간여 만에 한 명의 낙오자도 없이 제방길을 무사히 완주하는 성취감을 맛보았다. 수고한 회원들에게 지휘부는 예정에 없던 아산온천장의 따뜻한 선물을 선사해 비바람 속에 얼었던 몸을 풀어주었다. 나는 비목파 몇 분과 어울려 즐거운 시간을 가졌다.

저녁식사는 '전주횟집'에서 꽃게탕 백반과 막걸리, 거기에 곁들인 일공 심상석 회원의 가고파 열창, 4반, 2반의 합창 등으로 회원들의 빗속에 피로를 깨끗이 잊어주게 해주었고, 대영파크장(평택시 현덕면 권관리)에서 경기도 땅에서의 첫 밤을 숙면할 수 있었다.

다음날 11월 7일 수요일.

새벽에 눈을 뜨자, 제일 먼저 생각나는 것이 오늘 날씨. 다행히 일기예보에서는 비소식이 없어 마음이 한결 가볍다. 오늘은 어제보다는 10여 리 짧은 70여 리. 그렇지만 만만치 않은 거리다. 오늘도 무사히 완주하기를 마음속으로 되뇌어 본다. 아침식사는 전주횟집의 바지락 된장찌개 백반. 만나는 회원 모두 어제의 피로를 말끔히 털어낸 것 같다. 모든 회원이 원기왕성해 다행스럽다.

아침 8시, 선두의 지휘부 이영균 위원장, 이경환 대장의 선도에 따라 오늘 골인지점인 화성시 우정읍을 향해 발걸음을 옮겼다. 날씨는 다행히 비는 오지 않지만 구름이 많아 좀 불안하다. 다행히 9시경부터 햇살이 살아났다. 일행의 뒤를 따라 서동대로를 걸으며 나는 주변 풍경에 눈을 돌려보지만 옛날 이 지역을 몇 차례 여행할 때 보았던 풍경이 전혀 보이지 않는다. 세월도 많이 흘렀지만 그동안 변화의 규모와 속도가 엄청 컸던 것 같다. 이곳에 살던 친구의 안내로 낚싯대를 메고 찾았던 옛 해안가의 모습을 찾으려 해도 어림짐작도 못하겠다. 한참을 걷다 보니 하만호길, 이 길을 따라 서해대교 밑을 지나 걸으며 처음 찾아보는 평택항의 모습과 규모 그리고 부두마다 수출을 기다리고 있는 수많은 자동차 대열을 보며 세계 10위권의 수출대국이라는 조국의 모습을 확인, 놀랍고 자랑스러움에 정말 가슴 뿌듯한 희열에 잠기었다. 같이 걷는 회원 모두의 표정을 보니 나와 비슷하다. 11시 40분경, 예정대로 오전 도착지점인 평택 당진항 부두도로 끝지점에 전원 무사히 도착하였다. 우리 일행은 이곳에서 버스에 승차, 점심식당인 '영산나루'로 이동, 소정자 회원이 베푸는 불고기 백반 정식으로 흐뭇한 식사시간을 가졌다.

오후 걷기는 30여 리. 우리는 반별, 남녀별로 대오를 이루어 여술근린공원을 거쳐, 단풍든 나뭇잎이 일부 남아 늦가을의 정취를 한껏 풍겨주는 길을 따라 걸었다. 더욱이 내왕하는 사람이 없어 우리만의 호젓한 분위기를 만끽(滿喫)하며 콧노래까지 흥얼거리며 걸었다. 걸으면서 누가 가리키는 곳을 보니 천안함 사건, 연평도 사건으로 뉴스에서 보았던 제2함대 사령부 앞이라 한다. 정말 시간이 있으면 찾아보고 격려해주고 싶었다. 한참 걷다 보니 드디어 최종 방조제인 남양 방조제, 평택시와 화성시(華城市)의 군계가 지나는 길에 오르게 되었다. 평택시를 떠나며 이곳 출신 몇 분을 떠올리며 같이 걷는 회원과 이런저런 이야기를 나누었다.

화포 홍익한(花浦 洪翼漢, 1586~1637) 공. 병자호란 때 척화파로 청에 잡혀가 죽은 삼학사(尹集, 吳達濟, 洪翼漢)의 한 분으로 그의 묘와 포의각(襃義閣 : 碑閣)이 고향인 이곳 평택시 팽성읍 본정리에 있다. 공이 살았던 17세기는 중국에서 명이 쇠망의 길을 걷고 여진족이 흥기하여 중국대륙의 패권에 도전하던 시기였다. 그런데 이전부터 명나라와 오랜 사대적인 우의관계를 유지해 왔고 임진왜란 때 도움을 받은 것에 대한 신의를 저버릴 수 없다는 유교적인 명분론이 당시 우리나라 양반층이나 사림들의 일반적인 정서였다. 성리학적 명분론이란 옳은 길이라면 나라가 망하고 흥하고 내가 죽고 사는 것에 연연하지 말고 가야 하는 것이 도리이기에, 은의를 지켜야할 나라가 힘이 강하고 약하고를 떠나서 옳은 길이라면 그 길로 가야한다는 것이다. 여기에 바탕을 둔 공을 비롯한 삼학사 등의 척화론(斥和論)은 주화(主和)를 반대하고 적과 싸우자는 의기나 용기는 높이 평가할 수 있지만, 적과 싸워서 이길 수 있는 군비를 갖추지 못하고 있는 현실을 무시한 이러한 주장은 공리공담에 지나지 않았다고 생각된다. 어떻든 그 뒤의 역사(남한산성의 비극적인 수모)를 보면, 당시의 현실론적인 입장에서 명에 대한 의리보다 국익을 우선했던 주화파나 인조반정으로 쫓겨난 광해군의 현명한 대외정책이 옳았다는 것이 입증됐다고 하겠다. 이런 나의 생각을 몇 분 회원과 주고받으며, 몇 년전 학회 회원들과 이곳을 찾았던 생각을 떠올리며 걸음을 옮기었다.

또 잊을 수 없는 분으로 민세 안재홍(民世 安在鴻, 1891~1965) 선생이 있다. 민세는 일제강점기와 광복 전후를 거쳐 독립운동가, 언론인, 정치인으로 지금까지 관심있는 식자들의 존경을 받고 계신 선각자이시다. 이곳 평택시 고덕면 두릉리에 선생의 생가가 있다. 선생은 조선일보 주필. 사장으로 언론활동뿐 아니라 우리나라 역사에 관심을 갖고 민족주의 사학자로 우리 역사를 바로 세우는데 많은 업적을 남기셨다. 특히 좌우합작을 위해 신간회 총무, 군정시대 민정장관으로 건국사업에 중요한 역할을 하고 2대 국회의원으로 이곳에서 당선되었으나, 6·25전쟁 때 납북되었다.

최근 이런 민세의 사상과 뜻을 기리기 위해 '민세 안재홍 기념사업회'가 만들어져 '민세상' 등 다양한 사업을 전개하고 있다. 금년 제3회 '민세상'은 정성헌 이사장(한국DMZ평화생명동산)과 한영우 교수(이화여대 이화학술원장)가 수상자로 선정되었다. 이 '민세상' 시상식에서 읽혀졌던 "이 나라의 논밭은 조선인이 먼저 갈아야하고 … 그것을 할 수 없는 곳에 함께 일어나 지켜야 하고 싸워야하고 …"라는 민세의 어록 중 한 대목에서 그의 조국애를 엿볼 수 있다. 미군정시대 신문에서 자주 보았던 민세의 안경 쓴 옛 모습을 떠올려 보며 아직 찾지 못한 민세의 생가를 내년쯤에는 한번 찾아보기로 하고 걸음을 재촉하였다.

우리 일행은 남양만 방조제를 지나 드디어 화성시에 진입, 기아자동차 앞을 통과하여 남양만 해안도로를 따라 걸었다. 우리가 걷는 화성시(華城市)는 수원과 떼어낼 수 없는 불가분의 관계를 가지고 있다. 화성이라는 지명 자체가 수원에서 가져온 것이고 지역적으로도 오래 동숙했던 관계이다. 수원은 삼국시대에 처음에는 백제, 다음에는 고구려 영토였다.『삼국사기』지리지에 보면 당시 지명은 맷골-물골이라 하여 한자로 매홀(買忽)이라 표기하였다. 그 뒤 신라가 이 지역을 점유하면서 경덕왕대 지명을 한자식으로 개칭, 매(買)는 물의 한자표기이므로 수성군(水城郡)으로 하였다. 고려시대 때는 수주(水州)였다가 원종 12년, 수원도호부(水原都護府,

수원 화성

1271)로 바뀌면서 처음으로 수원이라는 지명이 등장했고 조선조 때도 수원도호부가 설치되었다. 그런데 당시 수원은 지금의 수원 자리가 아니고 지금의 수원에서 남쪽으로 20여 리 떨어진 화산(花山) 밑이었다. 지금의 팔달산 밑으로 옮긴 것은 조선조 정조 13년(1789)이고 모든 기구가 완전 이전한 것은 수원성이 완성된 정조 20년(1796)이다. 그리고 정조는 재위 17년에 수원을 화성(華城)이라 개칭하였다.

　지금의 수원성은 정조가 생부인 사도세자에 대한 지극한 효심에서 시작된 것이라 하지만 그보다도 정치적, 군사적(수도의 咽喉)으로 중요한 의미를 가지고 있었다고 하겠다. 정조의 사도세자 묘 이장은 묘자리가 명당이라는 이유 때문만 아니라, 묘 부근인 팔달산 밑에 정조의 꿈이 담긴 이상향을 건설하려는 계획, 즉 화성건설을 생각하고 묘를 이장했다고 볼 수 있다.

　정조는 수원성이 완성되면 장차 썩은 신하(노론계 권신)들이 살고

있는 한양을 버리고 조선조의 중흥을 기하고자 수원성으로 천도하려는
원대한 꿈을 가지고 있었다. 그래서 수원성은 기존의 우리나라 성곽(平地城
과 山城)의 약점을 보완하고 중국성과 서양성까지도 참고, 실학자인 다산
정약용(茶山 丁若鏞)의 설계로, 당시로는 최고 수준의 성곽으로 축조되었
고 세계 최초로 만들어진 계획도시라 할 수 있다.(정조는 築城全貌를
담은 華城城役儀軌 편찬) 정조는 화성에 서울의 관민을 이주시키고 시전(市
廛 : 관허상점), 국영농장(大有屯田), 수리시설(萬石渠, 萬年堤)을 설치하고
또 새로운 병영(壯勇營)도 설치, 정치적, 경제적, 군사적 요지로 번영토록
하였으나 불행히도 그의 급서(急逝)로 꿈을 이루지 못하였다. 일제강점기
인 1931년 수원면이 읍으로, 정부수립 이후 1949년 수원읍이 시로 승격하
고 나머지 지역은 화성군으로 이름이 바뀌었고, 2001년 화성시로 승격하
였다.

  우리 일행은 오후 4시경 매향석천로 길을 통과, 거의 예정시간에 오늘
걷기 종착지인 우정읍 네거리에 도착, 버스에 승차하여 숙소인 '발리모텔'
로 이동하여 방을 배정받고 인근에 있는 '매향리 회정식'집으로 옮겨
맛있는 회정식으로 오늘 하루의 피로를 풀고 가벼운 기분으로 잠자리에
들었다.

  다음날 8일 목요일.
  새벽에 눈을 뜨니 기분이 한결 가볍다. 오늘부터 걷기 일정의 후반이요,
오늘만 지나면 거의 끝나는 기분이 든다. 그렇지만 오늘 걷는 거리도
80여 리 길, 발바닥을 조심스럽게 문질러 본다. 잘 걸을 수 있겠지.
  아침은 '매향리횟집'에서 상큼한 바지락 미역국에 제육볶음까지, 회원
모두가 오늘 걷기의 원기를 모두 충전 받은 것 같다.

일행은 버스에 승차, 오늘 걷기의 출발점인 화옹 방조제 입구까지 이동하였다. 나는 버스 속에서 어제 보았던 이곳 매향리 동네 곳곳에 모아 놓은 탄피들을 떠올리며 수년 전까지 매스컴에 자주 등장, 세인의 관심을 모았던 옛일이 생각난다. 6·25전쟁이라는 엄청난 전쟁의 부산물로 등장한 사격장, 전쟁수행을 위해, 전후의 평화유지를 위해, 필요 불가결한 것이긴 하지만 이를 보는 시각의 차이나 민족감정까지 얽혀 사격장 존속 여부를 놓고 극한적인 대립까지 가져 왔었다. 다행히 양국의 원만한 타협 속에 해결되어(2005년 8월 3일) 이제는 옛일을 되돌아보는 역사적인 유적지가 되었다.

우리는 화옹 방조제 입구에서 버스에서 하차, 방조제길에 올라 대오를 이루어 궁평항을 향해 발걸음을 옮겼다. 끝이 보이지 않는 드넓은 바다를 보며 걷는 길, 좀 지루하다. 걷다보니 한글로 쓴 "도로입양"이라는 도로 표시판이 보인다. 도로 입양이라니? 주변 회원 몇 분에 물어도 답이 나오지 않는다. 궁금해 시 문화과에 물어보니 도로과로 전화를 돌려준다. 담당자가 회사나 타 기관에 도로관리를 맡긴 것이라고 한다. 그럼 한자로 어떻게 쓰냐고 물으니 찾아서 알려주겠다고, 얼마 뒤에 알려준다. 한자로 입양(入養)이라고. 참 재미있고 황당하다. 좀더 세련되고 한글세대가 알기 쉬운 단어를 얼마든지 찾을 수 있을 텐데. 나는 전화로 이런 나의 뜻을 전했지만 이미 관용화되어 많이 쓰고 있어 고칠 수 없다고 한다. 그런데 이제껏 걸은 도로 중에 제일 청소가 안 되어 있다. 결국 입양이라는 것이 책임 회피수단으로 악용되고 있는 것인지. 나는 이런 생각에 젖어 우울해진 기분을 달래보며 잠시 우리가 걷고 있는 화성시의 아름다운 옛 모습을 다시 떠올려 보았다.

화성은 조선조 정조를 떼어놓고는 생각할 수 없는 불가분의 인연을 가지고 있다. 화성이란 이름 자체가 정조가 지은 것이다.(『정조실록』

건릉(정조릉)

융릉(사도세자릉)

18년 1월 참조) 정조는 사도세자의 능자리가 화산(花山 : 8백의 산봉우리
들이 한개의 묏부리를 둘러싼 형상)이고 화(花)는 화(華)와 통하고 또
중국인(華人)이 왕을 축복했다는 뜻을 따서 화성이라 작명했다고 한다.
화성이란 지명의 출현은 결국 정조의 생부인 사도세자 능(원래는 園)을
지금의 화산(옛 수원의 邑治)으로 이장하면서 비롯되었다고 볼 수 있다.
사도세자는 조선왕조사에 드물게 부왕의 손에 죽음을 당한 세자로 당시에
노·소론 간 당쟁의 희생이 된 비극적인 왕손이었다.

　정조는 즉위하면서 자기의 정통성과 관련 있는, 비명에 죽은 아버지
사도세자의 명예회복을 위해 양주 배봉산(현 동대문구 휘경동)에 있는
초라한 영우원(묘호 : 垂恩墓, 永祐園)의 이장을 추진, 지금의 융릉(顯隆園,
隆陵)으로 이장하였다.(정조 13년) 『정조실록』에 의하면 사도세자의 이장
은 정조가 부친에 대한 극진한 효심 속에 친히 모든 것을 챙겨 가면서
행하였고 이장을 마친 후에도 새 원을 참배하고 "이 산의 이름이 화산(花山)
이니 꽃과 나무를 많이 심으라"라는 교지를 내릴 정도로 정성을 들였고,
부친의 명복을 빌기 위해 부근에 있는 용주사(龍珠寺)를 확장하여 원찰(願
刹)로 삼기까지 하였다. 용주사는 원래 신라 염거화상이 개창(문성왕)한
갈양사(葛陽寺)인데, 정조가 이 절을 크게 중수하고 낙성식 날 용이 여의주

용주사

(如意珠)를 물고 승천하는 꿈을 꾸어 용주사로 개칭했다고 전해지고 있다. 융릉이나 건릉(정조), 용주사는 널리 알려지고 수도권에서 가까운 곳이기에 여러 차례 찾았을 것으로 생각되나 기회가 되면 주말 걷기 코스로 한번 찾아도 좋을 것 같다.

우리 일행은 한참 걸어 궁평항에 도착, 화옹 방조제 기념비(2008년 12월 31일)를 둘러보고 오랜만에 휴식을 취하였다. 일행은 다시 원기를 회복, 걸음을 재촉하여 오늘 오전 골인지점인 해운초등학교 앞에 도착, 버스로 점심식당인 '고천식당'으로 이동하였다. 고천식당의 점심은 구수한 우거지 된장국. 오늘 점심은 고맙게도 남묘숙 회원님이 베풀어주셨다.

오후에는 버스로 대부도 진입로까지 이동, 옛날에 여러 차례 찾았던 대부도를 향해 발걸음을 옮겼다. 벌써 수십 년 전 인천에서 배로 이곳을 찾았던 기억이 단편적으로 떠오른다. 그런데 지금은 내륙으로 연결되어 이곳을 걸어서 찾는다니, 정말 상전벽해(桑田碧海)다. 한참 걷다 보니 선두가 옆에 있는 갯벌 길로 들어선다. 이곳은 간척지로 아직 농토가 되기는 시간이 필요한 것 같다. 어떻든 오랜만에 흙길을 걷는 것 같다. 모든 회원들이 거친 자갈과 흙길을 걷는 것이 오히려 즐겁고 행복한 것 같다. 자연을 좀더 가까이 접할 수 있어서이겠지, 더욱이 이 길이 지름길이라니. 그래서 그런지 지휘부가 간척지 길 가운데서 유머(諧謔) 교실에다 노래잔치 자리까지 만들어 회원들의 흥을 돋군다.

우리 일행은 간척지 길을 나와 차도를 따라 열심히 걸으면서 지도를 열심히 찾아보지만, 화성시와 안산시 시계를 표시하는 도로 표지판이 보이지 않는다. 나는 화성을 지나면서 화성과 연결하여 잊을 수 없는 역사적 인물이 정조와 사도세자이지만, 간혹 남이(南怡, 1441~1468) 장군도 그의 행적과 시와 연계되어 생각나는 인물이다.

남이 장군 묘는 화성시 비봉면 남전리에 있다. 몇 년 전 내가 관계하는 학회에서 이 지역을 답사하면서 그의 묘를 찾아보고 이런저런 이야기를 나누었던 생각이 난다. 묘가 경기도 청평군 남이섬에도 있지만 그것은 허묘(墟墓)이다. 남이 장군(시호 忠武)은 그의 행적보다 그의 죽음을 가져왔다고 알려진, 그가 20대에 북방의 이시애 난과 건주위의 여진족을 토벌하고 썼다는 패기에 찬 시가 많은 사람들의 입에 오르내린다. 남이 장군은 태종의 외손자로 세조의 총애를 받아 26세에 병조판서까지 올랐지만 그를 시기하던 예종이 즉위하면서 그가 역모를 꾀했다는 유자광의 모함을 받아 28세 나이로 처형되었다. 그의 시 "白頭山石磨刀盡 豆萬江水飮馬無 男兒二十未平國 後世誰稱大丈夫"에 미평국(未平國)의 '平'자를 '得'으로 고쳐 역모로 몰렸다고 전설 같은 이야기가 전해지기도 한다. 후에 그의 억울함이 알려져 순조 때 복권되었다. 같이 걷는 옆 회원에게 이 시를 물으니 거의 몇 자 틀리지 않고 기억한다. 이 시가 정말 유명한 것 같다.

한참 걷다보니 대동초등학교 앞. 반갑게도 버스가 기다리고 있다. 일행은 버스에 승차, 대부도의 '경기도청소년원 도자기체험관' 앞에 하차하여 옆 동네의 '안산영어마을'을 거쳐 오늘 골인지점이요, 숙소인 '대부도 팬숀파크'에 전원 무사히 도착하는 감격을 맛보았다. 팬숀파크는 서구풍의 아름다운 건물로 이루어진, 정말 오래 기억될 만한 곳이다. 집안도 편리하고 쓰기 편하게 잘 설계되었고 주변 경관도 잘 정리되어 있다. 오늘은 오랜만에 나이별로 팀을 나누어 단체 합숙, 나름대로 재미있는 저녁밤이 되었다.

저녁은 '참사리횟집'에서 조개탕에다 돼지고기 삼겹살은 무한정 제공한다고. 거기다 술까지도. 모든 회원들은 허리띠를 풀고 기분은 최고조, 사흘간의 피로가 완전히 풀리는 것 같다. 거기다 반별 노래경연까지, 나도 할 줄 모르는 노래 한마디를 거들었다. 이 기분이 숙소까지 연장되어서인지 모든 회원들은 기분 좋게 숙면하였다.

다음날 9일 금요일. 거의 10구간도 종반에 들어섰다는 생각에 정말 홀가분하다. 그러면서 어제까지 잘 버티어준 발바닥이 고맙다. 이틀만 잘 참아다오.

그런데 아침에 밖을 보니 안개가 짙게 끼어 있다. 안개쯤이야 하면서 이런저런 걱정이 된다. 아침식사는 어제 저녁 먹은 '참사리횟집'에서 시원한 황태탕으로 속을 달래었다. 지휘부에서도 안개 낀 차도를 걷는 위험을 생각해서 출발을 연기, 한시간 반이나 지나 9시 30분쯤, 조심스럽게 안개 속으로 첫발을 내딛었다. 오늘 걷는 길은 안산시 대부도 숙소에서 시흥시 오이도까지 70여 리 길이다.

오전에 주로 걷는 대부도(大阜島)의 지명은 서해안에서 가장 큰 섬이라 하여 큰 언덕이란 뜻을 담아 작명되었다고 전하여지고 있다. 옛 문헌에 보면 대부도라는 지명은 옛부터 사용되었지만 한자 표기는 고려시대에는 '大府島'로 표기한 적도 있으나, 조선 후기에 지금의 표기로 통일, 사용하였다. 조선조의 대표적인 인문지리서인 이중환의 『택리지』에 보면 이 섬에 대해,

대부도는 화량진에서 움푹 꺼진 돌 줄기가 바다 위로 나타난 것인데 그런 까닭에 물이 대단히 얕다. 옛날에 학이 물속 돌 줄기 위를 걸어가는

것을 보고 그 길을 찾아서 이 길을 학지(鶴指)라 부르게 되었다. 이 길을 오직 섬사람들만이 익숙하고 다른 지방 사람은 알지 못했다. 병자년에 섬사람들이 청 병사에게 쫓겨서 그 줄기를 따라 도망쳤다. … 청병이 이들을 쫓아오다 길을 몰라 모두 물에 빠져 죽고 섬사람들은 무사히 피할 수 있었다. 이 섬은 토지가 비옥하고 백성이 많아 남쪽에서 오는 배의 첫 관문이 되어 강화와 영종의 외문 구실을 한다.

라 하여 조선시대 상당히 번성하였던 수도권의 해상관문이었다고 적고 있다. 그런데 지금은 이런 역할은 보이지 않고 작물재배지, 관광유원지로서 널리 알려지고 있다.

우리 일행은 대부도 중앙로를 따라 뿌연 안개를 헤치며 걸음을 옮겼다. 주변에 눈에 많이 띄는 것이 포도밭. 포도 특산지로 점차 정착되어 가고 있는 것 같고. 걷는 길가 집에 바지락 칼국수집이 많이 눈에 보인다. 이것도 이곳 명물로 유명해지고 있는 것 같다.

한참 걷다 보니 언덕위에 비석 같은 것이 보인다. 별로 유적물이 보이지 않아 서운하던 차이기에 얼른 언덕윗길로 뛰어 올라가 보니 조그마한 성당 앞마당에 있는 시멘트 물탱크라, 나이탓인가, 혼자 걸으며 쓴웃음을 지었다. 오늘까지 걸은 길이 주로 해안가나 방조제길이어서 그렇겠지만 그동안 비석 하나 무덤 하나 눈에 띈 적이 없으니, 마음 속으로 무엇인가 보고 싶어 생긴 일이라 생각되지만 좀 바보스럽다. 혼자 구시렁거리며 걷다 보니, 오늘 오전 골인지점인 '소문난 조개구이집' 식당 앞. 전 회원이 낙오자 없이 도착, 점심은 이곳 명물인 바지락 칼국수로 입맛을 다시면서 맛의 진미를 맛보았고 또 점심은 임금자 회원님이 제공, 모든 회원들을 즐겁게 해주었다.

오후는 대부도에서 시흥시 오이도까지 이은, 40리에 달하는 시화 방조

성호 이익 기념관(안산시 상록구 이동)

제길을 주로 걷는다. 우리 일행은 방아머리 공원을 거쳐 시화호 방조제길로 들어섰다. 나는 방조제길을 걸으며 아직까지 걸은 대부분의 방조제에서도 비슷한 느낌을 받았지만, 시화 방조제의 규모나 이곳에 설치한 풍력발전소, 조류발전소를 보며 우리의 희망찬 밝은 미래상을 그려볼 수 있어 기분 좋게 발걸음을 옮길 수 있었다. 방조제 둑 멀리 보이는 시흥시 시화상업단지, 바다 건너편으로 보이는 인천시 송도국제도시를 보며 이곳의 엄청난 변화에 지난 시절 자주 찾던 곳과는 전혀 다른 생소한 외국도시를 보는 것 같았다.

나는 안산시를 떠나며 기억하여야 할 안산시의 역사적 인물로 성호 이익(星湖 李瀷, 1681~1763) 선생을 떠올렸다. 이곳 안산시 상록구 이동에는 성호 선생의 기념관과 묘가 있어 관심 있는 인사들이 많이 찾고 있다. 나도 두 차례 관계하는 학회회원들과 이곳을 찾았던 기억이 난다.

성호 선생은 실학자로 벼슬에 뜻을 접고 이곳 안산 첨성촌에서 일생을 학문연구에 전념, 반계 유형원 선생의 학풍을 계승하여 실학의 중흥을 이룩한 분이다. 성호는 학문이란 공리공담이 아니라 실제 사회에 유용한 것이야 한다고 주장하면서 학문연구 방법으로 '자득(自得)'을 중시하였다. 관리들의 부패와 당쟁을 막기 위해 양반도 산업에 종사하여야 한다는 사농합일(土農合一), 양반들의 대토지 사유를 억제하여 토지균등을 이루기 위한 한전법(限田法) 등을 주장하였다. 또 그는 농가경제의 안정을 위해 고리대, 화폐제도, 환곡의 개선책을 제시하고 더욱이 서구 지리학, 의학 등 서학(西學 : 서구문화)에 대한 편견 없는 소개와 이의 연구와 보급에 주력하였다. 그는 『성호사설(星湖僿說)』, 『곽우록(藿憂錄)』 등 많은 저서를 남기었다. 그의 이러한 경세치용의 근대지향적인 실학학풍은 안정복, 이가환, 정약용 등에 계승되어 후기실학을 대성케 하였다.

위당 정인보(爲堂 鄭寅普) 선생님은 실학의 계보와 사승 관계를 정리하기를 "반계(磻溪)가 1조(祖)요, 성호(星湖)가 2조요, 다산(茶山)이 3조"라 하였고, 다산은 성호에게 사숙(私塾)하면서 형님에게 보낸 편지에 "스스로 생각해 보면 우리가 천지의 위대함과 일월의 광명함을 알게 된 것은 모두 이(성호) 선생님의 힘이었습니다"라는 글들을 보며, 성호 선생의 조선후기 실학자로서의 학문적인 위치나 업적을 짐작해 볼 수 있다. 이곳도 수도권에 위치한 교통이 편리한 곳이니 주말 걷기 코스로 선정해도 무난할 것 같다.

우리 일행은 드디어 오늘 골인지점인 오이도 기념공원에 오후 5시경 전원 무사히 도착, '월곶 해수욕탕'에서 하루의 피로를 풀었다, 나는 비목파 몇 분과 바닷가에서 오랜만에 즐거운 시간을 가졌고.

저녁식사는 '월곶회센타'에서 조개구이, 왕새우구이, 우럭매운탕으로 즐겁고 행복한 시간을 가졌고, 바닷가 '아우디모텔'에서 마지막 밤을 숙면하였다.

다음날 2012년 11월 10일 토요일.

새벽에 눈을 뜨니, 정말 기분이 홀가분하다. 드디어 마지막 날, 더욱이 오늘은 오전만 걷는다. 거리도 30여 리, 어제까지 잘 버티어준 발바닥이 고맙다. 이를 지켜주신 높은 데 계신 높은 분이 고맙고.

아침 7시에 서둘러 어제 저녁 먹은 '월곶회센타'에서 시원한 해물탕으로 어제의 피로를 풀고 원기왕성, 오늘 출발지인 월곶역에 모였다. 오늘 걷는 코스가 수도권에서 가까운 곳이어서 오늘 9명의 회원들이 이곳에 도착, 우리 일행의 환영을 받으며 새롭게 팀에 합류하였다.

오늘 안내는 이 부근에 사는 일공 심상석 회원이 자청, 우리를 즐겁게 해주었다. 옛날에 조그만 어촌이었던 월곶이 새로운 포구로 수도권에서 각광을 받고 있는 모습을 보며, 이곳 광장에 세워진 미래탑이 이곳의 밝은 미래를 상징적으로 잘 나타내어 주고 있다고 생각해 보았다. 나는 일행을 따라 월곶 포구 해안도로를 따라 걸으면서 길 위에 서성거리는 낚시꾼들을 보며 옆에 회원에게 옛날 이 갯벌에서 내가 하였던 망둥이 낚시와 비교하여 이런저런 이야기를 주고받으며 얼마 걷다보니 옛 수인선 소래 철교(鐵橋)와 마주친다. 철교위에 걸음을 옮겨보니 철교 침목 사이로 다리밑 갯벌이 간혹 보인다. 문득 6·25전쟁 당시 1·4후퇴 때 부모님을 따라 이 다리를 건너면서 밑에 흐르는 바닷물에 현기증이 나서 힘들어 했던 옛 생각이 나고, 잠시 부모님 생각에 걸음이 멈칫거려진다. 드디어 우리 일행은 다리를 건너 이번 걷기의 최종 종착지요, 나의 제2의 고향인 인천시에 발을 디뎠다. 얼마나 반가운지.

인천 문학산성

나는 같이 걷는 옆 회원에게 인천의 역사적 뿌리를 두런두런 얘기해 본다. 인천의 시발은 『삼국사기』에 기술된 백제 건국비화에 나오는 백제의 시조 온조의 형인 비류(沸流)가 미추홀(彌鄒忽)에 세웠다는 십제국(十濟國)이다. 이 십제국의 도읍터 성터가 남아 있는 문학산(일명 배꼽산)이 인천 역사의 뿌리요, 상징이라 할 수 있다. 그래서 인천 출신들은 학교 때 이 산에 소풍을 한두 번 갔던 추억을 모두 가지고 있고, 지금까지도 이 산에 대해 많은 애정을 가지고 있다. 이곳을 고구려가 차지한 후 미추홀이 매소홀(買召忽)로, 통일신라시대는 소성(邵城)으로, 고려시대에는 경원군(慶源郡), 인주(仁州 : 인종의 모후 문경태후 인주 이씨의 내향)로 되었다가, 조선조 태종대(1413)에 들어와 인천으로 되어 지금에 이르고 있다.

오늘 우리가 찾아 걷고 있는 소래 포구(남동구 논현동)의 소래(蘇萊)에 대한 지명 유래도 여러 가지 설이 있다. 신라가 삼국통일을 위해 나당동맹을 체결, 이에 당장(唐將) 소정방(蘇定方)이 백제 원정군을 이끌고 중국 산동성 래주(萊州)를 출발, 지금의 이곳에 도착하여 이 나당연합군에 의해 백제가 멸망되자, 그후 소정방의 '蘇'자와 래주의 '萊'자를 따서 소래라 하였다는 설이 있다. 이와 유사한 지명으로 경기도 양주군을 한때 내소군(來蘇郡 : 신라 경덕왕대), 부안군의 내소사(來蘇寺) 등을 들 수 있다. 그러나 최근에는 소래라는 지명은 이곳 주위 산과 냇가에 소나무(松)가 많아 이곳을 '송천(松川)'이라 하다가 이것이 '솔래'로, 다시 '소래'가 되었다는 것이 거의 정설화 되었다.

옛 수인선 소래 다리를 건너며 보니 왼편에 포대가 보인다. 이 댕구산 포대는 최근에 이곳이 포대 자리라 알려져 새로이 복원한 것이다. 이 포대는 고종 15년(1878) 일본의 침략에 대비, 인천에 화도진 포대와 이곳에 댕구산 포대(일명 獐島砲臺) 등을 설치했다고 알려지고 있다. 포대의 배열을 보면 2문은 바다 쪽, 1문은 동남쪽을 향해 외곽과 내곽의 수비를 목적으로 했음을 알 수 있다.

우리 일행은 이 포대를 둘러보고 소래(남동구) 해안도로를 따라 열심히 걸어 미추홀 외국어고등학교 앞을 지나 한참 걷다가 보니 도로공사로 복잡한 도로가 있어 이를 버스에 승차하여 통과하였다. 버스에서 내려 송도 신도리 거리를 걸어 드디어 이번 대한민국 U자 걷기 10구간 최종

송도 신도시 해돋이 공원

종착지인 인천 송도 신도시 해돋이 공원에 전 회원이 무사히 도착, 감격스
러운 완주 기쁨을 나누었다. 우리는 다 같이 10구간 완주를 자축하며
임진각까지 무사 완주를 기원하고 한사모의 무궁한 발전을 기원하는
뜻을 담아 만세 삼창을 소리 높여 합창하며 서로 포옹, 감격의 눈물을
흘렸다.

그러면서 이순애 회원이 오늘 아침에 나눠준 〈홍시 가로등〉이라는
헌시의 첫 구절이 떠오른다.

기적입니다. 부활입니다.
일상, 그 너머에 무엇이 있을까를 궁금해 했던 할매 할배들
지금 환호하는 순간 글썽이는 눈물이 선물입니다.

제11구간 ┃ 인천~경기 파주

    2013년 4월 1일, 오전 9시, 인천 '송도 해돋이 공원' 고래상 앞에 모인 한사모 회원 66명은 작년 10구간 골인 당시의 감격스러운 장면을 떠올리며, 함수곤 대표의 "꿈은 이루어졌다" 구호를 합창하면서 최종구간인 11구간 출발을 선언하고 버스에 승차, 첫출발지인 영종도의 을왕리 해수욕장으로 향하였다. 만나는 회원 모두가 최종 구간에 참여하였다는 성취감에 취해, 다른 구간에서 보았던 긴장감이 전혀 엿보이지 않는다. 버스안 분위기도 화기애애한 들나들이 차 같고.

    나는 인천대교 바다 위를 달리는 버스 차창을 통해 멀어져 가는 송도를 뒤돌아보며 이곳과 얽힌 이런저런 생각을 떠올렸다. 송도는 인천지역에서 월미도와 더불어 대표적인 피서지로 각광받았던 곳이다. 1930년대 일본 강점기에 만들어진 위락시설이자 우리나라에서 처음 만들어진 인공백사장으로, 협궤열차인 수인선의 개통과 더불어 수도권 관광지로 각광받던 곳이었다. 학창시절 소풍지로 많은 추억이 담긴 곳이지만 최근 신도시 개발로 옛 모습이 많이 사라져 아쉬움이 느껴진다.

    버스 차창을 통해 어렴풋이 눈에 들어오는 이번 대장정 최종 구간의 첫 출발지인 영종도는 지금은 국제공항으로 세계적인 각광을 받고 있지만, 우리나라 최근세사에는 우리에게 씻을 수 없는 아픔을 주었던 곳이기도 하다. 19세기 후반, 우리나라 진출에 관심을 가졌던 프랑스, 미국 등이

국내사정으로 지속적인 관심을 갖지 못하자, 개국 후에 급속한 근대화를
이룩한 일본은 우리나라에 침략의 마수(魔手)를 뻗쳤다. 이것이 유명한
운요호(雲揚號) 사건이다. 일본은 우리나라 진출의 구실을 만들기 위해
고종 12년(1875) 9월, 표면상으로는 청나라 해로답사(海路踏査)를 한다는
이유를 내세워 포함(砲艦) 운요호를 한국 연안으로 파송하였다. 운요호는
우리나라 서해안을 거슬러 올라 강화도의 초지진 부근에서 보트를 내려
상륙하려 하자, 초지진에서 무단히 침입한 운요호에 포격을 가했고, 운요
호는 이를 구실로 초지진에 포격을 가하였다. 이들은 뒤에 식수를 구하려
하였다 하나 이는 구실이고 실제는 분쟁을 유발하려는 목적이었다. 당시
함상의 일본인들이 초지진의 포격 모습을 보고 '드디어 쏘는구나' 하며
기뻐하였다고 기록하고 있다.

이들은 초지진에서 포격전을 하고 이를 더욱 확대하고자, 이곳 영종도에
와 이곳의 영종진(永宗鎭)에 병력을 상륙시켜 우리 군사와 전투를 벌이며
성내에 대대적인 분탕(焚蕩)질을 하여 수많은 인명을 학살하고 마을 전체
를 초토화하였다. 그리고 일본은 이를 구실삼아 다음해 군함 6척을 강화도
에 파견, 무력시위를 하며 협상을 요구하였다.

결국 우리는 일본에 굴복, 굴욕적인 강화도조약(1876)을 체결, 개국하였
고 이후 일본의 침략이 본격화 되었다. 나는 이런 통분의 역사를 떠올려
보며 눈을 감고 잠깐 상념에 잠겨 보았다. 또 영종도와 나와의 옛일이
생각난다. 1960년대 내가 처음 유적 발굴(고인돌)에 참여하였던 인연이
있는 곳이기도 하고, 당시 고인돌이 마을 가까이 위치해서인지 이미
도굴되어 별다른 유물이 발견되지 않아 아쉬워했던 기억 등, 어떻든
이런저런 생각을 하다 보니 우리의 오늘 출발지인 을왕리 해수욕장에
도착하였다. 이곳도 옛날에는 자주 찾던 곳이지만 오랜만에 찾아보니
낯설고 생소하다. 그러나 하얀 백사장에 만조로 잔잔한 아침 바닷물,

이 위를 떼를 지어 날아다니는 갈매기 모습은 서해바다에서 자주 접할 수 있는 풍경이기에 더욱 정감이 흐르고 반가웠다.

　우리는 이곳에서 간단한 체조를 하고 별다른 의식(儀式)없이 지휘부의 선도에 따라 최종구간의 첫 발걸음을 옮겼다. 회원들은 이제는 걷기에 달인의 경지를 넘어선 잘 훈련된 정예군인처럼 대오를 이루어 걷기의 속도를 낸다. 오늘 오전 걷기는 5km. 모든 회원들이 여유만만 하다. 간혹 만나는 마을사람들은 인적 드문 오전의 바닷가를 걷는 낯설은 우리 집단에 의아한 눈길을 보내며 묻기도 한다. "무엇 하는 사람들인고." 우리는 전국을 일주하는 한사모 할배 할매들이라고 소리 높여 대답을 하지만 잘 이해가 안되는 것 같다. 약간 선선한 기분 좋은 바닷길을 한참 걷다 보니 길가에 '삼일독립만세기념비(三一獨立萬歲記念碑)'가 눈에 들어온다. 반가워 비의 뒷면을 얼른 찾아보니 이곳에 있었던 삼일운동 당시 만세운동을 기념하기 위해 이곳 주민들이 뜻을 모아 세운 비석이다 (1983). 정말 장한 일이다. 당시 삼일운동은 전국적으로 일어났던 만세운동 이지만 뒤에 그 고장 주민들이 이를 기념하기 위해 자발적으로 뜻을 합쳐 이런 기념물을 만든 것을 별로 보지 못하였기에 이 인천시 중구 용유동 주민들에게 마음 속으로 격려의 박수를 보내며 발걸음을 옮겼다. 해가 구름에 가려져 걷기가 편해 한참 속도를 내어 걷다 보니 오전 종착지인 '에덴소머리국밥' 식당이 눈에 들어온다.

　우리 일행은 이곳에서 맛깔스러운 소머리국밥으로 시장기를 달랬다. 더욱이 첫날 점심식사는 매번 연례행사처럼 박현자 여사가 제공, 음식 맛을 배가시켜 주었다.

　점심식사 후 12시 30분, 버스에 승차하여 오후 걷기의 출발기점인 '경인 아라뱃길 두리생태공원'으로 이동, 오늘 걷기의 종착지인 정서진(正 西津 : 인천시 서구 오류동)을 향해 오후 1시 15분경, 발걸음을 옮겼다.

여러 차례 들어 귀에 익숙한 경인 아라뱃길, 또는 경인운하이지만 실제로
오늘 처음 보게 되니 감개무량(感慨無量)하다. 머릿속에 그려보았던 것보
다 규모도 크고 운하 양안 둑에 자전거길이나 보행로가 잘 가꾸어져
있다. 나는 잘 다듬어진 운하 갓길을 걸으며 이런저런 생각을 해본다.
이 뱃길을 만들은 가장 큰 목적은 물량수송을 위한 운하의 기능이고
부수적으로 관광, 홍수예방이라 생각할 수 있다. 그런데 최근 여러 가지
이유로 본래 목적의 기능을 다하지 못하고 있는 것을 보며 엉뚱한 생각을
해본다.

 우리나라 역사를 보면 지정학적으로 한반도에서 가장 중요한 곳이
한강유역이다. 삼국의 쟁패 과정 중에서도 삼국의 주도권을 잡은 것이
한강유역 점유와 동일하고, 신라의 삼국통일도 이에 터전한 것이며 후삼국
통일도 유사하다. 그런데 다행스러운 것은 지금 남북대결에서 우리가
한강유역 대부분을 차지하고 있어 앞으로의 남북통일 과정에서 우리가
우위를 점할 수 있다고 하겠다. 그러나 아쉽게도 한강 하구가 휴전선에
막혀 있어 한강이 제 기능을 다하지 못하고 있는 것이 약점이라 한다면,
이를 경인운하가 보완해줄 수 있기에 경인운하가 운하로서의 기능을
완전히 회복하여야 되지 않을까. 이런 나의 생각을 같이 걷는 회원 몇
분과 이야기를 나눠보았다. 나는 걸으면서 '아라뱃길'의 아라가 무슨
의미를 갖는 말인지, 몇 분에게 물어보았지만 '아리랑 후렴구'라는 등
의견이 분분해 인천시 서구청 문화과에 물어보니 '바다'라는 순수한
우리말이라고.

 걷는 길가에 새로 나무도 많이 심었고 여기저기 관광명소(경인 아라뱃
길 8경)라는 인공폭포도 눈길을 끈다. 한참 걷다보니 봉수대 마당이라는
복원된 봉수대가 서 있다. 이 봉수대는 조선시대 전국에 있는 봉수로

가운데 제5거(炬)로, 전라도 순천에서 한성까지 연결된 코스에 있는 봉수대를 복원한 것이다. 또 여기저기 안개협곡, 바람소리언덕 등 재미있는 지명이 눈에 들어와 걷기의 피로를 잊게 해준다. 우리가 걷는 동안 수송선은 한척

경인 아라뱃길 정서진

도 못보았지만 관광선을 두 척을 볼 수 있어 그래도 한결 마음이 위로가 된다. 드디어 오늘 종착지인 정서진에 있는 청운교 앞에 전 회원 모두가 무사히 도착, 오늘 완주의 기쁨을 나누었다. 우리는 이곳에서 버스에 승차, 오늘 숙박할 대명항에 있는 '약암관광호텔'로 이동하여 짐을 풀었다.

저녁식사는 인근에 있는 '등나무 횟집'에서 별식인 해신탕(토종닭, 전복, 낙지, 한약재)으로 포식을 하고 새로 참여하신 회원들의 신고식 등으로 웃음을 선사 받아 피로를 풀고 첫날밤을 숙면할 수 있었다.

다음날 4월 2일 화요일.

어제 일기예보 때문에 새벽에 눈을 뜨면서 날씨가 걱정스럽다. 창밖을 내다보니 어둠속이긴 하지만 비는 오지 않는 것 같아 다행스럽다. 최종구간을 멋있게 마무리할 수 있어야 할 텐데. 집에서 걱정했던 몸 상태가 비교적 괜찮은 것 같다. 천만다행이다.

오전 7시경, 호텔 1층 식당에 내려오니 많은 회원들이 벌써 내려와 있다. 모두들 원기왕성, 오늘 걷기가 70여 리가 넘는데도 걷기를 걱정하는 모습은 전혀 보이지 않는다. 흐린 날씨와 관계없이 표정들은 밝고 행복하다. 아침은 시원한 해장국으로 속풀이를 하고.

초지대교

8시. 우리는 버스에 승차하여 대명항을 떠나 강화 초지대교에 올라 강화도로 향하였다. 강화도, 조선시대 대표적인 인문지리서인 이중환의 『택리지』에 보면 "강화부는 동북쪽으로 강으로 둘러싸였고 서남부는 바다로 둘러싸인 큰 섬인데, 한강 수구(水口)의 나성(羅星)역할을 한다"로 되어 있고, 조선시대 김정호는 "강화도는 한양에 인후(咽喉)가 된다." 했다. 이렇게 강화도는 지정학적으로 수도권의 목젖 같은 곳이었기에 선사시대부터 근현대에 이르기까지 우리의 역사가 압축, 투영된 곳이며 수차례에 걸친 외침 속에서 나라를 지켜온 호국의 본고장이기도 하다.

그래서 이곳에는 이와 관련된 많은 역사적 유물 유적이 남아 있는 우리나라 문화유산의 보고로, 선사시대 고인돌, 단군의 참성단, 고려·조선의 역사적 흔적, 현재의 남북분단 모습까지 우리 역사 전 시대를 담고 있다.

또 나와 강화도의 인연은 매우 깊다. 내가 처음 강화도를 찾은 것은 1947년 가을, 초등학교 수학여행으로 기억되고 그후 여러 가지 인연으로 강화도를 자주 찾게 되어 이제 강화도는 나에게 제2의 고향처럼 되어 있다. 그래서인지 U자 걷기 동안 나의 머릿속에 간혹 그려진 완주 모습은 강화해협을 건너 강화도에 발자국을 남기는 것으로 그려지곤 했다. 그래서인지 강화도로 향한 오늘 걸음이 남다른 의미가 느껴진다.

우리 일행은 버스로 황산도 선착장에 도착, 드디어 강화 땅에 첫 발걸음을 내디뎠다. 하늘에는 구름이 많이 끼었지만 날씨와 관계없이 회원들

표정은 밝다. 오늘 오전 걷기는 강화나들길 8코스로, 분오리돈대까지
40여 리 길, 그렇게 만만한 거리가 아니지만 회원들 모두 희희낙락(喜喜樂
樂)하다. 우리 일행은 지휘부의 코스안내와 간단한 주의사항을 듣고 조별
로 대오를 이루어 발걸음을 옮겼다. 이곳 나들길 8코스도 잘 정리 정비되어
있다. 특히 바닷가 갯벌 바위에 나무기둥을 박고 세워진 '목제데크길'은
아직까지 별로 보지 못한 자랑스러운 걷기 길이다. 나무길 위를 열심히
걷고 있는 우리에게 강화 입성을 환영하는 듯한 촉촉한 봄비가 뿌린다.
회원들 모두가 예견했던 비였기에 준비한 우산과 비옷을 챙기면서 별다른
대오의 흐트러짐 없이 엷은 빗줄기 속을 잘들 걷는다. 마침 만조 때였기에
내륙의 호숫가를 걷는 분위기이다. 나무길을 벗어나 좁은 시멘트 둑방길을
1열로 대오를 이루어 걷기도 하고 가천의대 앞 넓은 아스팔트길의 인도도
열심히 걸었다. 걷는 동안 길가 주변에 풍요해 보이는 농어촌 풍경에
가슴 뿌듯하면서 자주 눈에 띄는 서구풍의 팬션이 이곳에 고유한 모습에
새로운 변화를 가져오는 듯해 아쉬움이 느껴지기도 한다. 길 위를 천막천
으로 덮은 해안 간척지 둑길을 한참 걸어서 연이은 분오리 저수지 둑길을
걷다 보니 드디어 오전 골인지점에 도착하였다.

　나는 분오리 저수지 둑길을 걸으며 이곳에서 가까운 화도면 사기리에
있는 명미당 이건창(明美堂 李建昌, 1852~1898) 생가가 눈에 어른거렸다.
내가 강화에 올 때마다 자주 찾던 곳으로 이번 걷기 코스에 들었으면
하는 바램을 가졌었다. 이곳은 강화학파의 주류를 이룬 전주 이씨 덕천군
파(德泉君派)를 강화와 처음 인연을 맺게 한 이광명(李匡明, 1701~1778)이
터를 잡은 곳이다. 이 마을은 6대에 걸쳐 250여 년 동안 대대로 이어온
이씨 가문의 세거지이자 강화학파의 요람으로, 생가가 있는 주변 산에
누대에 걸친 선대의 묘소가 있다. 이 생가는 이건창을 비롯해서 그의
조부되는 이시원(李是遠, 1790~1866) 등 선대들이 누대에 걸쳐 살았던

강화도 이건창 생가

이건창 생가 당호

곳이다. 이 집은 1996년 대대적인 보수를 하여 면목을 일신하였고 생가 안채에는 이건창과 세교가 두터웠던 매천 황현(梅泉 黃玹, 1855~1910 : 일제에 국권을 강탈당하자 음독 순국)이 쓴 명미당(明美堂)이라는 당호가 걸려 있다.

강화학파는 강화도라는 특별한 지역정체성을 가진 토양에 뿌리를 내리고 성장한 학파로, 하곡 정제두(霞谷 鄭齊斗, 1649~1736)가 강화로 이주하면서 비롯된 학문 일가를 이른다. 양란(왜란과 호란) 이후 국가통치이념으로 자정능력(自淨能力)을 상실한 성리학을 대신할 새로운 학문으로 양명학을 수용하고 이를 하곡의 아들 정후일, 손서 이광명에게 잇도록하여 250여 년 동안 이시원, 이건창 등 후손들의 가학(家學)으로 전승, 발전하여 독특한 학맥을 이루었다.

강화학은 조선 후기 실학 형성에도 다양한 영향을 미쳤으며, 한말 항일독립운동의 추축이 되어 민족주의 사관을 확립, 민족의식의 정신적지주가 되었고 애국교육운동을 전개하며 국민계몽에도 앞장을 섰다. 망국 후에는 대부분의 인물이 망명, 순국하는 길을 택하였다. 이들의 역사적 학맥은 위당 정인보 선생으로 이어져 민족의 주체성과 민족정신을 추구하고 민족주의 이념을 확립하는 데 중요한 역할을 하였다. 강화학파의 고고한 행적과 꺾이지 않는 민족정신은 후에 수많은 사람들에게 독립에 대한 희망과 확신을 심어주어 국권회복에 중요한 바탕이 되었다. 나는 몇몇 회원들과 별로 알려지지 않은 강화학파에 대한 이런저런 이야기를 주고받으며 강화를 걷는 동안 강화학파 관련 유적지를 한곳이라도 찾을 기회가 있었으면 하는 바램을 가져 보았다.

우리 일행은 버스로 점심식사 식당인 '동막돌솔촌'으로 이동, 청국장정 식으로 빗속을 걸은 한기를 풀었다. 음식점 주인이 집사람과 옛날 교직에 같이 있던 분(김순례)이어서 반가운 해우를 하였다. 고맙게도 점심은 진풍길, 소정자 부부회원이 제공, 우리들의 마음속에 따뜻한 훈기를 불어넣어 주었다.

오후 걷기는 동막리에서 강화나들길 7-1, 7코스를 걷는 길로 40여 리 길, 그러나 회원들은 걷기의 어려움보다 흐린 날씨에 관심이 더 있는 것 같다. 다행이 오후 날씨는 비 걱정은 하지 않아도 될 것 같다. 우리들은 지휘부의 선도에 따라 해안 둑길을 따라 열심히 걸음을 옮겼다. 걸으며 보니 강화나들길을 만들기 위해 여러 가지 새로운 착상을 한 것이 눈에 띈다. 고무타이어에 흰 페인트칠을 한 계단식 언덕길이 나온다. 어떻든 재미있는 길이다. 또 걷기가 어질어질한 해안 둑길을 걷기도 하고 바닷가에 별로 정리되지 않은 자갈 모래 바위길을 걷기도 하고, 또 밧줄로 얽은 산길 계단을 밧줄을 따라 걷기도 하였다. 걷는 길 주변에 풍광이 아름다웠으나 별로 살펴볼 겨를 없이 발걸음을 옮겼다. 한참 언덕 산길을 오르다 보니 오던 길 도로표지판에서 보았던 '북일곶돈대(北一串墩臺)'가 나타났다.

돈대는 바닷가 높은 벼랑 위나 해안 돌출부에 흙이나 돌을 쌓아 그 위에 바다를 감시하는 조망대(眺望臺)와 포대를 설치하여 해안선을 지키는

강화도 북일곶돈대에서

첨병(尖兵)의 구실을 한 요새(要塞)이다. 원래 강화도는 한양으로 통하는 갑곶(甲串)과 개성으로 이어지는 승천포(昇天浦) 포구 이외는 해안선이 돌벼랑과 진흙 갯벌과 수렁으로 되어 있어, 이 두 곳 포구만 지키면 적의 침입으로부터 강화를 지킬 수 있었다. 그래서 고려시대 몽고와의 오랜 항쟁 속에서 이곳에 도읍을 옮기고 27년간 좁은 강화해협을 사이에 두고 나라를 지킬 수 있었다. 그런데 병자호란 때 이곳을 지키던 강도검찰사(江都檢察使) 김경징(金慶徵)이 교만 방자하여 수비사령관으로서의 역할을 하지 못해 적의 침입을 막지 못하고 성이 함락되어 강화가 가졌던 천험의 요새라는 명예에 먹칠을 하였다. 그래서 그후 효종과 숙종 연간 강화도의 수비를 대폭 강화해서 해안에 성을 쌓고 강화 해안선에 돈대 54곳, 포대 9곳을 설치하고 이 돈대를 관할하는 6곳의 진(鎭)과 7곳의 보(堡)를 설치하여 강화성 전체를 요새화하였다. 최근 이런 유적들이 많이 복원되어 옛 모습을 보여주어 고맙고 반가운 일이지만 간혹 원래의 모습보다 과장한 곳이 보여 기분이 좀 쓸쓸할 때도 있다. 역사란 사실대로 보여 주는 것이 가장 중요한 것인데.

우리 일행은 북일곶돈대에서 바다를 내려다보며 옛일을 떠올려보다 이곳을 떠나 고무타이어길인 산길을 오르락내리락 하며 걸음을 재촉하였다. 한참 걷다보니 오늘 골인지점인 장하리 낙조마을(해넘이 마을) 일몰전망대에 도착하는 감격의 순간을 맛보았다. 이곳에서 우리 일행은 버스에 승차, 숙소인 '세인관광호텔'로 이동하여 방 배정을 받고 버스로 저녁식사 장소인 '동막돌솥촌'으로 가 생선회정식으로 오랜만에 즐거운 저녁식사를 만끽(滿喫)할 수 있었다. 식사 후 여흥 시간에 정인자, 심상석 회원의 달콤한 노래와 양정옥 회원, 이영균 위원장의 재미있는 만담으로 하루의 피로를 풀고 저녁잠자리까지 숙면할 수 있었다.

다음날 4월 3일. 새벽에 눈을 뜨니 마음이 한결 가볍다. 어제 비교적 어려웠던 길을 별 탈 없이 완주한 것 때문인 것 같다. 오늘만 무사히 지나면 벌써 반을 지날 수 있다는 생각을 하며 기분을 다듬었다. 밖을 내다보니 구름 한 점 없는 것 같다. 일기예보대로 쾌청이라 정말 반가웠다.

아침 식당에 모인 회원들을 보니 어제 80여 리 걸은 피로에서 완전히 회복된 것 같다. 어제 걸으면서 느꼈던 강화에 대해 이런저런 화제가 상머리에 오르내린다.

오늘 아침 일정은 이곳에서 가까운 전등사(傳燈寺)를 산책삼아 다녀와서 버스로 초지진으로 이동, 본격적인 걷기 코스에 진입하도록 되어 있다. 우리는 전등사를 향해 발걸음을 옮겼다. 이곳은 초등학교 수학여행 이래 수십 차례 찾은 곳이기에, 주변을 보니 이런저런 많은 생각이 떠오른다. 조금 오르자 삼랑성(三郎城 : 鼎足山城) 안내판이 보인다. 삼랑성은 마니산

마니산 참성단

(摩尼山)에 있는 참성단(塹城壇)과 더불어 강화를 민족의 성지로 성역화시킨 국조단군(國祖檀君)의 유적으로 알려진 곳이다. 삼랑성은 강화해협 남쪽에 있는 세 봉우리를 단군이 세 왕자(扶蘇, 扶虞, 扶餘)에게 쌓아 연결하게 한 성이라고 한다. 또 참성단은 단군이 그의 조부인 석제환인(釋帝桓因)을 제사 지낸 곳이다. 그런데 강화도에 이런 국조단군의 유적이 발굴 보존될 수 있었던 것은 고려왕실과 중요한 관계가 있는 것으로 생각해 볼 수 있다.

고려 태조 왕건은 강화도를 중심한 예성강 유역의 해상세력으로 크게 성장하여, 뒤에 고려를 건국하고 후삼국을 통일하였기에 강화도는 고려왕실의 발상지라 할 수 있는 곳이다. 이런 연유로 고려왕실은 이곳을 국조의 성지로 성역화하였다고 생각되고, 이것이 여몽전쟁(麗蒙戰爭) 기간 중 이곳에 천도하며 더욱 이런 면이 부각되었을 것으로 생각된다.. 또 정족산성(삼랑성) 하면 잊을 수 없는 것으로, 고종 3년(1866), 병인양요 때 프랑스군이 강화를 점령하고 수많은 서책을 약탈해 갈 때 이곳 정족산성은 천총(千摠) 양헌수(梁憲洙, 1816~1888) 장군의 선방(善防)으로 이곳 사고(史庫)에 보관되었던 조선왕조실록과 수많은 사적을 지켜내었고 프랑스군을 강화로부터 퇴출시키는 결정적인 역할을 하였다.(이곳에는 巡撫千摠梁憲洙勝戰碑가 있다) 나는 옆에 걷는 회원과 옛날에 읽었던 이 전투에 종군했던 프랑스 리델(Ridel) 신부의 종군기에 기억나는 "산성을 점령하고

전등사에서 오찬을 즐기자며
산성 100m까지 접근하였을
때 돌연 총성이 비오듯 쏟아
져 대패하였다"는 이야기를
나누며 오르다 보니 전등사
경내라, 앞에 대웅보전이 서
있다. 이 건물은 보물로 지정
되어 있는 임란 이후 광해군
13년(1621),지어진 조선 후기
의 대표적인 건물로 알려지고
있다. 특히 건물에서 시선을
끄는 것으로 추녀밑에 앉아
추녀를 떠받치고 있는 여인의
나신상이 있다. 전설로는 도
편수와 얽힌 여인 이야기가
전해지고 있고 진위는 알 수
없으나 재미있다.

강화도 전등사

삼랑성 양헌수 승전비

또 전등사 하면 잊을 수 없는 것은 임진왜란으로 실록을 보관했던
4대 사고중 전주사고만 보존되자, 전란 후 이를 다시 인쇄해 강화도
마니산, 태백산, 묘향산, 오대산과 한양 춘추관에 각각 보존하였다. 그러다
가 이곳 전등사에 장사각(藏史閣)과 선원각(璿源閣)을 짓고 숙종 4년(1678),
마니산의 실록(전주사고 원본)과 왕실의 세보인 선원세보(璿源世譜)를
비롯하여 수많은 왕실 사적들을 이곳으로 옮겨 보존토록 하여, 전등사는
국가의 가장 중요한 사고가 되었고 국가와 왕실의 보호를 받는 국찰(國刹)
로 전국의 대표적인 사찰이 되어 현재까지 많은 국민들의 사랑을 받고

강화도 초지진

있다.

일행은 이곳에 더 머물고 싶지만 아쉬운 발걸음을 옮겨 전등사를 뒤로 하고 산을 내려와 버스에 승차, 초지진으로 이동하였다. 간단한 체조를 하고 오전 걷기인 '강화나들길 2코스(호국돈대길)'에 진입하였다. 진 앞에서 초지진을 중심으로 강화 이야기를 하라고 해 강화도의 지정학적인 의미, 강화의 역사 소개, 강화해협에 얽힌 역사적인 사건 등을 간략하게 이야기하였다. 우리 일행은 초지진을 둘러보고 이곳과 얽힌 현대사의 이런저런 면모를 떠올려보며 강화해협과 면한 호국돈대길로 발걸음을 옮겼다. 강화해협은 조선조의 조운로(漕運路)의 가장 중요한 길목으로, 남쪽에서 해상으로 오는 모든 조운선은 이곳을 통해 한양으로 운항하였기에 국방의 요지였다. 더욱이 근대 개항기에 외세의 포함외교(砲艦外交)의 첫 접촉지역이어서 그 아픈 상처가 많이 남아 있는 곳이기도 하다. 이곳과 연계하여 최근세사에 우리에게 기억될 대표적인 사건은 병인양요(丙寅洋擾), 신미양요(辛未洋擾), 운요호(雲揚號)사건을 들어 볼 수 있다.

병인양요는 흥선대원군의 천주교 탄압(1866 : 병인사옥)을 빌미로 일어난 사건이다. 흥선대원군은 프랑스 선교사 9명을 포함, 천주교 신자 수천 명을 참형에 처하였고 이때 죽음을 면한 리델(Ridel) 신부 등이 탈출, 청국 주재 프랑스 극동함대 사령관 로즈(Roze) 제독에 알려 이를 응징하기 위해 일으킨 전쟁이다. 로즈 제독은 1866년 9월 군함 2척을 파송, 한강을 거슬러 올라 한양의 양화진까지 탐사를 하고 돌아갔고

10월에 군함 7척을 이끌고 와 강화도를 포격하고 점령하였으나 정족산성을 공략하려다 패퇴, 철수하였다. 이때 이들은 왕실의 의궤(儀軌 : 왕실의 즉위, 결혼, 장례 등 왕실행사의 의전절차를 기록한 왕실 문서) 등 왕실의 전적을 보관한 외규장각(外奎章閣)을 거의 송두리째 약탈하여 갔다. 프랑스군이 강화도를 점령하자 강화학파의 전(前)판서 이시원(李是遠, 이건창의 조부)과 그의 동생되는 전군수 이지원(李止遠)이 음독 순국하여 강화에 호국정신의 뿌리를 깊게 내려주었다.

신미양요는 1866년 대동강에 무단히 들어왔다 소각당한 미국선적의 무역선 제너럴 셔먼호 사건을 구실로, 미국이 조선을 개국시킬 야심을 갖고 일으킨 사건이다. 미국은 1871년, 로저스(Rodgers) 제독이 이끈 5척의 아시아함대를 강화해협에 파견, 강화도의 포대와 포격전을 전개하며 초지진, 덕진진, 광성보를 차례로 점령하였고 강화해협의 조운로를 봉쇄해 도성에 물가가 폭등하는 등 조선을 곤궁에 처하게 하였으나, 흥선대원군의 저항의지가 쉽게 꺾일 것 같지 않고 조선군의 반격이 만만치 않자 미국은 결국 철수하였다. 대원군은 이후 쇄국정책을 더욱 강력히 추진, 강화도를 비롯한 전국요지에 척화비(斥和碑)를 세웠다.

운요호 사건은 1875년, 초지진에서 벌어졌던 일본과의 포격전으로 다음해 강화도조약 체결의 빌미가 되었던 사건이다. 강화도조약은 1876년 9월 26일 강화읍 연무당에서 체결되었다.

우리 일행은 호국돈대길의 강화해협을 따라 걸으며 초지진의 일본군과 미군의 포탄흔적도 찾아보았고, 덕진진에서는 병인양요 때 양헌수 장군이 강계포수군을 이끌고 김포의 통진부에서 이곳을 거쳐 야간에 정족산성으로 이동, 매복하였다 프랑스군을 요격한 사실도 확인하고 손돌목돈대에서 신미양요 때 미함과의 첫 전투모습도 그려 보았다.

강화도 광성보

신미순의총

손돌목은 진도해협에 있는 울돌목과 같이 바닷물이 소용돌이치는 좁은 해협으로 강화에는 이곳과 연관된 여러 설화가 전래되고 있다. 전래되는 설화는 외침을 당해 국왕이 강화섬으로 피신할 때 안내 뱃사공이 손돌(孫乭)이었는데, 갑곶에서 이곳에 오니 앞길이 막히고 바닷길이 험해지자 손돌을 의심해 그를 잡아 죽여 이후 이곳을 손돌목이라 부르게 되었다는 것이다 (무덤과 최근에 세운 비석이 있음). 그런데 이 전설에 나오는 국왕을 보면 고려 희종, 고종, 충정왕, 공민왕과 조선의 인조가 등장하는데 일부 관심 있는 학자들은 손돌을 죽인 국왕이 희종일 가능성이 높다고 추정하고 있다. 희종은 폐위되어 강화로 유배왔기에 군용선을 타지 않았을 것으로 추정된다.

우리 일행은 해협을 따라 걷다 덕진진을 지나 산등성이를 넘어 걸어 광성보(廣城堡)에 이르렀다. 이곳은 신미양요 때 가장 치열한 전투가 벌어졌던 곳으로, 이와 관련된 신미순의총(辛未殉義塚 : 전사한 무명용사 51명의 합장묘), 쌍충비각(雙忠碑閣 : 中軍 魚在淵(1823~1871)과 그의 동생 魚在淳, 1826~ 1871)외 59명의 殉節碑) 등, 기념물이 남아 당시 격렬했던 전투상황을 떠올리게 한다.

당시 참전한 미군의 슬레이(W. S. Schley) 소령의 회고를 보면, "조선군은 근대적인 총기를 한 자루도 보유하지 못한 채 노후한 전근대적인 무기를 가지고서 근대적인 미국총포에 대항하여 싸웠다. 조선군은 결사적으로 장렬하게 싸우면서 아무런 두려움 없이 그들의 진지를 사수하다 전사하였다. 가족과 국가를 위하여 이보다 더 장렬하게 싸운 국민을 다시 찾아볼 수 없다."라고 썼다. 나는 이 글을 떠올리면서 이곳의 무덤과 비각을 찾아 그들의 영혼을 추모하며 발걸음을 옮겼다.

광성보를 나오니 뜻밖에 강화 출신인 윤치문 교장이 나를 기다리고 있지 않은가. 정말 반가웠고 오랜 지기이기에 더욱 반가웠다. 또 우리 회원들을 위해 '강화인삼막걸리'를 가져와 나를 더욱 감격시켰다.

우리 일행은 여기에서 가까운 점심식당인 '통나무 쌈밥집'에 도착, 오전 걷기의 막을 내렸다. 점심식사는 쌈밥정식, 상큼한 야채맛에 취해 오전 걷기의 피로를 풀고 다시 원기를 회복하였다.

오후 걷기는 광성보에서 강화나들길 2코스 호국돈대길을 걸어 갑곶순교성지까지 30여 리 길. 지휘부의 선도에 따라 회원들 모두가 활기 있게 발걸음을 옮겼다. 별로 손질한 흔적이 보이지 않는 자연그대로의 바닷가 갈대숲 사이로 난 흙길을 걷는 것도 우리에게 새로운 즐거움을 선사해주었다. 우리들은 아름다운 자연 풍광에 취해 열심히 걸었다. 우리가 걷는 호국돈대길은 조운로의 보호와 수도권 방어를 목적으로 대략 1km 간격으로 18개의 돈대가 설치되어 있었으나, 일부만 복원되어 그 모습을 보여주고 있다. 우리는 걷는 길가에 있는 오두돈대, 화도돈대, 용당돈대, 용진진은 지도에서 확인만 하고 지나쳐 걸었다. 나는 용진진을 지나며 몇 번 들러보았던 이곳 가까이 있는 선원사지(禪源寺址)를 떠올려보았다. 선원사는 고려와 몽고와의 힘든 전쟁와중에 강도(江都)로 파천한 어려운 상황하에서 나라를 지키겠다는 호국신앙(護國信仰)일념에서 지금 해인사에 보관되어

있는 팔만대장경판을 판각한 곳으로 알려진 곳이다. 그곳도 한번 찾을
만한 곳인데 하는 아쉬움만 간직한 채 발걸음을 옮겼다.

한참 걷다 보니 오후 3시경. 드디어 오늘 걷기의 실질적인 골인지점인
갑곶돈대에 도착하였다. 우리는 갑곶돈대 구역 안에 있는 포대와 강화비석
군을 둘러보고 갑골순교성지를 찾아보았다. 강화도는 천주교 전래와
많은 인연을 가지고 있다. 이곳이 중국과 해상교통요지였기에 선교사
입국에서 중요한 길목의 역할을 하였다. 그래서 병인양요, 신미양요 때
서구인의 길잡이가 될 위험 때문에 천주교 신자들이 죽음을 당하기도
하였다. 이곳에 모셔진 병인사옥 이후 처형당한 최인서 등 수명의 순교자
와 신미양요 때 미함을 찾아갔다 효수당한 수명의 순교자가 있다.

이 부근은 갑곶진으로 강화의 육로교통로의 관문과 같은 곳이어서
강화대교가 가설되기 이전에는 이곳이 김포와 연결하는 포구였던 곳이다.
전래되는 이야기로는 이곳이 본래 동진이라 하였는데 몽고의 한 장군이
강화를 공격하다 돌아가 본국의 군주에게 "강이 좁아서 갑옷을 쌓아
건너갈 만합니다"라고 하여 이후 갑곶이라고 하였다고. 그러나 갑곶(甲串)
의 곶은 해안에 반도같이 뾰족이 나온 곳을 가리키는 우리 말에서 유래되었
다는 설이 있는데 후자의 설이 맞는 것 같다.

우리 일행은 이곳에서 버스에 승차, 강화나들길 제1코스에 있는 오늘
최종 종착지인 연미정(燕尾亭)으로 출발하였다. 버스 속에서 요사이 벌어
지고 있는 남북간 첨예(尖銳)한 대결상황을 떠올리며 북녘땅을 찾는 것에
여러 생각이 들었다. 철부지 같은 북한의 위정자들이 제 정신을 차렸으면
하는 바램을 가지면서도 도대체 상식이 통하지 않는 그들의 태도에 할
말이 나오지 않는다.

우리는 20여 분만에 연미정 앞에 도착, 연미정을 올랐다. 바다 건너
북녘땅(개풍군)이 지척(咫尺)에 보인다. 6·25전쟁 전에 자주 찾을 기회가

있었기에 고향땅을 보는 것
같은 반가움이 있지만 요사이
정세 때문인지 마음이 편안치
가 않다. 연미정(戀尾亭)은 이
지역이 한강과 임진강이 합류
해서 서해와 강화해협으로 흘
러 그 모습이 제비꼬리 같다
는 데서 유래되어 정자 이름

강화도 연미정

이 된 것 같다. 이 정자는 고려 고종 때 9재(九齋)의 생도를 모아놓고
면학했다는 기록이 남아 있어, 건립시기를 고려시대로 추정하기도 하지만
정확하지는 않다. 정자 밑으로 내려오니 철망이 쳐진 공터 안에 '장무공황
형장군택지비(莊武公黃衡將軍宅址碑)'가 있다.

　황형 장군(1459~1520)은 조선 전기의 무장으로 중종 5년(1510), 삼포왜
란 때 전라도 방어사가 되어 이를 진압하는 데 큰 공을 세웠는데, 말년에
낙향하여 이곳에 살았다고 한다. 이 집터 위에 있는 연미정도 왕으로부터
하사받은 것으로 알려지고 있다. 그의 묘소도 이 부근에 잘 보존되고
있다. 나는 몇몇 회원들과 연미정과 황씨 집안과 얽힌 이런저런 이야기를
나누며 버스에 올랐다.
　일행은 저녁식사 장소인 '알미골가든'으로 이동하여 푸짐한 생삼겹살
에다 윤치문 교장이 희사한 강화인삼막걸리로 허기진 속을 달랬다. 한껏
분위기가 고조된 속에 재미있는 만담에다 11구간에 새로 참여한 회원들의
소감발표와 흥겨운 노래까지 곁들이다 보니, 낮의 피로가 거의 사라진
듯 모든 회원들이 가벼워진 기분으로 저녁숙소로 이동, 잠자리에 들어
숙면할 수 있었다.

다음날 4월 4일. 새벽에 눈을 뜨니 기분이 가볍다. 오늘로 걷기 후반에 들어섰다는 생각을 하니 몸도 마음도 가뿐하다. 창문을 열어보니 안개는 끼었지만 날씨는 쾌청이라. 가벼운 기분으로 식당을 찾으니 만나는 회원 모두가 나와 같은 기분인 것 같다. 아침식사도 북어해장국, 상큼한 국맛으로 속을 달래었다.

아침 8시, 우리들은 버스에 승차, 강화도에 하직을 고했다. 강화를 떠나며 강화에서 다시 찾고 싶었던 몇몇 곳을 떠올려 보았다. 강화의 호국정신의 상징인 병자호란 때 강화성 남문의 화약 위에서 자폭한 원임대신 김상용(金尙容, 1561~1637)의 순절지, 몽고와의 강화를 거부하고 끝까지 항쟁하다 강화를 떠난 삼별초(三別抄)의 출항지, 또 가슴 따뜻한 이야기로 강화에서 가난한 농군으로 살다 철종 임금이 된 강화도령과 얽힌 용흥궁(龍興宮), 이곳에 살던 철종의 외가인 염(廉)씨 집안 일화 등을 머리에 그려보았다. 강화대교 위에서 강화해협을 보며 5·16 직후 이곳에 강화도와 김포를 연결하는 방조제를 쌓기로 하고 기공식을 하였던 기억이 머리를 스친다. 그런데 방조제가 당시에 여러 어려움이 있었는지 교량공사로 바뀌어 현재의 대교가 되었다. 우리 일행은 대교를 건너 김포 문수산성(文殊山城) 남문 입구에 도착, 하차하였다.

문수산성은 강화의 갑곶진과 함께 강화해협을 지키는 가장 중요한 요새로, 강화를 마주보는 강화해협에 근접한 곳이어서 숙종 때 대대적인 방어시설을 갖추며 축성하였다. 이 산성은 병인양요 때 프랑스군과의 전투로 널리 알려진 곳이기도 하다. 프랑스군이 강화를 함락하고 한양까지 진격로를 찾고자 로즈 제독은 휘하부대 120여 명을 갑곶진을 건너 문수산성을 정찰, 공격케 하였는데, 당시 이곳에는 초관(哨官) 한성근(韓聖根)이 이끈 50여 명의 소부대가 수비하고 있었다. 그러나 조선군은 프랑스군이 산성에 접근해 오자 이들이 근접하기를 기다렸다 일제히 공격을 가해

프랑스군 25명을 사상시켜 프
랑스군은 강화도로 패퇴하여
결국 뒤에 강화도에서 철병하
기에 이르렀다.

애기봉 전망대에서 바라본 북녘땅

우리들의 오늘 오전 걷기는
문수산성 남문 입구를 기점으
로 애기봉까지인데, 새로 회
원 두 분(이순애, 윤정아)이 참
여, 68명 회원이 대오를 이루어 발걸음을 옮겼다. 우리는 문수산성은
오르지 않고 김포대학교 앞을 통과하는 김포대로의 평탄한 길을 따라
걸음을 재촉하였다. 한참 아스팔트길을 걷다가 해병대 휴게소인 청룡회관
에 도착, 잠깐 휴식을 취하였다. 나는 몇몇 회원들과 옛날 육군 논산훈련소
면회소를 떠올리며 옛 이야기에 잠깐 빠져들기도 했다.

일행은 곧 청룡회관을 출발, 김포 평화누리길 둘째길과 연결된 길을
걸어 산등성이 나무계단을 따라 조강(祖江) 저수지를 끼고 물가에 만든
나무길을 따라 걸음을 재촉하였다. 조강(祖江)은 김포반도와 강화도 그리
고 북한의 개풍군 사이로 한강과 임진강, 예성강이 만나 흐르는 강을
지칭하는 '할애비강'이라는 의미로 옛부터 불러왔고, 이곳은 강뿐 아니라
지명도 조강이라 불러왔다. 걷다보니 안내 표지판에 조강포구 입구, 또
조강2리 마을회관 표지판이 보인다. 걷는 우리 시야(視野)에 논밭 너머로
저 멀리 휴전선 건너 북녘 땅이 들어온다.(그곳에도 조강 지명이 있다)
분단의 아픔이 다시 가슴을 저민다. 오전 11시 15분, 일행은 한명의
낙오자도 없이 오전 걷기 골인지점인 애기봉 관리사무소에 도착하였다.

애기봉(愛妓峰)전망대는 최근에 북송 전단이나 크리스마스트리 점등(點
燈) 문제 등으로 자주 언론에 오르내려 국민들의 관심을 끌었던 곳이고

애기봉 전망대에서

이전에 몇 번 찾았던 곳이지만, 최근 남북 긴장관계로 새로운 기분으로
전망대에 올랐다. 애기봉이라는 이름은 고(故) 박정희 대통령이 이곳에
전래되어 내려온, 병자호란 때 평양감사와 그의 애기(愛妓)와 얽힌 이야기
를 듣고 명명하였다고 하는데, 어떻든 재미있는 이야기라 하겠다.

우리 일행은 전망대에서 한승희 소장의 이곳에 대한 개략적인 소개와
탈북음악인인 조미영 양의 아코디언을 듣고 전망대를 뒤로 하였다. 나는
이곳 망배단(望拜壇)에서 북한에 고향을 둔 몇 회원들과 함께 북녘 땅에
잠든 조상들에게 잠깐 묵념을 하고 발걸음을 옮겼다. 우리는 이곳에서
버스에 승차, 점심식사 장소인 '보경가든'으로 이동하여 순두부전골로
입맛을 다시며 허기진 배를 채웠다.

오후 걷기는 평화누리길 셋째길로, 애기봉 입구에서 전류리 포구까지
40여 리 길이다. 만만치 않은 거리지만 회원 모두가 임진각이 점차 가까워

져서 그런지 별로 걷기에 힘든 기색이 안 보인다. 걷는 길가 동네 어귀에 큰 느티나무가 서 있다. 안내판을 보니 수령(樹齡)이 오백년이 되었다고. 이곳에 묘가 있는 박신(朴信, 1362~1444) 선생이 심었다고 한다. 박신 선생은 고려 말 정몽주 선생의 제자로, 고려가 망한 후 조선조에 태조로부 터 세종까지 봉직, 호조·이조·병조 판서를 역임한 조선 전기 문신으로 널리 알려진 인물이다.

우리 일행은 평화누리길을 따라 시골길을 열심히 걷는데, 연화봉 안내 표지판이 보인다. 이 부근은 역사적으로 삼강이 모이는 한반도 중심지역이 었기에 삼국시대 삼국간 쟁탈전이 벌어졌던 곳이다. 처음에 백제가 점유했 다가 장수왕 때 고구려가, 진흥왕 때 신라가 이곳을 점유하면서 이를 기반으로 신라의 삼국통일이 이루어졌다. 옆에 걷는 회원과 이런 이야기를 주고받으며 한참 걸으니, '후평리 철새도래지' 안내판이 보이고 철책선 너머로 한강이 흐른다. 한강! 정감이 어린 평화스러운 강이다. 이곳에서 한강을 따라 남쪽으로 제방도로를 걸어가니, 한강하구부근 오늘 오후 걷기의 종착지인 전류리포구에 도착, 골인의 감격을 맛보았다.

우리 일행은 이곳에서 버스에 승차, 일산대교를 건너 자유로를 달려 파주통일동산에 있는 숙소인 '호텔위즈'에 도착하였다. 방 배정을 받고 저녁식사 장소인 '장단콩 두부마을'로 다시 이동하여 청국장정식으로 오랜만에 우리의 전통음식을 맛보는 즐거움을 가졌다.

다음날 4월 5일.

새벽에 눈을 뜨니 만감(萬感)이 교차(交叉)된다. 오늘 하루만 무사히 걸으면 지난 5년 동안 그렇게 기다리고 기다리던 대단원의 막을 내린다니. 11층 식당에 모인 회원 모두의 표정에도 임진각 골인 전날의 기대감 넘치는 모습이 보인다. 오늘 걷기에 대한 생각은 잊어버린듯 모두들 자신만만(自信滿滿) 여유작작(餘裕綽綽)하다. 오늘 걷는 것도 80여 리 가까운데.

아침 8시. 회원 모두는 버스에 승차, 자유로를 따라 남쪽으로 내려와 일산호수공원에 도착, 한울광장에 모여 체조도 하고 오늘 새로 참여한 박해평, 홍은혜 회원과 반가운 인사도 나누었다. 특히 홍은혜 회원은 해외여행으로 불참한 부군인 김성기 회원을 대신하여 참석, 땅바닥에 엎드려 큰절을 하여 회원 모두를 감격시키기도 하였다.

우리는 지휘부의 간단한 유의사항을 듣고 호수공원에 첫발을 내디뎠다. 호수공원은 주말걷기뿐 아니라 개인적으로 몇 번 찾았던 곳이어서 낯설지 않은 곳이다. 그렇지만 이번 호수공원 첫발은 이번 걷기에서는 김포시계를 넘어 고양시에 첫발걸음을 내딛는 남다른 의미가 있다. 나는 고양시에 첫발을 내딛으며 고양시에서 찾지 못하고 지나는 몇 곳을 머릿속에 떠올려 보았다. 벽제관과 행주산성이다. 두 곳이 모두 임진왜란과 중요한 관련이 있는 곳이다.

벽제관(碧蹄館)은 원래 중국으로 내왕하는 사신들이 숙박과 휴식을 위한 역관(驛館)으로 조선조 성종 연간 준공한 건물로, 당시 의주로(義州路) 길목에 위치했었다.(고양시 덕양구 고양동) 지금은 전부 유실되고 터만 남아 있다. 그런데 이곳이 더욱 유명해진 것은 임진왜란 때 우리를 도우러 왔던 명나라의 이여송(李如松) 장군이 평양성을 수복하고 퇴각하는 일본군을 추격하며 이곳까지 왔다, 이곳에 매복하고 있던 일본군에게 대패를 당한 곳이기 때문이다. 일본은 이 전투를 임진왜란 때 최대의 승첩으로 역사에 기록하고 일제 강점기에 이곳에 대규모의 전승탑을 조성하고 한국에 부임하는 일본총독의 첫 방문지가 되기도 하였다.

이곳은 나와도 작은 인연이 있다. 1946년경, 집안 당숙어른이 나이 어린 나를 데리고 이곳을 찾아 당시에 건재했던 탑과 전적지를 찾아보며

행주산성

임진왜란 당시 상황을 설명해 주었던 일이 있어 지금도 간혹 아름다운 추억으로 떠오른다. 지금은 당시 유적지 흔적이 거의 없어졌지만.

　행주산성(幸州山城)은 역시 임진왜란 때 충장공 권율(忠莊公 權慄, 1537 ~1599) 장군이 대첩을 이룬 곳으로, 임진왜란 승패의 전기를 이룬 곳이기도 하다. 권율 장군은 조선에 출병한 명군에게 패퇴하여 남으로 도망해 오는 왜군을 명군과 협격하여 한양을 수복하려는 뜻을 갖고 이곳 행주산성에 진을 쳤다. 그러나 명군이 벽제관에서 대패 당하자 의기양양(意氣揚揚)해진 일본군은 대군을 동원, 행주산성을 공략하였으나 권율 장군이 이끈 조선군의 결사항전으로 조선군이 대승, 일본군은 수많은 사상자를 내고 패퇴하였다. 이 승첩으로 일본군의 재기를 막을 수 있었고 또 명군이 왜군에 당한 벽제관의 패퇴를 되갚아 조선군을 우습게보던 명군에게 조선군의 진가를 보여주어, 임진왜란 초전 패전으로 잃었던 우리의 자존심을 회복시켜준 곳이기도 하다.

우리 일행은 잘 다듬어진, 봄향기가 가득한 일산호수공원을 비교적 한가한 마음으로 대오를 지어 걸었다. 걷는 길가 나무들이 계절에 비해 꽃들이 피지 않아 서운하기는 하지만 비교적 기분이 상큼해 걷기에는 최적이다. 호수공원 뒷길에는 개나리꽃 망우리가 싹트고 그래도 노란 꽃색깔을 보여주고 있어 기분이 한결 가벼웠다. 도심구간을 지나 밭갈이가 아직 시작되지 않은 넓은 들판을 가로질러 걸음을 재촉하였다. 걸음을 재촉하고 있는 나에게 옆 회원이 고려 말 최영 장군묘가 고양시에 있지 않느냐고 물어 이를 화제로 이런저런 이야기를 나누며 걸었다.

최영(崔瑩, 1316~1388) 장군은 고려를 지탱해온 무장으로 이성계의 위화도회군으로 실각, 고봉(高峯 : 고양)으로 귀양갔다 뒤에 참형을 당하였고 묘가 이곳 덕양구에 있다. 그가 평생을 견금여석(見金如石)을 좌우명을 삼았다든지, 그가 죽은 후 묘에 풀이 나지 않아 적묘(赤墓)라 불리어졌다든지 하는 얘기가 전한다. 장군이 죽은 후 무속신앙의 숭배 대상이 되었고, 개성 근교의 덕물산(德物山) 정상에 있었던 그의 신당과 무당마을 등 그와 얽힌 이야기를 주고받으며 걸음을 옮겼다. 한참 걷다 보니, 저 멀리 버스가 눈에 들어온다. 지도를 보니 오전 걷기의 종착지인 송산네거리다. 한명의 낙오자도 없이 전원 무사히 골인, 버스에 승차하여 점심식사 장소인 파주출판도시 '스킨차이니스'로 이동, 오랜만에 맛깔스러운 중국 음식맛을 즐기며 피로를 풀 수 있었다.

오후 걷기는 출판도시에서 통일동산까지 30여 리 길, 모든 회원들 원기를 완전 회복한 듯 지휘부의 인도에 따라 활기찬 걸음을 옮긴다. 출판도시를 떠나며 건물에 붙여진 "사람은 책을 만들고 책은 사람을 만든다" 글귀가 의미 있게 머릿속에 남겨진다.

우리 일행은 파주평화누리길 첫째길을 따라 자유로 옆길을 한참 걸어 인공습지를 지나며 전원마을길로 들어선다. 둑 위에 철책선 길을 따라 걷기도 하고 벌판 논 가운데로 난 길을 걷기도 하였다. 또 나무 하나 없는 밭 가운데 길가에서 휴식을 취하기도 하고, 송천대교를 건너 자유로 방향으로 논길을 따라 걷기도 하였다.

한참 걸으면서 보니 장준하 공원 표시석이 서 있다. 찾은 적이 없는 곳이기에 잠시 들러보고 싶었지만 시간이 없어 공원 옆길을 걸으며 장준하 (張俊河, 1918~1975) 선생에 관한 많은 이야기를 몇몇 회원들과 주고받으며 걸음을 옮겼다. 그의 자서전인 『돌베개』를 중심으로 일본 강점기에 학병으로 중국에 끌려가 일본군을 탈출, 중경의 대한민국임시정부를 찾아갔던 일, 뒤에 서안에 이범석 장군이 이끈 광복군제2지대에 합류하여 독립운동에 참여했고, 광복후 귀국하여 건국운동에 참여했던 일, 자유당 시절 『사상계』를 통한 민주화 운동, 또 그의 등산사고사에 관한 이야기 등을 주고받으며 발걸음을 옮겼다. 그의 생애 자체가 다사다난하였고 나름대로 우리 건국사에 족적을 남긴 인물로 생각되어 몇 번 공원을 되돌아보며 걸었다.

걸으면서 보니 통일동산 중앙공원 내에 큰 한옥 건물로 고려통일대전(高麗統一大殿)이 서 있다. 이전에 본적이 없는 건물이기에 파주시 문화과에 전화로 문의해보니 고려 역대왕 34위와 고려 충신. 공신 355위 도합 389위의 위패

고려통일대전(경기도 파주시)

(位牌)와 영정(影幀)을 모신 곳이라 한다. 들르고 싶었으나 다음으로 미루고 발걸음을 옮겼다. 나는 이곳을 떠나면서 조선조에서 만들어(문종때 賜額) 지금까지 고려 역대왕의 위패를 봉안(奉安) 봉사(奉祀)하고 있는 숭의전(崇

義殿 : 경기도 연천군)과는 어떤 관계인지 여러 가지로 궁금하여 집에 와 왕씨대종회에 문의해보니, 자기들은 숭의전만을 인정한다고 한다. 이 이야기를 들으며 정말 기분이 착잡하고 씁쓸하다. 이것 하나 제대로 정리가 안 되었다니.

우리 일행은 오후 4시 20분, 전 회원 모두가 한명의 낙오자도 없이 오늘 종착지인 호텔위즈에 골인하는 감격을 맛보았다. 이곳에는 새로 박동진 회원이 기다리고 있어 반가운 만남을 가졌다. 회원들은 각자의 방에서 약간의 휴식을 취한 후 버스에 승차, 오늘 저녁식당인 '반구정나루 터집'으로 이동, 장어구이정식으로 저녁식사를 치르면서 내일의 감격스 러운 행사의 전야제로 즐거움을 나누었다. 전야제 행사는 이영균 위원장의 사회로 허필수 회장과 장정자 여사의 노래와 춤, 이홍주 고문, 손귀연 회원의 노래, 송군자 회원과 김동식 고문의 노래와 춤, 함수곤 대표의 노래와 김용만 고문의 유머 등으로 밤늦게까지 회원 모두의 흥을 돋워주었 고 이것이 잠자리까지 연결되어 모든 회원들이 숙면할 수 있었다.

다음날 4월 6일 토요일. 새벽에 눈을 뜨며 오늘까지 무사히 걷기에 최종일을 맞게 해주신 높은 곳에 계신 높은 분에게 진심으로 감사를 드렸다. 창문을 열고 새벽공기를 마시며 가슴 뿌듯하고 설레임 속에 새날을 맞이하였다. 얼마나 고대하던 날인지. 나는 서둘러 밖으로 나와 보니 여러 회원들이 나와 걷기 마지막 날을 맞이한 기쁨을 서로 주고받고 있었다.

오늘 걷기는 파주평화누리길 둘째길 일부로 내포리에서 출발, 임진각에 골인하는 30여 리 길, 걸을만한 거리이다.

아침에 한상진 고문, 나병숙, 윤혜선, 방규명, 윤봉수 회원이 합류해 한껏 분위기를 고조시켜주었다. 오늘은 특별한 날이기에 복장뿐 아니라 모자까지 베레모로 통일 착용하였다.

8시 30분, 우리 일행은 호텔을 출발, 내포리 체육공원 삼거리에 모여 간단한 체조와 지휘부의 안내의 말을 듣고 대망의 마지막 날 첫걸음을 뗐다. 걷기 시작한 지 얼마 되지 않아 일기예보를 듣고 걱정하던 보슬비가 내린다. 회원들 모두 예상하였던 바이었기에 별로 당황하지 않고 비옷과 우산을 쓰고 대오의 흐트러짐 없이 여유롭게 걸음을 옮긴다. 둑방길 따라 걷기도 하고, 길가에 철조망을 따라 걷기도 하고, 걷는 길가에 초병을 만나기도 하며, 전방마을의 분위기를 실감나게 느껴본다. 임월교를 건너 논들길, 밭들길을 따라 한참 걷다보니, 오늘 점심을 예약한 '반구정 만해치' 식당에 도착, 이른 점심식사로 별미인 꿩만두로 입맛을 즐겼다. 이곳에 반구정이라는 음식점이 여러 군데 있는 것은 이곳에 있는 유명한 반구정이라는 정자이름에서 유래된 것으로 알고 있다.

반구정(伴鷗亭)은 임진강 하구(파주시 문산읍)에 위치한 정자로, 예로부터 이곳은 갈매기가 모여 놀던 절승지로 "갈매기를 벗삼은 정자"라 하여 지어진 이름이다. 이곳이 특히 유명한 것은 방촌 황희(厖村 黃喜, 1363~1452) 선생

반구정

이 말년에 관직에서 물러나 이곳에서 갈매기를 벗삼아 여생을 보내며(90세) 시문을 즐긴 것으로 널리 알려져 있고 이런 연유로 이곳에 황희의 동상, 기념관 등이 있어 많은 사람이 찾고 있기 때문이다. 이 정자 아래 바로 철책선이 처져 있는데, 전란으로 소실되었던 것을 1967년에 복원하

였다. 황희 재상은 조선 전기의 가장 뛰어난 명상(名相)이며 청백리(淸白吏)
로 널리 알려진 분이고 그의 묘도 이곳 파주시 탄현면 금승리에 위치해
있다.

　점심을 먹고 잠시 휴식을 취하고 있는데, 우리를 동행 취재하기 위해
미모의 주애진 동아일보 기자가 찾아주었고 그는 우리와 걸으며 우리
회원들과 많은 이야기를 나누었다. 나에게도 걷기에 참여한 소감을 묻기에
평상시 생각하였던 "인생이란 도전이다. 늙었다고 포기할 것이 아니라
도전하고 노력하면 많은 것을 얻을 수 있다. 이와 같이 좋아하는 일을
하면서 황혼을 즐겼으면 좋겠다"라고 말을 나누기도 하였다.
　걷고 있는 나의 눈에 화석정 안내 표지판이 들어온다. 이곳은 몇 차례
찾았던 곳이지만 걷기 코스에 이곳뿐 아니라 이 부근에 있는 율곡선생
유적지가 빠져 있어 아쉬웠다.

화석정

화석정(花石亭)은 임진강
변 벼랑 위에 자리 잡은 정자
로, 원래 고려말 삼은(三隱) 중
한분인 야은 길재(冶隱 吉再)
의 유지(遺址)로 알려져 있는
데(기록이 없어 선산출신 야
은이 이곳과 어떤 인연이 있
었는지 알 수가 없다) 이곳에
율곡 이이(栗谷 李珥, 1536~1584)의 5대 조부인 이명신(李明晨)이 정자를
지었고 그의 후손인 이숙함(李叔緘)이 화석정이라 명명하였다. 율곡은
국사(國事)의 여가와 관직에서 물러난 후 여생을 이 정자에서 시를 짓고
학문을 논하며 지냈다고 한다. 특히 이 정자와 얽힌 이야기로 임진왜란

때 선조가 의주로 몽진(蒙塵)하면서 밤에 임진강을 도하하며 이 정자를 태워 그 불빛으로 무사히 강을 건넜다고 전해지고 있다. 또 전해지는 이야기로 율곡이 자기 사후에 있을 이 일을 예견하고 정자를 수리하며 나무를 광솔나무로 하여 불빛이 오래 지탱하도록 하였다든지, 화석정의 화를 花대신 火로 썼다든지 하는 이야기도 있다. 이 화석정은 6·25전쟁 때 소진된 것을 1966년 복원, 현판은 박정희 대통령이 썼다.

이 부근은 율곡의 본향으로 '율곡선생 유적지'가 있고 그 곳에는 그를 배향한 자운서원(紫雲書院)과 율곡의 묘소, 신사임당의 묘소 등이 있다.

율곡은 조선조 유학계에 퇴계 이황(退溪 李滉, 1501~1570)과 쌍벽을 이룬 대표적

자운서원

인 학자로, 그의 후학들에 의해 기호학파(畿湖學派)가 형성되었다. 그는 학문을 민생문제와 연결, 경세적인 입장에 서서 대동법(大同法), 사창(社倉), 당쟁조정 등에 선도적인 역할을 하였다. 지금도 이곳에는 그와 관련된 많은 일화가 전해지고 있다.

우리 일행은 임진강역을 거쳐 평화랜드에 도착, 이곳에 마중 나와 있던 많은 회원 및 가족들과 기쁨의 상봉을 하였다. 요사이 남북한 긴장관계로 이곳 임진각에 취재차 온 수많은 내외신 기자들로부터 우리들은 의외의 환영을 받았다. 우리 일행은 환영인파를 헤치며 자유의 다리로 와 완주의 감격스러움에 눈물 흘리며 다음과 같은 의미를 담아 만세삼창을

임진각 골인

하였다.

오늘은 우리 모두에게 정말 감격스럽고 행복한 날입니다.
2008년 4월 7일, 강원도 고성군 통일전망대에서 첫 발걸음을 띠어 동해안 남해안 서해안을 걸어 오늘 5년만에 임진각에 골인하는 위업을 달성했습니다.
우리는 그동안 우리의 자랑스러운 역사와 문화의 혼과 자취를 느끼고 배우며 아름다운 금수강산의 모습을 확인했습니다.
이런 감격스러운 날 우리는
첫째로 우리의 대장정의 성공을 자축하고
둘째로 우리 한사모의 무궁한 발전과 회원의 건강과 행복을 기원하며
셋째로 우리가 걸어서 발자취를 남긴 정동진, 정남진, 정서진에 이어 우리의 발자취를 정북진인 북한의 중강진까지 남길 수 있게 되기를 기원하는 의미를 담아

만세삼창을 하겠습니다.
"만세!" "만세!" "만세!"

우리 일행은 이곳에서 자리를 망배단(望拜壇)으로 옮겨 우리의 무사완주
(無事完走)를 천지신명(天地神明)에게 고하는 제례를 지내면서 다음과 같
은 제문을 읽고 바쳤다

維歳次
檀紀4346年 癸巳年 乙卯月 壬寅日
한반도를 극진히 사랑하고
대한민국의 산하를 진심으로 좋아하는
한사모의 연인원 520여 명의 할매 할배들은
고성 통일전망대를 출발하여
5년의 세월을 62박 73일을 걸어
총 3,800리(1,520km)를 뚜벅뚜벅 걷고 또 걸어
드디어 한반도 U자 걷기의 종점인
서부전선 임진각에 도착하였음을
하늘과 땅과 여기 모신 모든 분들에게
경건히 보고합니다.

저희들이 무사히 임진각에 골인하기까지
저 높은 하늘에 계신 분과
이 땅의 자연과 역사와
모든 지인과 가족
천·지·인의 격려와 지원으로
우리들은 오늘 이곳에 골인할 수 있었습니다.

임진각 망배단에서(사진 앞줄 왼쪽이 필자)

여러분, 마음껏 소리내어 울어봅시다
여러분 소리 높여 감격의 말들을 토해 내십시다.
여러분 더 큰 소리로 축배를 들어 올립시다.
하늘도 감격하여 눈물을 흘리지 않습니까.
우리 할매 할배들은 더 걷고 싶습니다. 저 북녘 땅까지
오는 세월 속에서도
이 강토에는 늘 안녕과 평화가 깃들기를 바라며
통일의 그날까지 온 국민이 순백한 마음과 인화로
번영의 꽃을 피우기를 바라오며

여기 모인 우리 한사모 회원은 물론
그들의 가족과 가정에도
늘 화평과 건강이 함께 하기를 기원합니다.

제2부
역사 아웃사이더들과의 대화

교산(蛟山) 허균과 서강(西江) 윤종영의 만남

때   2011년 9월 21일(음력 8월 24일) 밤 10시
장소   경포대(湖亭)

서강   선생님, 정말 반갑습니다. 선생님을 기다리는 동안 좀 조마조마
했습니다. 약속시간이 가까워지면서 혹시나 안 나오시는 것 아닌가 하는
생각이 나 불안했습니다. 뵙자마자 이런 말씀 드려 죄송하지만 세간에
선생님을 기인(奇人)으로 묘사한 글들이 떠올라 이런 생각을 했던 것

같습니다. 정말 선생님 나와 주셔서 감사합니다.

교산   나를 찾는다는 소식을 듣고 자네를 잘 알지는 못하지만 별로 찾는 사람 없는 나를 지목해서 만나자니 우선 반가워서 빠른 걸음으로 찾아 왔네. 내가 이곳에 오면서 자네에 대해 알아보았는데 10여 년 전 나에 대해 비교적 호의적인 쓴 글이 있다는 소식을 들었네. 어떻든 오늘이 내가 죽은 날인데 혼자 쓸쓸하게 지낼 나를 찾아주어 감사하네. 내가 죽은 지가 400여 년 전이니 자네보다는 수백 년 앞섰으니 말은 놓겠네. 자네가 나를 기다리며 불안하였다는 것 이해가 되네. 내가 잘 알지만 왕조실록에 나를 '일생소위 만악구비(一生所爲 萬惡具備 : 일생동안 해온 일을 보면 악이란 악은 모두 갖춘)' '천지간 괴물(天地間 怪物 : 세상에 볼 수 없는 괴물)' 등등으로 묘사한 것을 보고 그렇지 않았겠나. 그런 나를 불러 주었으니 고맙네.

서강   저는 선생님을 정말 뵙고 싶었습니다. 어려서 읽었던 '홍길동전'이 생각날 때마다 교산 선생님이 어떤 분이실까. 많은 생각을 하였습니다. 그러다가 제가 역사를 공부하면서 사적(史籍)에 나오는 선생님에 대한 부정적인 기록을 보면서 선생님의 참모습이 어떠하신지를 정말 알고 싶었습니다. 그래서 선생님 뜻도 여쭈어 보지 않고 모시었습니다. 모시는 장소를 부안 우반동(扶安 愚磻洞)과 이곳을 놓고 고민하다 이곳으로 했습니다. 선생님 생각은 어떠하신지.

교산   부안 우반동도 정말 잊지 못할 곳이지만 그곳보다는 이곳이 나에게는 더 의미있는 곳이지. 이곳은 평생 내가 힘들 때마다 찾았던 마음의 안식처야. 이곳에 앉으니 벌써 마음이 편안해지네. 주변이 좀 변하긴 했지만 옛 모습이 많이 살아 있어 이곳과 얽힌 옛 생각이 많이 나는구먼.

서강   선생님이 편안해 하시니 정말 마음이 놓입니다. 오늘 선생님 기일이구 해서 술과 제물을 약간 준비했습니다. 말씀 나누시면서 술도 한잔 하셨으면 합니다.

교산　고요한 밤, 파도소리 들으며 이곳에 앉아 있으니 술 한잔 생각이 나는구먼.

서강　그럼 말씀 나누기 전에 술부터 한잔 올리겠습니다. 이 술은 일동에서 나온 오순주(五筍酒)라는 술인데 선생님 기호에 맞을런지 걱정스럽습니다.

교산　나는 술은 별로 청탁(淸濁)을 안 가리네. 술맛이 좋구먼. 자네도 한잔 들게.

서강　이 술은 제가 즐기는 술인데 선생님이 술맛 칭찬을 해주시니 기분이 좋습니다. 선생님, 한잔 더 드시면서 교산이란 선생님 아호(雅號)에 대한 많은 이야기가 있는데 이 호를 어떻게 작명한 것인지 궁금합니다.

교산　교산은 내가 태어난 나의 외갓집(강릉시 사천면 사천리) 부근의 교룡산(蛟龍山) 산세를 따서 지은 이름이지. 이 산에 대해 전해 오는 이야기로, 옛날에 이 산 큰 바위 밑에 늙은 교룡이 살았다는 거야. 그런데 그 교룡이 신유년(1501) 가을에 그 바위를 깨뜨리고 떠나 바위가 두 동강이 나고 구멍이 뚫렸는데 그것이 문처럼 보여 후세 사람들이 이를 교문암(蛟門岩)이라 불러 이 산명이 생겼다고도 하고 또 다른 이야기로는 산모양이 교룡(이무기)이 기어가는 모습처럼 생겨 교산이라 불렀다고도 하지. 어떻든 내가 이 호를 지은 것은 고향에 대한 그리움 때문이지만 지금 생각해 보면 내가 내 뜻을 펴보지 못하고 생을 마감한 교룡(이무기) 같은 나의 삶을 예견하고 지은 호 같아.

서강　이 말씀을 들으니 선생님이 쓰신 선생님 운명을 풀이한 해명문(解命文) 생각이 나네요. 혹 선생님이 해명문에 쓰신 것처럼 나름대로 운명을 예견하고 아호를 정하신 것은 아닌지요.

교산 해명문은 아호를 정한 훨씬 뒤에 쓴 것이지. 서강이 해명문을 읽어 본 것 같은데 나는 기사년(1569) 병자월(11월) 임신일(3일) 계묘시에 태어나 액이 많고 가난하고 병이 잦고 꾀하는 일이 이루어지지 않는 운명을 타고 났다는 성명가의 이야기를 들었는데, 뒤에 가정적으로 어려운 일을 여러 차례 당하고 벼슬길에 나가서도 십 수 년 동안에 여섯 차례 파직, 세 차례 유배를 당하면서 내가 걸어 온 길을 되돌아 보니 이 말이 거의 맞는 것 같아 이 해명문을 쓴 것이지. 그렇지만 아호를 정할 때는 교룡이 언젠가는 승천할 것이라는 기대를 갖고 지은 것이지.

서강 어떻든 교산이라는 선생님 호는 선생님의 삶과 연계하여 많은 생각을 하게 하네요.그런데 선생님 댁이 당시로는 손꼽히는 명문가인데 가정적인 어려움을 여러 차례 당하셨다고 말씀하셨는데 어떤 일을 말씀하신 것인지요.

교산 평범한 가정이거나 명문가나 다 겪는 일이지만 나에게는 커다란 충격을 준 일들이지. 내가 12살 때 아버님(許曄, 1517~1580)을 여의었고 20살 때는 둘째 형님(許篈, 1551~1588)을, 그리고 22살 때는 누님(許蘭雪軒 : 楚姬, 1563~1589)을 잃었지. 더욱이 24살 때는 임진왜란을 당해 피난 와중에 내자와 아들을 사별했어. 세월이 많이 갔지만 지금도 당시 생각을 하면 가슴이 저며 와. 정말 당시에는 견디기 어려운 일들이었어.

서강 선생님. 이런 가족 관계로 선생님 삶이나 관로에 많은 영향을 받으셨겠네요. 이왕 선생님 가족 말씀이 나왔으니 이와 연관하여 몇 가지 여쭈어 보겠습니다. 선생님의 학문적인 성향이나 관로에 가족들로부터 구체적으로 어떠한 영향을 받으셨는지요.

교산 나는 특별하게 스승을 모시고 공부를 하지 않았어. 나는 우리 집안에 막내로 태어나 선친이나 형제들로부터 남다른 사랑을 받았지. 그래서 어려서부터 아버님 무릎에 앉아 천자문을 익히면서 학문적인

기초를 쌓았고, 그러고는 두 형님을 스승처럼 모시고 공부하면서 누님으로
부터 많은 영향을 받으며 자랐지. 특히 둘째 형님은 아버님이 돌아가신
후 나에게는 아버지 같았고 더욱이 학문적인 스승으로 나에게 가장 많은
영향을 준 분이시지. 그러다 보니 나의 학문적인 성향은 우리 집안 학풍이
가장 큰 작용을 하였어. 나의 아버님은 세상이 다 아는 서경덕(徐敬德 : 花
潭, 1489~1546) 선생님의 학문을 전수받은 으뜸가는 제자였기에 두 형님
도 아버님의 영향을 받아 화담 선생님의 학풍을 받았고 나도 이런 학문적인
분위기에 많은 영향을 받았지. 정치적으로도 아버님이 동서인으로 분당되
었을 때 동인을 주도하였고 두 형님이나 나도 동인으로 뒤에는 북인으로
정치적인 삶을 살게 되었지. 그러다보니 나와 학문적으로나 인간적으로
긴밀한 관계를 맺은 분들은 대부분 동인, 북인들이었네. 물론 서인들과의
교류도 있긴 있었지만 그렇게 내세울 수 있는 정도는 아니었어.

서강   이런 집안의 분위기로 선생님은 당시 동서 분당으로 파생된
정쟁의 모습을 누구보다 잘 알고 계시리라 생각됩니다. 구체적인 정치상황
에 대한 이야기는 뒤에 여쭈어보기로 하고 우선 당시에 동서 분당에
얽힌 간단한 이야기들을 들려주셨으면 좋겠습니다.

교산   동서 분당의 표면적인 시발은 이조전랑(吏曹銓郎 : 正郎과 佐郎을
통칭, 인사의 추천권 행사) 자리를 놓고 성암 김효원(省菴 金孝元,
1532~1590)과 손암 심의겸(巽菴 沈義謙, 1535~1587)의 다툼에서 야기되
었다고 이야기하지만 사실은 오래 전부터 신진사림들과 기성사림(관료)
들과의 대립으로 분당의 소지가 마련되어 있었던 것이지. 어떻든 두
사람의 대립 속에 심의겸을 지지한 기성관료를 서인, 김효원을 지지한
우리 선친 등 신진사림들을 동인이라 칭하였어. 더욱이 정쟁이 진행되면서
율곡 이이(栗谷 李珥, 1536~1584)가 서인에 가세함으로써 학맥의 성격이
두드러지게 나타나게 되어 동인은 유성룡(柳成龍 西崖, 1542~1607), 나의

형님인 허봉, 이산해, 이발 등이, 서인은 이이, 정철 등이 대립의 중심이
되었지. 그러다보니 서인은 대체로 한양 근교에 생활 근거를 둔 고관들이
나 척신들이 주류를 이루었고 학맥은 기호학파가 중심을 이루었지. 동인은
대체로 지방에서 올라온 처사로 자처하는 인물들이 많이 참여하여 영남의
이황(李滉 退溪, 1501~1570)과 조식(曺植 南冥, 1501~1572) 그리고 개성의
서화담 문인이 주류를 이루었고 뒤에 대서인정책을 놓고 온건파 남인과
강경파 북인으로 나뉘면서 이황 학맥은 남인, 조식, 서화담 학맥은 북인을
이루었어. 더욱이 동인의 중심이었던 김효원은 나의 장인 어른이었고
나의 둘째 형님은 동인 북인 형성의 중심을 이루었던 분이었으니 나의
정치적인 처지가 어떠하였겠나. 그러다보니 나는 동인 뒤에 북인과 인맥·
학맥이 뗄 수 없는 관계가 되었지. 이왕 이야기가 나왔으니 내가 보고
듣고 한 나의 장인어른과 관계된 동서 분당의 시발이 되었던 이야기를
좀하지. 서강도 역사를 공부했다고 하니 잘 알고 있겠지만 선조 5년,
오건(吳健)이 이조정랑으로 있다가 물러나면서 후임으로 나의 장인을
추천했지. 이조전랑은 퇴임하는 사람이 후임자를 반드시 추천하도록
제도화 되어 있어. 나의 장인이란 분은 김종직(金宗直)의 문인인 김겸공(金
謙恭)에게 수학하였고 뒤에 퇴계, 조식 문하에서 공부하셨지. 명종 20년,
24살에 문과에 합격해서 문명이 널리 알려졌고 몸가짐이 엄격하고 그
직에 충실하여 신진사류로부터 추앙을 받았기에 이조전랑 후임 문제가
나오자 신진사류는 모두가 나의 장인어른을 천거하였고 이런 연유로
오건은 나의 장인을 추천한 것이지. 그런데 이조참의로 있던 심의겸이
반대해 그 직을 맡지 못했어. 그러다가 나의 장인은 심의겸이 이조참의를
그만둔 후 이조정랑직에 올랐지. 뒤에 나의 장인이 이조정랑직에서 물러나
게 되었는데 공교롭게도 심의겸의 동생 되는 심충겸(沈忠謙)이 천거되자
나의 장인어른이 반대를 하였고. 그러다 보니 지금까지 알려지기는 나의

장인어른이 심충겸을 반대한 것이 척신(명종비 인순왕후의 동생)이란 명분을 내세워 전일의 보복으로 반대하였다는 것이지. 그렇지만 사실은 장인어른의 성품으로 보아 심충겸이 선조 5년에 친시로 문과에 합격하여 정랑자리에 오르기에는 너무나 빨랐기에 반대한 것이지, 그 이전 일 때문에 보복한 것이라는 말은 어불성설이라 하겠어. 물론 내가 이런 이야기를 하면 오해할 수도 있겠지만 정말 사실이라고 나는 장담할 수 있어. 이 문제는 기회가 되면 서강이 현존하는 역사서 내용을 고쳐보았으면 해. 별로 즐거운 이야기도 아니니 이만 하지.

서강   동서 분당에 대한 지금까지 알려지지 않은 이야기 잘 들었습니다. 선생님이 말씀하신 것 잘 챙겨보겠습니다. 그건 그렇고. 그런데 선생님이 성암 선생님의 사위라면 제가 알고 있기에 실학의 선구로 알려진 지봉(芝峰 李睟光, 1563~1628)도 그 분의 사위라는 기록을 본 것 같은데 맞는지요.

교산   서강이 잘 아는구면, 그래. 지봉은 나보다 나이는 여섯 살 위이지만 나와 동서간이고 나와 학문적으로 가깝게 사귄 가장 가까운 친구이지. 내가 왜란 때 상처를 하고 두 번째 내자를 얻으면서 지봉과 이런 인연을 맺게 된 것이지. 나의 장인어른 집안인 선산 김씨(善山 金氏)와는 나뿐 아니라 나의 둘째 형님과도 혼인 관계를 맺고 있는 깊은 인연을 가진 집안이지.

서강   붕당 이야기를 하면서 학맥 이야기가 나오고 해서 선생님의 학문적인 성향에 대해 여쭈어 보겠습니다. 앞에서도 말씀하셨지만 선생님은 서화담의 학맥 속에서 성장 활동하신 것으로 알고 있고 그렇다면 제가 알고 있기엔 서화담은 당시 주자학 주류라 할 수 있는 퇴계학파나 율곡학파와는 달리 유기론(唯氣論)의 학문적 성향을 가지고 있었는데 선생님도 이 영향을 많이 받으셨다고 말씀드릴 수 있겠죠. 이에 대해 말씀해주셨으면 합니다.

교산   유기론은 서강이 말한 대로 서화담에 의해 정립된 것으로 한마디로 말하자면 세계의 시원(始原)과 운동의 원리를 기(氣)개념 중심으로 파악하려는 인식체계라고 말할 수 있지. 좀더 쉽게 말하자면 성리학(性理學)의 두 개의 축을 이루는 이(理)와 기(氣)의 개념 가운데 기(氣)의 움직임과 역할을 중시한 것이지. 그러다보니 "이선기후설(理先氣後說)"에 근거하여 이(理)를 사상의 중심에 세우는 성리학(朱子學)과는 성격을 많이 달리한 것이라 할 수 있어.

어떻든 이렇게 성리학 주류와는 달리 유기론을 바탕으로 한 서화담의 사상은 기(氣)를 중시하는 사유(思惟) 일반과 친연(親緣)성이 매우 강해 그의 후학들은 다양한 형태의 기(氣) 중심의 다른 사유를 쉽게 수용하고 독자적인 정치론으로 발전시켰지. 그래서 유기론은 기를 중심에 둠으로써 주자학의 이(理) 우선론에서 내세우는 천리(天理)에 대한 극단적인 추존(推尊)의식에서 벗어나 성리학 이외의 학문이나 사유에 대해 회통(會通)적인 긍정(肯定)이 나타났지. 뒤에 이야기하겠지만 내가 불교를 비롯하여 양명학(陽明學), 노장학(老莊學), 법가학(法家學)을 수용하고 이를 소화할 수 있었던 것이 이런 학문적인 배경이 있었기에 가능했던 것이라 하겠어.

서강   선생님 모시고 당시에 숨겨져 있던 재미있는 이야기를 많이 들으려 했는데 화제가 학문적인 이야기가 되다보니 딱딱한 이야기만 하게 되었네요. 선생님 학풍에 대해서는 뒤에 여쭤어 보기로 하고 방향을 바꾸어 선생님은 외가에서 태어나 지금 선생님 생가터로 알려진 강릉시 초당동 고택으로는 언제 옮기셨는지요. 그리고 강릉에 계시면서 과거를 보셨는지요.

교산   나는 외가(外祖父 金光轍, 1488~1550)에서 태어나 어머님이 산후조리가 끝나 기동하실 수 있자 곧 초당으로 옮겨와 살았지. 그러다 철들 나이쯤 부모님을 따라 한양 건천동으로 이사해 살았어. 과거는 한양에 살면서 스물다섯인지 여섯인지에 합격했어. 그렇지만 나에게는 강릉의 사천이나 초당이 머릿속에 가장 깊게 새겨져 있는 곳이었지. 내가 벼슬길에 나간 후에도 자주 이곳을 찾았고 나에게는 가장 향수어린 고향이지. 그런데 서울 건천동(지금의 중구 인현동)은 선친과 친교가 깊었던 유성룡 재상이 살아 내가 아버지를 따라 몇 번 찾았던 기억도 나고 그때는 몰랐지만 이순신 장군이 유명해진 뒤에 알았지만 그 분이 살았던 곳이기도 하지.

서강   선생님은 강릉에 대한 깊은 향수를 가지고 계신 것 같으네요. 그럼 강릉하면 가장 잊을 수 없는 것이 무엇인지요.

교산   강릉 자연 풍광도 잊을 수 없지만 막내인 나에게 언제나 깊은 사랑을 쏟아 주셨던 부모님도 잊혀지지 않지, 그렇지만 내 머리 속에 가장 깊이 들어 있는 것은 바닷가에서 같이 뛰놀던 초희 누님에 대한 기억이라. 내가 초당에서 살 때 나의 선친과 두 형님들은 거의 집에 머무르지 않았고 누님이 내 곁에 있어 누님으로부터 많은 사랑도 받고 글공부도 많이 했지. 당시는 남존여비 시대이기에 사대부집안에서 여자에게 글공부는 시키지 않았어. 그래서 누님도 제대로 글공부를 하지 못했어. 그렇지만 누님은 오빠와 나의 등 뒤에서 어깨 너머로 글을 배웠지만 형님이나 나보다 뒤지지 않았어. 나도 남보다 문재(文才)가 좀 났다고 스스로 생각하지만 누님은 어려서부터 주변사람들이 여신동(女神童)이라고 혀를 내둘렀어. 누님은 일곱 살때 「광한전 백옥루 상량문(廣寒殿 白玉樓 上樑文)」을 지어 세상을 놀라게 하였을 뿐 아니라 뛰어난 시재와 다정다감한 성품으로 주옥같은 많은 시를 썼지, 그런데 불행히도 내가 챙긴 142수의 시만이 지금 남아있어, 나뿐 아니라 많은 사람들이 아쉬워하는 것 같아. 나는 어려서 누님과 손을 잡고 산야를 거닐며 누님이 읊어주는 시를 들으며 나의 시재를 키웠지, 뒤에 내가 글 좀 쓰게 된 것도 누님 덕이 크다고 할 수 있어.

이곳에 앉아 있으니 그때 생각이 많이 나는구먼.

서강　선생님, 허난설헌 누님은 출가하셨나요. 그리고 어떻게 그렇게 그렇게 빨리 돌아가셨는지요.

교산　그때 양반 가문에서 보통 10대에 출가했지. 누님도 일찍 출가했어, 시댁은 괜찮은 집안이었지만 누님이 당시 일반 규수와 달리 살림보다 독서와 문필에 관심을 많이 가졌으니 시가에서 별로 환영을 받지 못했던 것 같아, 특히 시어머니와 사이가 좋지 않았어. 매부는 김성립(金誠立)이라는 분인데 당시로 보면 괜찮은 분이지. 과거에도 합격했고 관직생활도 하신 분인데 누님 같은 분을 수용하기가 어려웠겠지. 그러다보니 누님은 가정생활에 재미가 없었고 더욱이 친정도 당쟁으로 어려운 일을 당하고 하니 세상사에서 벗어나 후원에 초당을 짓고 시의 세계에 깊숙이 빠져 지내다 27세의 젊은 나이에 자손도 남기지 못하고 유명을 달리했지.

서강　지금 알려지기는 선생님이 아니었으면 천재 시인 허난설헌 이름이 영원히 사라질 뻔 했는데 선생님 때문에 빛을 보게 되었다고. 사실로 보아야겠죠. 참 허난설헌 시 가운데 애송하시는 것이 있으면 하나 들려주셨으면 합니다. 술 한잔 드시죠.

교산　나야 술잔 권하는 것이 제일 반갑지, 한잔 따르게, 내 자랑 같지만 서강이 한 이야기는 맞는 이야기지. 누님이 출가해서 지은 시고(詩稿)가 큰 광주리에 가득했는데 누님이 임종하자 시댁에서 전부 불태웠다고 들었어. 그런데 다행히 출가하기 전에 썼던 시와 그리고 출가한 뒤에 누님으로부터 받은 몇 편의 시를 내가 간직하고 있다가 누님이 돌아가신 다음해(1590), 이를 모아서 내가 편찬해 이 시들이 세상에 빛을 보게 되었지. 더욱이 뒤에 내가 명나라 사신 접대하는 일을 맡아 명 사신 주지번(朱之蕃), 양유년(梁有年), 유용(劉用) 등에게 누님의 시집을 전해주었지. 이들은 누님의 시에 감탄하여 이를 본국으로 가져가, 중국의 역대

시문을 모은 책에 수록하여 누님이 우리나라보다 중국에 더 널리 문명(文名)이 알려지게 되었고 그 뒤에 내가 명에 사신으로 갔을 때도 명 관리들이 누님의 시책을 달라는 사람이 많았어. 누님의 시를 읊어보라 했는데 내가 누님의 시를 거의 전부 좋아하고 100여 수를 암송하지. 그 가운데서 취흥(醉興)이 오르면 가끔 읊었던 시가 있어. 지금 술기운도 있고 하니 읊어보겠네. 누님이 신혼시절의 부부간의 단꿈을 기대하며 노래한 것으로

湖裏月初明 采蓮中夜歸 輕橈莫近岸 恐驚鴛鴦飛(호이월초명 채연중야귀 경요막근안 공경원앙비 : 이윽고 돋은 달이 호수로 비쳐드니 / 연 캐던 조각배는 밤으로만 돌아오네 / 저 배야 기슭으로 들지 마라 / 단잠 든 원앙이 놀라 날겠다.)

서강　어떻든 당시는 사대부의 정서가 여성들의 문인활동을 탐탁하지 않게 보던 때인데 선생님이 과감히 이를 깨트리고 이 시집을 편찬했고 기회 있을 때마다 누님의 문재(文才)를 자랑스럽게 소개한 것은 정말 높이 평가할 수 있습니다. 사족(蛇足)인지는 모르지만 조선 정조시대 선구적인 지식인으로 알려진 홍대용(洪大容 : 湛軒)이나 박지원(朴趾源 : 燕巖) 같은 분도 여성문인들에 대해서는 극히 부정적인 글을 남길 정도니 당시 사대부 집안의 분위기를 가히 짐작할 수 있겠습니다. 이런 사회분위기 속에 이런 일을 하신 선생님 정말 대단하십니다. 선생님한테 듣고 싶은 이야기가 많아 이 이야기는 뒤에 더 여쭈어 보기로 하고 먼저 여쭈어 보았던 선생님의 학업에 관해 몇 가지 더 여쭈어 보겠습니다. 선생님은 집안에 독선생을 두지 않고 선친이나 두 형님으로부터 공부를 하셨다고 했는데 다른 분과 특별한 사제(師弟)관계를 가지신 적은 없는지요.

교산　먼저 말한 대로 주로 아버님과 두 분 형님으로부터 글을 배우고 공부를 했지. 특히 둘째 형님은 독선생님이나 다름없었어, 정말 열심히 가르쳐 주셨고, 유학은 물론 고문(古文), 시문 등을 체계적으로 익히게

해주셨지. 그리고 당대에 각 분야에 뛰어난 분을 만나게 해주셨어. 사명당 (四溟堂 惟政, 1544~1610)을 사귀게 해주셔 불교를 알게 해주셨고, 유성룡의 문하에 입문시켜주셔 유학뿐 아니라 문장(文章)을 익히게 해주시고, 이달(李達) 문하에서 시를 수학하게 해주셨지. 둘째 형님과 이 분들은 당대에 가장 뛰어난 문장가요, 시인이셨어. 특히 이달은 내가 평생 스승으로 모시고 많은 것을 배웠어. 이 분은 조선 중기 삼당시인(三唐詩人 : 최경창, 백광훈, 이달) 중의 한분으로 시재가 뛰어나신 분인데 서자(庶子)라는 신분상의 제약으로 평생을 초야에 묻혀서 불우하게 생을 마감했지. 이분은 둘째 형님과 시우(詩友)로 가깝게 지내셨고 둘째 형님이 돌아가신 후에도 나와는 사제관계를 오래 지속했었지. 내가 뒤에 서얼(庶孽) 문제에 많은 관심을 갖게 된 것도 이 분이 영향이 있었다고 볼 수 있겠지.

서강   선생님, 많은 사람들은 선생님 하면 홍길동전을 쓰신 뛰어난 문인으로만 알고 있지만 저는 선생님을 문인보다는 시대를 앞서간 개혁정치사상가로 생각하고 싶습니다. 선생님의 개혁사상은 선생님이 몸담은 학풍이나 학맥 속에서 이루어졌다고 볼 수 있지만 당시의 시대상황에서 눈에 보이는 모순을 받아들이기 어려웠다는 데서 이유를 찾아보아도 틀리지 않겠지요.

교산   서강의 생각이 맞다고 보아야겠지. 삼봉(鄭道傳) 선생이 성리학을 조선왕조의 통치이념으로 채택한 것은 당시로 보아서는 올바른 결정이었다고 볼 수 있지. 당시 원(元)에서 고려에 전래된 성리학은 이기론(理氣論)을 중심한 철학적인 면보다 윤리도덕을 강조하는 실천윤리를 중심으로 한 경세학의 성격을 강하게 가지고 있었기에 고려 말의 혼란한 국정을 개혁하고 불교를 대신할 통치철학으로 이를 받아들인 것이 당연하다고 볼 수 있지. 그런데 성리학이 관학으로 정착하고 세월이 흐르면서 사림사회뿐 아니라 일반사회생활까지 지배하는 원리로 강한 영향력을 행사하게 되면

서 성리학은 점차 교조화(敎條化)되어 이것 이외의 학문은 이단으로 규정,
이를 연구하거나 수용하는 사람은 '사문난적(斯文亂賊)'으로 낙인찍어
사회에서 매장해 버렸지. 그러다보니 성리학에 대한 연구만이 심화되면서
'사단칠정론(四端七情論)'과 같은 이론논쟁이 벌어지면서 실사(實事)보다
는 공리공담(空理空談)을 위주로 하는 사림풍토가 조성되어 현실문제를
제대로 보고 해결하려는 모습이 점차 미흡하게 되었지. 나는 처음부터
유기론을 바탕으로 이런 성리학의 이론논쟁에 등을 돌리고 다양한 사상을
받아들이며 내 눈에 보여지는 수많은 사회모순을 과감하게 지적하면서
이를 극복 해결하는 방안을 제시하곤 하였지. 그러다보니 당시 사림들은
조선왕조실록에 쓴 것과 같이 나를 괴물같이 볼 수밖에.

서강   선생님의 문집인 『성소부부고(惺所覆瓿藁)』에 쓰신 글 중 「유재
론(遺才論)」과 「호민론(豪民論)」 등은 지금 보아도 탁견(卓見)이라 하겠습
니다. 이외도 「관론(官論)」 「후록론(厚祿論)」 「병론(兵論)」 등에서 선구적
인 개혁론을 제시하였는데 이를 종합해서 선생님의 정치개혁사상을 요약
해서 말씀해주시면 감사하겠습니다.

교산   서강이 나의 문집을 읽어보았으면 나의 뜻을 잘 알 것이라 생각하
는데 이를 종합적으로 정리해달라니 이야기 해보겠네.

　　나의 정치개혁의 궁극적인 목표를 한마디로 요약한다면 '백성이 편안해
지는 정치'를 이루는 것이지. 이를 위해 통치자들은 원칙을 준수하고
역사의 교훈을 거울삼아 충심으로 백성을 위한 정치를 해야 되고 이러면
백성들이 편안하게 살 수 있는 이상적인 낙원을 이룰 수 있게 된다고
확신했어. 나의 이런 정치관의 바탕은 나라의 주인은 백성이고 군주가
아니라고 보았고, 그래서 국왕은 백성을 위해 존재하는 것이지 백성
위에 군림하는 존재가 아니라고 즉 민본주의(民本主義)라고 생각하면
돼. 그래서 호민론에서 나는 백성은 자신이 받는 부당한 대우와 사회모순

에 과감히 도전하여 무도한 무리를 물리쳐야 한다고 주장했지, 나의 이런 개혁정치사상은 통치자와 기득권자에게는 엄청난 도전이요 위협이었기에 당시 사회에서는 수용하기 어려운 혁명적 개혁사상으로 보여졌고 그래서 결국 내가 역모로 몰려 죽음을 당하게 되었다고 볼 수 있겠지.

서강   선생님의 호민론에서 백성을 호민(豪民 : 부당함에 도전하는 백성), 원민(怨民 : 원망만 하는 백성), 항민(恒民 : 아무 의식이 없는 백성)으로 나누어 호민이 주도로 원민과 항민을 이끌고 개혁을 이루어야한다고 주장하신 것을 보고 이것이 민본주의를 바탕으로 한 선생님의 삶의 철학이라 생각했습니다. 선생님의 말씀을 들으면서 얼마 전에 이런 자리를 만들어 만나 뵈었던 삼봉(三峰 鄭道傳, 1342~1398) 선생님의 정치관과 유사한 점이 느껴지는데 선생님 생각은 어떠하신지요.

교산   서강이 삼봉을 만나 뵈었다구. 나도 한번 뵙고 싶은 분인데, 어떻든 서강이 잘 보았어. 삼봉이 역성혁명을 이루고 유교적 이상국가로 새 나라의 설계도를 꾸미면서 제시한 민본정치와 재상중심정치는 지금 내가 보아도 참신한 모습이었지. 그런데 삼봉의 개혁안은 그가 척살(刺殺)당하고 태종 집권 이후 점차 퇴색해 본래의 모습은 사라지고 조선왕조 내내 형식적인 구두선(口頭禪)으로만 존재하였지. 나의 개혁안은 사라져버린 삼봉의 설계도에다 시대변화에 맞추어 새롭게 보완 작성한 개혁설계도라고 생각하면 되지.

서강   선생님의 개혁안을 보면 삼봉선생님이 구상한 것 그 이상으로 여러 부면에 개혁방안을 제시하셨습니다. 제가 생각하기엔 '의정부 기능 강화' '부국강병체제 확립' '붕당정치의 억제책' 등등은 민본주의와 재상중심정치 실현을 위해 정말 긴요한 것이라 생각됩니다. 역사에 가정이란 있을 수 없지만 선생님의 개혁안이 받아들여졌다면 조선왕조의 모습은 어떻게 변했을까. 가끔 이런 생각을 해봅니다. 선생님의 이런 개혁의지가 잘 표현된 것이 〈홍길동전〉이라 할 수 있겠죠. 다른 이야기지만 간혹 홍길동전 저자에 대해 의문을 제기하는 사람이 있는 것 같은데 말도 안되는 이야기죠. 〈홍길동전〉에 대해 선생님이 말씀을 듣고 싶습니다. 술 한잔 들고 말씀하시죠.

교산   나도 〈홍길동전〉을 나 아닌 딴 사람이 썼다는 이야기는 듣고 있지만 나는 별로 관심을 갖지 않아. 〈홍길동전〉은 홍길동이란 새롭게 창조된 인물을 통해 '유교적 이상국가'라는 허위적인 구호를 내세운 조선왕조가 담고 있는 악습과 모순된 제도, 특히 적서차별(嫡庶差別) 등을 깨트리고 가렴주구를 일삼는 탐관오리를 징치하고 백성들을 구휼하고 궁극적으로는 이상적인 '율도국'이라는 낙원을 건설하는 혁명과정을 보여준 것이지. 내가 호민론에서 주장한 것처럼 홍길동은 양반사대부 가정에서의 신분적 제약과 사회적 모순에 부딪치지만 이를 극복하는 호민으로 백성들을 규합하여 활빈당을 만들고 이를 통해 사회의 모순을 해결해 나가면서 결국 민본주의 이상을 실현해가는 모습을 그린 것이지. 나는 이 작품에서 홍길동의 언행을 통해 나의 뜻을 대변케 했다고 볼 수 있지. 이왕 이야기가 나왔으니 한번 생각해 봐, 서얼문제는 정말 악법 중에 악법이지. 양반들에게 축첩은 자유롭게 허용해서 서얼을 양산하면서 서자에게는 과거는 물론 관리가 될 수도 없고 심지어 가정에서 아버지를 아버지라고 부르지 못할 정도의 차별을 하였으니 이런 부조리가 어디 있나. 나의 스승이었던 이달 선생님도 서자였기에 평생을 얼마나 서럽게 사시었는지, 나는 이런 모순을 보며 정말 참을 수가 없었어. 그래서 능력 있는 서얼출신들과 격 없는 친교를 맺고 이들을 위로하고 이들의 입장을 주변에 알리고 이런 모순을 해결하려 많은 노력을 했었지. 이런 노력이 별로 결실을 얻지 못하자 광해군 5년(1613), 서얼들이 조직적 저항운동을 일으켜 정계에 큰 파문을 일으켰었어. 이것을 주동한 박응서(서인의 영수인

朴淳의 서자), 서양갑(牧使 徐益의 서자) 등 7명은 전부 나와 가까운 인물이어서 내가 이들을 사주(使嗾)했다는 의심을 받았지만 나는 이들의 계획을 몰랐다가 사건이 일어난 후 알아 정말 안타까워했었지.

서강 이런 선생님의 노력이 정조가 즉위하면서 일부 결실이 맺어져 '서얼허통절목(庶孼許通節目)'이 반포되어 서얼들의 관직진출이 공식적으로 허용된 것은 선생님의 은덕이라 말씀드릴 수 있겠습니다. 이왕 이야기가 나왔으니 박응서 등 7인이 주동이 되었던 서얼출신들의 역모사건인 이른바 '칠서지옥(七庶之獄)'에 대해 여쭈어 보겠습니다. 이와 연관해서 일어났던 '폐모론(廢母論)'에 선생님이 깊이 관여하셨고 이것이 뒤에 선생님에 대한 부정적인 평가를 불러일으킨 요인 중 하나였는데 이에 대해 선생님의 말씀을 듣고 싶습니다.

교산 별로 즐거운 이야기는 아니지만 당시의 상황을 정확히 알릴 필요가 있어 말하겠네.

칠서지옥은 서자인 박응서, 서양갑 등 7명이 그들이 건의한 서얼허통(庶孼許通) 요구가 받아들여지지 않자 역모계획을 세우고 조령에서 은상을 살해하고 은 700냥을 강탈하여 이를 거사자금으로 활용하려 한 것이지. 그러다가 조령 사건의 주동자인 박응서가 체포되면서 국문 도중 이들이 영창대군과 그 외조부인 김제남(金悌男)과 공모했다는 역모 사실이 알려져 정계에 엄청난 파문을 불러일으켰어. 더욱이 김제남 심문과정 중에 인목대비(仁穆大妃 : 영창대군의 생모)의 의인왕후(懿仁王后 : 선조의 계비) 저주사(詛呪事 : 죽은 의인왕후 때문에 선조가 병이 났다고 그 무덤에 詛呪)가 알려져 인목대비가 더욱 궁지에 몰리게 되었고 여기서 그를 모후(母后)로 대접할 수 없다는 폐모론(廢母論)이 일어났던 것이지. 그런데 나는 당시에 형조에 몸담고(刑曹參議, 刑曹判書) 있는 상황에서 이 문제에 대해 깊이 관여하지 않을 수 없었는데, 여기서 가장 중요한 문제가 모자(母子)관계와 군신(君臣)관계 양자가 충돌할 때 무엇을 우위에 둘 것인가 하는 것이지.
나는 모자관계와 군신관계에서 주가 되는 것은 군신관계로 양자가 충돌할
때는 군신관계를 중심으로 문제를 풀어야한다고 생각했어. 나는 '은경의
중(恩輕義重)'이라고, 모자관계를 규정하는 사사로운 은혜보다 군신관계
를 규정하는 공적인 의리가 무겁다고 보았어. 그런데 폐모론를 반대한
이항복, 이덕형 등 서인, 남인계 인물들은 국왕 광해군과 인목대비는
모자관계에 있으며 모자관계는 천륜(天倫)이므로 어떤 경우라도 훼손할
수 없다는 것이었지. 그래서 나는 인목대비가 역모(逆謀)의 주체라면
대비를 폐위하는 일이 큰 불효를 저지르고 인륜을 해치는 행위처럼 보이지
만 실제로는 대효(大孝)를 행하는 일이라고 보았고 공과 사(公私), 시시비비
(是是非非)를 가리는 기준은 일차적으로 국가 혹은 국법 질서가 되어야
한다고 보았지. 이는 유가(儒家) 특히 주자학에서 친친(親親)의 원리가
근본이라고 보는 기본 시각과는 상당한 차이가 있는 법치를 중시하는
입장이고, 이런 주장이 나는 지금도 옳다고 생각해. 결국 나의 주장이
일부 받아들여져 대비가 서궁에 유폐(幽閉)되는 것으로 종결되었지만
이 사건으로 나는 부모도 모르는 패륜아(悖倫兒)로 평가 받게 되었지.

서강　　그런데 현재 일반적인 통설은 이 사건은 이이첨이 영창대군과
서인 남인을 몰아내기 위해 조작하였다고 하는데 선생님 생각은 어떠하신
지요. 또 당시의 군왕이었던 광해군은 어떤 입장이셨는지요.

교산　　나는 이 사건을 직접 맡아서 처리하였고 또 이 사건의 주모자가
나와 가까운 인물이기에 비교적 정확히 알고 있는데, 역모 모의를 한
것이나 영창대군을 추대하려고 한 것은 사실이지만 이이첨(李爾瞻,
1560~1623)이 이를 확대, 반대파를 제거하는 정치적 수단으로 활용한
것이라 보는 것이 맞겠지. 더욱이 인조반정 이후, 서인계가 계속 집권하면
서 이 사건이 반대파 제거를 위해 조작된 전혀 사실무근(事實無根)한

악독한 음모라는 것으로 역사적 정설이 굳어진 것이지. 그리고 이 사건에 대해 전하(광해군)는 이를 확대하는데 반대하는 입장이었어. 그 분은 친형님인 임해군의 죽음을 막지 못한 것을 마음 아파했고 이번 사건에 어린 영창대군이 관련된 것을 보고 그의 죽음을 막아 보려 애썼지. 또 인목대비의 폐모론을 가지고 나는 여러 차례 전하를 만나 많은 이야기를 나누었지만 대비를 폐서인하여 궁중에서 사가(私家)로 내쫓는 것을 끝까지 막고 서궁에 유폐(幽閉)하는 것으로 끝을 냈지. 사실 인목대비는 전하보다 나이가 9살이나 어렸고 더욱이 의인왕후는 전하가 생모보다 더 가깝게 모시고 많은 도움을 받았던 분인데 이 분에 대한 저주사가 있었는데도 인목대비를 끝까지 감싼 것은 높이 평가받을 수 있다고 생각해.

서강　정말 귀중한 말씀 잘 들었습니다. 이야기 방향을 바꿔서 여쭤어 보겠습니다. 선생님이 한평생을 되돌아보시면서 가장 괴로웠던 시기를 언제라고 생각하시는지요.

교산　내가 아까도 이야기했지만 나는 파란만장(波瀾萬丈)한 삶을 살아 정말 어렵고 괴로웠던 시기가 참 많았지. 그 중에서 하나 고른다면 임진왜란 중에 겪은 참화라고 말하고 싶어. 왜란이 일어났을 때 나는 모친과 만삭이 된 아내를 데리고 피난길에 나섰지. 서강도 잘 알겠지만 왜군이 부산에 상륙한 것이 4월 13일, 선조가 파천한 것이 4월 30일이니 왜군의 진격 속도가 얼마나 빨랐는지 정신을 차릴 수가 없었어. 왜군의 진격로를 피해 피난길을 헤매다 단천(端川)에서 7월 7일, 아내는 아들을 낳았지, 그런데 이틀 후에 왜적이 이곳까지 나타나 몸도 회복되지 않은 아내를 이끌고 피난길을 헤매다 아내와 아이는 세상을 하직했지. 그래도 피난중인 데도 소를 팔아 관을 만들고 옷을 찢어 염을 하였는데 체온이 따뜻해서 차마 묻지를 못하다 주변에서 강권하여 뒷산에 임시로 묻으니 그때 나이가 22살, 나와 같이 산 지가 8년이었어. 지금도 나를 비롯한 피난지 곳곳에서

목격한 백성들의 참담한 모습이 눈에 선해. 나는 위정자들이 결국 나라꼴
을 이렇게 만든 원흉이라는 생각이 들어 나라를 바로잡기 위해 어떻게
하여야 할 것인지 많은 생각을 밤새워하곤 했어. 뒤에 나온 나의 여러
정치개혁안이 이때 시발되었다고 볼 수 있지.

서강　선생님이 왜란을 겪으면서 느끼셨던 심정을 시로서 남긴 것을
여러 편 보았습니다.

　그 중에서 〈노객부원(老客婦怨)〉을 읽으면서 당시의 하층민들이 겪었던
참상을 생생하게 머리에 그렸던 생각이 떠오릅니다. 최근 이 작품은
왜란을 소재로 한 작품 중 대표적인 작품으로 높은 평가를 받고 있습니다.
이 내용은 창작보다는 실제 있었던 것으로 보이는데 맞는지요.

교산　내가 왜란을 겪으면서 쓴 시가 여러 편 되지. 그중 하층민의
참상을 다룬 시는 내가 주변에서 본 것을 소재로 한 것으로, 나는 이
서사시는 백성들의 참상을 위정자가 제대로 알았으면 하는 마음에서
썼다고 할 수 있지. 또 다른 시에서는 이런 어려움에 시달리는 백성들을
기회만 있으면 수탈하는 관리들의 비행을 고발하는 시도 썼지. 〈노객부
원〉 가운데 서강이 기억하는 구절이 있나.

서강　이 서사시의 대강의 줄거리는 알고 있지만 시 구절은 기억이
안 되네요. 줄거리는 노객부(老客婦)가 한양이 함락되자 아들 시모 남편과
삼백리 피난길을 떠돌며 형언할 수 없는 고통을 받다가 결국 왜적에게
시모, 남편, 아들이 학살당하고 이들의 시신을 수습하는 아녀자의 참상을
그린 것으로 기억됩니다. 그런데 선생님의 시 가운데 왜란의 전황을
소재로 한 시도 여러 편 있어 왜란의 실상을 엿볼 수 있는 귀중한 역사적
사료로 높이 평가 받고 있습니다. 정말 큰일을 하셨습니다. 선생님 이제
전쟁이야기는 그만하죠. 제가 몇 년 전에 전라도 부안(扶安)에 가서 보고
들었던 선생님과 기생 매창(梅窓, 1573~1610)과의 아름다운 염문(艶聞)에

대해 여쭈어 보겠습니다. 이에 대한 말씀을 듣기 전에 당시에 선생님은 남녀 문제에 대해 어떻게 생각하셨는지 솔직한 말씀을 듣고 싶습니다.

교산 　나는 남녀 문제에 대해 당시 일반적인 사람들의 엄격한 도덕주의와는 다른 생각을 가지고 있었지. 좀 구체적으로 솔직히 말하자면 남녀의 정욕은 하늘이 준 것이고 도덕적인 윤기(倫紀)의 분별은 성인의 가르침이라 보았기에 그래서 나는 성인도 물론 따라야겠지만 보다 하늘을 따르는 것이 옳다고 보았어. 그래서 나는 남녀 간의 육체적 욕구는 자연스럽게 받아들이는 것이 맞다고 생각했지. 당시 사대부들이 명절(名節)을 강조하고 엄격한 도덕주의를 앞세워 허례허식(虛禮虛飾)에 매달리는 모습을 나는 역겨워했다고 할 수 있지. 그래서 나는 기생과의 염문에 대해 꺼리낌 없이 이야기하였는데 대부분의 사대부들은 뒤로 남몰래 여인들과 어울리면서 겉으로 쉬쉬했던 것이지. 그리고는 뒤에 그들은 이런 나를 '강상(綱常)을 어지럽힌 더러운 행동을 보면 다시 사람이라 할 수 없고'라고 평하기도 했지.(『광해군일기』) 그 이야기는 그만하고 부안과 매창 이야기를 하지. 나에게는 부안과 매창은 참 잊을 수 없는 곳이고 인물이지. 서강도 부안을 얼마 전에 들렀다고 하니 그곳의 자연풍광에 반했으리라 생각되네. 내가 부안을 처음 간 것이 선조 34년(1601) 6월인가, 조운(漕運)을 감독하는 전운판관(轉運判官)으로 임명되어 호남지방에 조운과 조창(漕倉)을 감독하기 위해 출장 갔다 부안을 들르게 되어 첫 인연을 갖게 되었지. 처음 본 변산(邊山)의 풍광에 반해 언젠가는 이곳에 오두막이나 짓고 여생을 보내고 싶은 생각이 들더구먼. 그 뒤 수안군수, 삼척부사 등을 잠시 거쳐 공주목사가 됐으나 이 자리도 몇 달 만에 파직 당했지. 그래서 나는 오래 꿈꾸어오던 부안으로 낙향을 결심했어. 마침 부안군수가 아는 분(沈光世)이어서 이 분의 도움을 받아 변산 아래 수석(水石)이 아름다운 우반동(愚磻洞) 골짜기에 집을 짓고 부근에 농토를 매입하여 약간의 전장(田庄)을

갖추고 가족을 이끌고 이곳에
정착했지(1608). 또 부근에 정
사암(靜思庵)이라는 낡은 암
자가 있어 이를 수리하고 승
려도 세 분을 모셔와 머물게
하였고. 나는 이곳의 자연 풍
광에 파묻혀 마음 맞는 친우
들과 어울려 세속의 욕계(欲

부안 매창공원

界)를 떠나 신선생활을 했지. 참 서강도 이곳에 가보았다고 했지. 서강은
이곳 풍광을 어떻게 보았나.

서강   우선 술 한잔 하시죠, 저도 부안에 대해 선생님과 같은 느낌을
받았습니다. 그곳에 가 들른 음식점에 우반십경(愚磻十景)이라고 우반동에
서 볼 수 있는 아름다운 경치 열 곳을 시로 읊은 것을 걸어 놓아 재미있게
본 기억이 납니다. 선생님 말씀을 들으니 한 번 다시 찾고 싶습니다.
참 그곳에 가보니 아까 여쭈었던 매창의 흔적이 많이 보이더군요. 매창묘,
매창시비, 매창공원 등이 있더군요. 그럼 매창에 대해 말씀해주시죠.
선생님이 매창을 처음 만난 것은 언제였나요.

교산   매창 이야기가 나오니 옛 생각이 많이 나는구먼. 내가 매창을
처음 만난 것은 내가 부안에 처음 갔을 때 부안 선비인 고홍달(高弘達)의
소개로 만났지. 날짜도 잊지 않아 6월 23일이지. 그날 비가 억수같이
쏟아지는데 그와 만나 하루종일 술잔을 나누며 그의 거문고소리를 들으며
서로 시를 읊으며 즐겼지. 그녀는 천하일색(天下一色)은 아니었지만 거문
고와 시재가 뛰어나 한번 만나고 잊을 수가 없었지. 그는 기생이었기에
여러 사람의 사랑을 받고 있었어. 특히 나와 잘 아는 김제군수로 있었던
이귀(李貴)의 정인으로 널리 알려져 있었기에 나는 여러 가지로 신경을

허균의 글

부안 매창시비

썼어. 이런 이야기를 해도 괜찮은지 모르지만 나는 그를 처음 만났을 때 운우지락(雲雨之樂)를 청했지만 그녀는 자기가 참선중이라 몸을 허락할 수 없다고 자기 조카를 대신 내방에 보내주었어. 그래서 그 뒤에는 그와는 육체적인 사랑을 하지 말자고 언약을 하고 우리는 동침하지 않고 정말 깨끗한 사랑을 나누었지. 그녀는 천성이 고고하고 음탕한 것을 좋아하지 않았고 나와 정말 마음을 주고받는 막역(莫逆)한 사이였어. 나는 이런 그를 엄청 좋아하고 사랑하였고 그래서 그와의 사랑이 오래오래 변하지 않은 것 같아. 그가 37세라는 젊은 나이에 돌아갔을 때 그를 애도하는 시를 지어 읊으면서 정말 많은 눈물을 흘렸지.

서강 부안 하면 선생님과 연관된 것으로 매창과 선생님의 '역모'사건입니다. 선생님의 역모사건은 제가 항상 궁금하게 생각해 왔던 것인데 단도직입(單刀直入)적으로 여쭈어 보겠습니다. 선생님이 정말 역모를 꾀하셨는지요.

교산 서강 생각은 어떠한가. 한마디로 나는 역모를 하지 않았네. 물론

당시 정치적인 상황이 못마땅
한 점이 있었고 이에 대한 나
의 개혁의지를 강하게 표출하
기는 했지. 나의 성격이 직선
적이고 생각한 바를 담아두지
않고 때와 장소를 가리지 않
고 쏟아내곤 한 것이 이런 결
과를 만들어 낸 것 같아. 그래

부안 매창묘

서 나에게는 끊임없이 역모에 대한 혐의가 제기되곤 했지. 내가 부안에
몸담고 있을 때(1609)부터 거의 매년 나에 대한 역모 이야기가 나왔어.
부안군수인 심광세와 모의하였다 하기도 하고 또 의창군(義昌君 : 선조의
8남)을 추대하려 했다는 이야기 등. 그래서 나는 두 차례나 비밀리에
전하에게 상소를 올려 나의 결백을 주장하기도 했고, 그 뒤에 잠잠하기에
전하(광해군)가 나의 결백을 믿고 있다고 생각했지. 이런 상황 속에서
같은 대북파이지만 폐모론으로 나와 정적이 된 기자헌(奇自獻,
1562~1624)이 이 문제로 귀양을 가게 되자 그의 아들인 기준격(奇俊格)이
앞장서 나를 역모로 고변하였다. 그런데 정권의 실세였던 이이첨(李爾瞻,
1560~1623)이 기준격과 손을 잡고 나를 몰아 죽이는데 앞장섰어. 정말
기가 막힌 이야기지. 이이첨은 폐모론 때 나와 손잡고 이를 관철하기
위해 같이 싸웠던 인물인데 그가 이렇게 태도를 표변한 것은 나에 대한
전하의 신임이 두터워지는 것에 상당한 위기를 느꼈던 같아. 그래서
나를 제거하는 길이 자기가 계속 전하의 곁에서 세력을 누리라 생각했던
것이지. 이들은 나의 주변에 있던 하인준, 김윤황 등을 잡아들여 이들의
공술을 기초로 나의 역모를 기정사실화(旣定事實化) 하였어. 나는 끝까지
역모를 인정하지 않았고 마지막으로 전하의 친국을 요청했지만 결국

이이첨에 의해 묵살당하고 저자거리에서 처형되었지.(1618년 8월 24일)
죽는 순간 내가 가장 괴로웠던 것은 전하가 나의 진심을 몰라주었다는
것과 아무도 나를 위해 변명해주는 사람이 없었다는 것이었어. 결국
내가 정말 잘못 살았었구나 하는 후회가 밀려 오더군. 너무나 나 중심으로
독선적인 자세로 일관했던 것이 이런 결과를 만들었다고 생각이 돼.
그리고 이 사건에 사족을 붙인다면 만약 내가 역모를 꾀했다면 공초에
나와 있는 그런 어린아이 전쟁놀이 같은 어리석은 계획으로 역모를 획책했
겠나. 정말 역모의 구체적인 증거라고 제시한 유구국(琉球國) 군대가
원수를 갚으러 와 섬에 숨어 있다고 외쳤다느니, 산에 올라가 밤새 백성들
을 협박하게 하였다느니 이런 것을 가지고 백성을 현혹시켜 역모를 꾀했다
하니 기가 찰 노릇 아닌가. 어떻든 인조반정 후에도 나를 미워한 서인들이
집권함으로서 나에 대한 역모사건은 번복되지 않았고 나에 대한 평가도
부정일변도로 고착되었지.

서강   선생님 말씀을 들으면서 당시에 선생님 심정이 이해가 됩니다.
그런데 자그만 이야기지만 선생님이 역적으로 몰려 돌아가시면서 집안이
풍지박산(風紙雹散)이 되었을 텐데 어떻게 선생님의 귀중한 문집 등이
남아 있게 됐는지 알고 싶습니다.

교산   당시에 역모사건 처리는 정말 가혹했지. 나는 이를 알고 있었기에
내 나름대로 이를 보존하기 위해 애를 썼어. 내가 역모로 몰려 잡혀가서
국문을 받으면서 내가 살아 석방될 가망이 없다는 것을 알았지. 그래서
나는 나의 문집인 『성서부부고』를 나의 딸의(사위 이사성) 아들인 외손
이필진에게로 보냈고 이필진은 내가 죽은 후에 외조부의 유고를 숨겨
간직하고 있다가 세월이 흘러 세상이 잠잠해지자 현종 11년(1670), 발문을
붙여 간행하였지. 이를 뒤에 정조가 관심을 갖고 규장각에 명해 이를
필사해서 보관토록 해 살아 남았다고 들어 알고 있지. 원래 이 문고는

64권이었으나 지금 남은 것이 26권이 남아 있다고 들었어. 어떻든 고마운 일이지.

서강　선생님 문집이 살아남을 수 있었던 것 정말 다행입니다. 선생님, 지금까지 말씀 중에 자주 나온 광해군에 대해 여쭈어 보겠습니다. 선생님은 아직까지 꼭 전하(殿下)라고 말씀하시는 데 특별한 이유가 있으신지, 광해군 치하에서 선생님이 죽음을 당했는데 이 분에 대한 선생님의 생각을 듣고 싶습니다.

교산　내가 여기 오면서 들으니 서강이 전하(광해군)를 높이 평가하는 글을 썼다는 이야기를 들었어. 어떻든 나는 한마디로 애증(愛憎)이 교차돼. 나는 그 분이 왜란 중에 세자로서 분조를 이끌고 실질적으로 전쟁을 지휘하며 전쟁을 승리로 이끌었고 전후에 어려운 국가형편에서 국가 복구사업에 큰 업적을 남긴 것이나, 또 국제사회 변화에 시의적절(時宜適切)하게 대응한 외교정책이나 자주국방정책은 정말 높이 평가하고 싶어. 더욱이 조선왕조의 어떤 군왕보다 전국을 구석구석 다니면서 백성들의 애환을 살펴보았기에 정말 백성을 위한 정치가 무엇인지를 알고 이를 해결하려고 애쓴 것은 대단한 일이라 보겠어. 그러나 그 분이 이이첨을 지나치게 신뢰해 그가 추진한 서인 남인에 대한 폭력적인 탄압정책을 막지 못해 결국 궁지에 몰린 이들의 반격으로 왕위에서 축출당하는 비운을 겪은 것은 군왕으로서 실패하였다고 생각돼. 또 나의 역모혐의를 끝까지 밝히지 않고 이이첨에게 모든 것을 일임한 것은 일종의 직무유기라고 평하고 싶어. 그래도 내가 그 분을 끝까지 전하라는 호칭을 쓰는 것은 내가 죽은 후 나의 죽음이 잘못되었다는 것을 알고 상당히 마음 아파하고 후회한다는 이야기를 듣고 그에 대한 원망과 미움이 많이 가셨지. 이런 전하의 마음이 그 뒤에 역모사건 고변에 대해 가능하면 이를 묵살하곤 하였지. 그래서 서인들의 역모(인조반정) 고변이 있었지만 이를 받아들이

지 않아 결과적으로 왕위에서 퇴출당하는 비극을 맛보게 되었다는 생각이 들어.

서강　선생님 말씀을 듣고 보니 그런 면이 있었군요. 결국 선생님 역모사 건을 밝히지 못하고 많은 사람을 처벌한 것에 대한 후회가 결국 인조반정을 당하게 된 원인 중 하나라는 생각이 드네요. 이야기 방향을 바꿔서 선생님 은 독서가요 엄청난 장서가였다고 들었습니다. 이에 대한 말씀 좀 해주시 죠.

교산　나는 어려서부터 서책을 엄청 좋아했어. 앞에서도 이야기했지만 선대로부터 내려오는 서책이 많았고 선친이나 두 형님이 구입한 서책이 많아 정말 책속에 파묻혀 살았다고 할 수 있었지. 내가 벼슬길에 나간 뒤에 나도 많은 서책을 구입했고. 더욱이 내가 명나라에 사신으로 수차례 내왕하면서 수천 권의 책을 구입, 국내로 가져왔지. 이 서책 중에는 전통유 학을 비판한 이지(李贄)의 장서(藏書)를 비롯해서 국내에서 보기 어려운 양명학, 천주교, 불교, 도교 등의 다양한 서책이 있었어. 나는 이런 서책을 통해 국내의 어느 누구보다 다양한 사상과 학문에 접할 수 있었지. 그래서 전통적인 성리학자들 눈에 나는 입만 열면 용납할 수 없는 요언(妖言)만 쏟아내는 괴물처럼 보였던 것이지.

서강　선생님이 전통적인 유학서책 이외 당시 금기시되었던 많은 서책 을 가지고 계셨을 뿐 아니라, 당시 관리가 할 수 없는 불교를 공개적으로 믿어 삼척부사로 부임한 지 13일만에 파면 당하신 것은 지금까지 많이들 이야기되고 있습니다. 그런데 당시 관리들에게 이단시 되었던 불교와 어떻게 깊은 인연을 갖게 되셨는지요.

교산　내가 불교와 인연을 맺게 된 것은 둘째 형님을 통해 사명대사(四溟 大師 惟政, 1544~1610)를 만나게 된 것이라 생각돼. 나의 둘째 형님은 사명대사와 가까운 사이였지. 내가 사명대사를 처음 만난 것이 내가

18세 되던 병술년(1586) 여름, 형님을 모시고 봉은사에서 그 분을 뵈었어. 처음 인상이 몸이 헌칠하고 얼굴이 도인다운 풍모가 가득하고 말은 짧았지만 그 뜻이 원대해 나는 첫눈에 반했지. 그래서 그 뒤에 기회가 만들어지는 대로 그 분을 만나 뵈었고 불교에 대한 심오한 교리를 받을 수 있었어. 그런데 내 성격이 내가 옳다고 생각하면 주변 눈치를 보지 않는 외골형이었기에 내가 불교를 좋아한다는 것을 숨기지 못했던 것이지.

서강   선생님이 불자로 어떻게 생활하셨는지를 엿볼 수 있는 글이 있어 한번 읽어 보겠습니다. 사헌부에서 선생님을 탄핵한 글의 일부인데 "삼척부사 허균은 유학자의 자제인데도 그 아버지나 형과는 달리 불교를 받들고 믿습니다. 불경을 외우고 익히며 평소에도 중의 옷을 입고 부처에 절을 하며 … 수령이 되어서도 재를 올리고 … 중의 옷을 꿰어 입고 염주를 목에 걸었으니, 이런 자가 중이 아니고 무엇이겠습니까."

이런 곤욕을 치르시고 뒤에 다시 관직에 기용되셨는데 불교에 대한 신심을 계속 버리지 않으셨는지요.

교산   나는 죽을 때까지 불자로서의 자세를 계속 유지했었어. 내가 삼척부사직에서 파면당한 심회를 읊은 시 마지막 구절이 "인생은 지분수대로 사는 것 돌아갈 꿈은 상기도 절간이로세"라고 한 것이 나의 불교에 대한 신심을 말한 것이라 하겠지.

서강   시간이 많이 흘렀네요. 선생님 말씀 중에 여러 차례 나왔기에 용기를 내어 여쭈어 보겠습니다. 왕조실록을 비롯하여 유몽인의 『어우야담(於于野談)』 등에 쓰여진, 말씀드리기 민망할 정도의 선생님에 대한 평가를 보시고 어떠한 생각이 드셨는지요.

교산   한 마디로 나의 처신에 문제가 있었다는 후회가 들기도 해. 앞에서도 이야기했지만 내가 내 재주와 나의 생각에 지나친 자만심을 가지고 주변사람의 뜻을 경청하지 못하고 항상 나만 옳다고 떠들고 주변을 의식하지 않고 내 뜻대로만 행동한 것이 다른 사람들에게는 경거망동(輕擧妄動)하고 재승박덕(才勝薄德)한 패륜아(悖倫兒)로 보였겠고 그래서 그런 평이 나왔겠지. 내가 변명삼아 한 마디 한다면 내가 당시로서는 이질적인 사상에 깊이 빠져있었고 나의 개혁안이 당시의 기득권자들에게는 큰 위협이었기에 나를 좋게 평할 수 없었겠지. 더욱이 내가 죽은 후 계속 나와 정적관계에 있었던 서인 노론들이 집권하여 나에 대한 평이 그렇게 될 수밖에 없었다고 할 수도 있겠지. 그러나 세월이 많이 지난 지금 당시 나의 삶의 모습을 되돌아보면 여러 가지 미흡했던 점이 있었다고 생각해.

서강   선생님, 그렇지만 요사이 학계에서는 선생님에 대한 긍정적인 평이 지배적입니다. 마음 편히 생각하셔도 되겠습니다. 첫닭이 울면 떠나셔야 되는데 떠나시기 전에 요즘 젊은 사람들에게 한마디 만 말씀해주셨으면 감사하겠습니다.

교산   서강이 이런 자리를 만들어 주어 오랜만에 고향에 와 옛 생각에 젖을 수 있어 정말 고마웠어. 내가 요즘 사람들에게 한마디 한다면 편안한 세월에 안주하지 말고 항상 새로운 것을 찾아 열심히 살아주되 언제나 지난 역사의 교훈을 잊지 않는 사람이 되어주기를 부탁하고 싶네.

서강   선생님, 어려운 자리에 나오셔서 오랜 시간 귀중한 말씀 들려주어 정말 고맙습니다.

삼봉(三峰) 정도전과 서강(西江) 윤종영의 만남

때   2010년 8월 26일 밤 11시

장소   경복궁 안 경회루

서강   삼봉 선생님, 어려운 자리에 나와 주셔서 정말 감사합니다. 선생님을 모시는 자리를 어디로 할까 저 나름대로 많은 고민을 했습니다. 처음에는 문헌사(文憲祠)로 할까 하다, 그래도 이곳이 선생님의 큰 뜻을 담은 곳이라 생각되어 이곳으로 모시었습니다.

문헌사 전경(평택시 진위면 은산리)   문헌사

삼봉   우선 내가 나이가 훨씬 위인 것 같으니 말은 놓겠네. 사실은 이 자리에 나오기를 좀 망설였어. 서강에 대해 별로 아는 것도 없고 또 이전에 서강이 나에 대한 글 쓴 것을 본 기억도 없고 해서. 그러다가 그래도 많은 사람이 잊고 있는 나를 찾아주는 것이 고마워서 나왔어. 어떻든 불러주어 고맙고 장소도 문헌사 보다는 이곳이 나름대로 많은 의미를 갖고 있는 곳이고 나와도 특별한 인연이 있는 곳이니 잘 선정했어. 물론 경회루(慶會樓)라는 이름도 내가 작명한 것이니까.

서강   먼저 제가 선생님을 모시려 한 것은 제가 역사를 공부하면서 후대에 큰 영향을 끼쳤으면서도 정권에서 소외되거나 정적에 몰려 불행한 일을 당한 분들의 제대로 된 실제모습을 복원해 보는 것이 그동안 잘못 평가된 역사를 바로잡는 길이라 생각되어 선생님을 모셨습니다.

삼봉   서강의 뜻은 이해가 되네. 어떻든 고마운 일이구먼. 이야기가 엉뚱하지만 서강은 나이가 어떻게 되나.

서강   선생님 제 나이는 병자(丙子)생으로 75세입니다. 그러지 않아도 선생님 태어나신 해를 여쭈어 보려고 했습니다. 지금 세간에서는 선생님 태어나신 해를 충혜왕 3년(壬午, 1342)과 충숙왕 6년(丁丑, 1337) 두 가지 설이 있는데 정확하게 어느 해에 태어나셨는지요. 또 선생님 태어나신

곳에 대해서도 몇 가지 설이 있는데 어디가 맞는지요 이에 대해 학계에서 논란이 분분해서 여쭈어봅니다. 언짢게 생각하지 않으셨으면 좋겠습니다.

삼봉　기분 언짢을 것도 없어. 나의 출생에 대해 여러 가지 이야기들이 많은 것 같은데, 내가 태어난 것은 임오년 충혜왕 3년이 맞아. 내가 태어난 곳은 외가인 단양 삼봉이고 태어나서 세 살 때 영주 본가로 가 그곳에서 어린 시절을 보냈지. 지금 단양에 대한 기억은 별로 남은 것이 없고 간혹 단양인지 정확하지는 않지만 산과 넓은 물이 어렴풋이 떠오르지만 어린 눈으로 보았던 것보다 성인이 된 뒤에 그곳에서 본 것이 뒤섞인 것 같아. 그리고 서강이 병자생이고 내가 임오생이니 나와 서강과는 6백 수십년 차이가 나는구먼.

서강　그동안 세월이 많이 흘렀습니다. 선생님이 그렇게 공들여 창건한 조선왕조도 몰락한 지 벌써 백여 년의 세월이 흘렀습니다. 선생님은 고려의 충신이었던 부친에 대해 어떤 생각을 갖고 계시는지요. 또 어려운 질문이지만 부친은 선생님의 조선왕조 개창을 어떻게 생각하셨을까 하는 생각을 해보신 적이 있는지요.

삼봉　세상에 모든 사람이 다 그렇겠지만 나는 나의 선친을 세상에 어떤 사람보다 뛰어나신 분으로 생각하고 있고 가장 존경하는 분이라고 말하고 싶어. 서강도 나에 대한 글을 쓴다고 하니 우리 선친에 대해 좀 알고 있겠지만, 우리 선대는 영주에서 대대로 향리직을 맡아 뿌리를 내리고 살아온 지방 토반이라 할 수 있어. 그런데 선친은 출중한 능력과 남다른 노력으로 20대에 과거시험에 합격하여 중앙관료가 되었을 뿐 아니라 청백리로 널리 알려졌고 형부상서 같은 고위직을 역임하면서 나라를 위해 평생을 바치신 분이라 할 수 있지. 이 분이 나의 조선왕조 창건을 어떻게 생각하셨을까. 내가 생각하기에 잘했다고 하셨을 것으로 생각돼. 그것은 내가 새 왕조를 이룬 역성혁명이 나의 정치적인 야심이나 권력욕보다는 도탄에 빠진 백성을 구하는 방편으로 이것이 최선이라는 생각에서 한 것을 누구보다 잘 알고 계셨으리라 생각하기 때문이지. 물론 그 분은 서운한 마음도 있었겠지. 자신이 그렇게 아끼고 충성한 고려왕실이 무너지는 모습을 보고 고려왕실을 두고 이러한 개혁을 이루었으면 하는 소망도 가지셨을 것이라는 생각도 되지만 결과를 보고 결국 잘했다고 하셨으리라 생각해.

서강 선생님의 선친이신 정운경(鄭云敬) 님에 대하여는 많은 사람들이 훌륭한 관리요, 유학자이었다고 이야기 하고 있습니다. 그럼 선생님은 처음에 선친으로부터 글공부를 배우셨는지요.

삼봉 나의 선친은 늦게 얻은 나를 무척 사랑하시고 나의 재주를 무척 대견해 하셨지. 그래서 서너 살부터 기회만 있으면 나를 무릎에 앉히고 글자를 익히게 했지. 그래서 참 일찍 글을 알기 시작했고 부친이 주는 책을 읽으면서 부친에게 많은 것을 배웠어. 그런 면에서 나는 참 복을 많이 타고난 사람이라 할 수 있어. 내가 나이 들면서 몇 분의 선생님을 모셨지만 본격적인 학문의 길에 들어선 것은 목은(牧隱 李穡) 선생님 문하에 들어가면서부터라고 할 수 있지. 그전에도 유학경전을 많이 읽고 연구했지만 지금 생각해 보면 유학에 대한 체계적이고 오묘한, 깊이 있는 내용을 섭렵하고 주자성리학에 대한 깊은 이해를 가지게 된 것은 이때였다고 할 수 있지.

서강 목은 선생님 이야기가 나와 여쭈어 보겠습니다. 선생님과 목은 선생님과는 사제의 인연을 가지고 계신데도 뒤에 정치적으로 대립관계가 될 수밖에 없었고 후에 처벌까지 주장하실 때 인간적인 고뇌가 참 많으셨으리라 생각되는데 어떠하셨는지요.

삼봉 서강, 이 이야기는 나중에 하면 어떨지. 이 일은 내가 생전에 가장 가슴 아팠던 일로 지금도 이때 일을 생각하면 내가 기분이 좀 그래.

이따 기회가 되면 한번 생각해 보기로 하지. 그렇지만 나는 지금도 가끔 또 그런 상황이 온다면 어떻게 할까 혼자 자문을 해 보지만 결국 그때와 같은 처신을 할 수밖에 없을 것 같은 생각이 들어. 이것으로 이 질문에 답을 한 것으로 하지.

서강 선생님이 가장 아픈 일을 여쭈어본 것 같아 죄송스럽습니다. 이 이야기는 다음 기회로 미루기로 하고 방향을 바꾸어 선생님이 벼슬길(仕路)로 첫 출발을 하신 것이 언제이신지요.

삼봉 내가 관로에 첫발을 디딘 것은 내 나이 22살 되던 해였지. 나는 충주목 사록(司錄, 정8품)으로 임명 받아 벅찬 희망을 안고 임지로 부임하였어. 사실 나는 아버님의 영향을 받아 어린 시절부터 관리가 되려는 꿈을 갖고 학업에 열중하면서 과거준비에 나름대로 최선을 다했어. 다행히 19살에 성균관시를 거쳐 21살 되던 공민왕 11년에 진사시에 합격하여 관로의 길이 열려 다음해에 관계로 나아가게 된 것이지. 그 다음해인 공민왕 13년에 중앙으로 전직이 되어 전교주부(典校主簿, 종7품)를 거쳐 국왕을 지근에서 모시는 요직인 통례문지후(通禮門祗候, 정7품)에 임명되었지. 그러다 다음해 부모상을 당해, 관직을 내놓고 고향인 영주로 내려가 3년 동안 부모묘에 여막(廬幕)을 짓고 그곳에서 시묘를 하였어.

서강 선생님이 부모묘에서 3년 동안 시묘를 하신 것이 당시에 일반화 되었던 일인지요

삼봉 삼년상이나 시묘 같은 장례나 제례 풍습은 주자학과 더불어 주자가례가 전해지면서 유학자들 사이에 유행되기 시작했고 일반화된 것은 아니었지. 나는 당시의 국정에 대해 나름대로 불만스러운 것이 많았어. 특히 부모상을 당하기 전해에 노국대장공주가 산고 끝에 돌아가자, 공민왕은 정치에 뜻을 잃고 슬픔에서 헤어나지 못하고 승려 출신인 신돈(辛旽)을 국가최고관직인 영도첨의사사사(領都僉議使司事)에 중용,

국정을 전담케 하였지. 나는 신돈에 대해 별로 기대도 하지 않았고 그래서 나는 중앙정계에서 떠나 있고 싶던 차에 부모상을 당하자 부모님 묘 앞에 머물면서 나와 나라를 되돌아보고 싶었고, 또 주자가례에 따른 부모에 대한 마지막 효도를 하고 싶어 시묘(侍墓)를 하였지.

서강   선생님은 시묘를 하는 동안 부모에 대한 효도뿐 아니라 학문적으로나 앞으로 진로에 대해 많은 고심을 하셨고 앞으로 혼란한 국정을 바로잡을 나름대로의 구상을 하셨겠지요.

삼봉   서강이 옳게 보았어. 나는 부모 묘 앞에 여막(廬幕)을 짓고 시묘에 정성을 다하면서도 당시 국내외정세에 대해 나름대로 많은 생각을 하였지. 그러면서 앞으로 나의 진로에 대한 많은 고민을 하였어. 격변기인 당시 정세 속에 어떻게 하는 것이 나라와 백성을 위한 최선의 길인가. 이런 상황 속에서 나는 어떤 정치적인 행보를 할 것인가. 이런 고민을 하며 어떤 때는 몇날 며칠 밤잠을 이루지 못하였고, 그러면서 나는 이런 어려운 난제를 해결할 해법은 새로운 실천적인 경세철학인 성리학만이 가지고 있다는 평상시 생각을 이때 확고히 신념화하게 되었지. 그래서 나는 고려를 이끌어 오던 낡은 불교 통치이념 대신 새로운 이념으로 주자성리학을 받아들이는 길만이 당시에 어려운 난세를 해결할 수 있다고 확신하고 나의 정치적인 진로를 여기에 맞추어 구상하였어. 이러한 생각에서 나는 성리학 연구에 전심전력하였고 성리학을 주변에 널리 전파하는데 모든 정성을 기울였지. 그리고 기회 있을 때마다 영주향교를 찾아 고향친우들과 자주 어울리며 성리학 학리를 놓고 토론도 하고 옛 고향 집에 서당을 차려놓고 학동을 모아 놓고 글을 가르치기도 했지. 이런 생활을 통해 나의 주자성리학에 대한 학문적인 신념을 거의 신앙화 하였다고 볼 수 있어.

서강   그렇다면 선생님은 이때 이미 역성혁명(易姓革命)을 통한 새 왕조

건국의 뜻을 굳히셨는지요.

삼봉 아니지. 이때는 전혀 역성혁명은 생각하지 않았고 공민왕이 추진했던 개혁정치를 이루기 위해 원의 세력을 등에 업고 국정을 논단하고 있는 수구적인 권문세족을 내몰고 고려를 성리학을 기초로 한 새로운 국가로 개혁하는 것을 가장 중요한 목표로 생각하고 있었어.

서강 그럼 선생님이 역성혁명(易姓革命)을 생각하신 것은 언제부터라고 볼 수 있으신지요.

삼봉 서강도 알고 있겠지만 내가 부모님 시묘를 끝내고 개경에 돌아온 후 스승인 목은 선생님, 동지였던 포은이나 도은의 도움을 받아 성균관박사(1370)에 복직해서 이곳에서 학생들에게 성리학을 가르치며 동지들과 학문 연구와 토론을 통해 나에게 부족하였던 부분을 보완해가면서 나에게 맡겨진 일에 최선을 다했고 이것만이 나라와 백성을 위하는 길이라 생각했어. 지금 생각해 보면 이때가 학문적으로 나를 가장 성숙할 수 있게 한 시기였고 또 나의 생애 중 가장 행복했고 보람 있었던 시기였다고 볼 수도 있어. 이때는 동지들, 요즘 역사학계에서는 신진사대부(新進士大夫)라고 부르던데, 어떻든 이들 모두는 새로운 개혁을 통해 고려에 성리학을 통치이념으로 한 새로운 고려왕조를 이룰 수 있을 것이라는 확신에 차 모두들 희망에 들떠 성리학 연구와 보급에 열과 성을 다 바쳤지. 그런데 호사다마라 할까. 이때 공민왕 시해라는 돌발적인 대사건이 터졌고 기회를 노리고 있던 권문세족들의 대반격으로 모든 동지들은 정계에서 쫓겨나게 되었지. 나도 포은, 도은 등과 귀양을 갔고 전록생, 박상충 등은 죽음을 당했어. 이 시기가 나를 비롯한 동지들에게 최악의 고난기였지. 나는 10여 년 동안 귀양과 야인생활로 정말 어려웠지. 그렇지만 나는 이를 악물고 어렵게 어렵게 이를 견뎌냈지만 왜구의 침략과 권문세족의 부패와 이를 조장하고 있는 국가기강의 문란으로 백성들의 생활이란 정말 눈뜨고 볼 수가 없었어. 나는 이렇게 도탄에 빠진 백성들의 모습을 보면서 이전에 가졌던 나의 꿈이 차차 무너지면서 나에게 많은 사상적인 변화가 왔지. 종래에 생각했던 고려왕실을 유지하면서 성리학을 국가 통치이념으로 받아들여 이 난국을 타개 할 수 있다는 나의 생각이 흔들리게 되었어. 그래서 나는 많은 고민 끝에 역성혁명을 통한 새로운 왕조개창만이 이를 해결할 수 있다는 결론을 얻고, 이를 나의 정치적인 신앙으로 갖게 되었다고 볼 수 있지.

서강　참 중요한 말씀이신데, 오래 말씀을 하시느라 갈증도 나시죠. 약주 한잔 하시면서 말씀하시면 어떠하실지. 제가 선생님 기호를 잘 몰라 망설이다가 제가 애용하는 오순주(五筍酒)라는 술을 준비했습니다. 이 술은 포천 부근 양조장에서 가양주로 만든 것인데 한번 드셔 보시죠.

삼봉　어떻든 고맙구먼. 나도 생전에 술은 청탁(淸濁)을 가리지 않고 비교적 즐기는 편이었지. 오랜만에 한번 마셔 보자구. 어 술맛이 괜찮구먼. 좀 독한 것 같은데, 자네도 한잔 하지.

서강　감사합니다. 술 드시면서 말씀하시죠. 선생님, 역성혁명을 생각하시면서 유학자로서 오랫동안 지켜왔던 유교적 윤리관과의 갈등을 없으셨는지요.

삼봉　물론 많은 갈등과 고민이 있었지. 내가 생각한 것이 옳은 것인가. 군신(君臣)간에 지켜야할 충절을 어떻게 할 것인가. 그러면서도 나는 국가의 근본은 백성 즉 민(民)이고 군주(君主)의 하늘이라고 생각했어. 그래서 백성의 마음이 곧 천심(天心)이고 이것이 바로 하늘의 뜻인 천명(天命)이라 보았지. 그래서 백성을 다스리는 통치권은 하늘의 뜻인 천명에 의해서만 부여되고 천명이 떠나면 자연히 소멸되는 것이라 생각했고. 그렇게 없어진 통치권은 새로운 덕(德) 있는 사람에게 하늘의 뜻(天命)이 옮아가서 그가 새로운 통치자(君主)가 된다고 보았지. 이렇게 통치권이 바뀌는 것을 혁명이고 천명을 받은 군주가 다른 성씨일 때 이를 역성혁명이라고 하는 것인데, 이런 혁명은 백성(民)의 입장에서 본다면 당연한 순리라는 생각을 한 것이지. 나는 이렇게 생각했고 이를 중국의 요·순(堯·舜)의 선양(禪讓)에서 찾았지. 이러한 나의 정치관은 물론 중국의 정치사상에서 영향을 받았다고 할 수 있지만 나는 이를 발전시켜 나의 정치관에 근간이 된 민본주의라는 독창적인 정치사상으로 이론을 확립했고, 이는 뒤에 조선왕조 개창에 합리적인 이론적 근거가 되었다고 볼 수 있지. 이런 정치관에 반대도 많이 있었지만 나는 이에 대해 나름대로 확고한 신념을 가지고 이미 덕을 잃은 고려왕조는 새롭게 천명을 받은 덕 있는 사람에게 마땅히 통치권을 옮겨주는 것이 순리라고 생각했어. 이런 나의 뜻을 받아들여 많은 사람들이 동조 지지해서 조선왕조가 개창되었지만 새 왕조가 자리를 잡고 안정되자 새 왕조를 이룬 나의 역성혁명론은 위험한 사상으로 배척받고 오히려 고려에 충절을 지킨 포은의 충절이 높이 평가되고 그의 후손이 새 왕조에서 크게 영달한 것도 많은 것을 생각하게 해주지. 어떻든 세상이란 재미있는 것이라는 생각이 들어. 역사나 사상 모두가 생성되었던 당시의 입장에서 평가되지 않고 현재적 입장에서 평가되는 것이 하나의 역사의 일반적인 현상인 것 같아. 나의 민본주의나 역성혁명론도 고려 말이라는 시대적인 상황에서 이해되고 평가되어야 하는데 그렇지 않아 많은 오해가 만들어진 것 같애. 이야기 방향은 좀 다르지만 예를 들면 나는 요사이 인간이 만든 최선의 정치제도라고 하는 민주주의가 잘은 모르지만 내가 주창한 민본주의와 근본정신은 같다고 생각해. 그런데 내가 이런 이야기를 하였다면 나를 미친놈 취급을 하였겠지. 안 그래. 나의 이런 생각에 대해 서강의 생각은 어때.

서강　　삼봉 선생님의 민본주의나 지금의 민주주의나 백성(民)을 나라의 주인으로 생각하고 국가운영의 궁극적인 목표를 백성(國民)의 복리 향상에 두고 있다는 점에서 보면 근본정신은 같다고 볼 수 있죠. 물론 두 제도가 갖는 상이한 점도 많이 있지만 저는 삼봉 선생님이 가지셨던 정치사상의 바탕은 지금의 민주주의 정치사상과 별다른 차이가 없다고 말씀드릴 수 있습니다.

삼봉 고맙구먼. 이왕 이야기가 나와서인데 하나 더 이야기를 하지. 나는 가끔 요사이 우리나라의 정치적 현상을 보면서 내가 생존했던 600여 년 전의 정치현상이나 큰 차이가 없다는 생각이 들 때가 있어, 서강은 어떻게 생각해.

서강 저도 역사를 공부하는 사람으로 가끔 고려 말의 정치적 현상과 요사이 남북관계를 보며 그런 생각을 할 때가 있습니다. 국제정세의 변화를 외면한 채 쓰러져가는 북원세력에 의지해 국내에서의 기득권 세력 유지에 혈안이 되었던 권문세족들이나, 세계의 공산권 변화를 외면한 채 기득권 체제 유지에 광분하고 있는 북한이나 일부 진보세력들 모습에서 많은 유사점을 볼 수 있습니다. 선생님도 잘 아시지만 이런 이유에서 역사를 공부하는 것이고 우리는 이런 역사적인 교훈에서 국정운영의 올바른 방향을 터득하여야 되는데 그렇지 않은 경우가 많이 눈에 띄어 걱정입니다. 어떻게 화제가 이상해져 선생님 말씀보다 제가 많은 이야기를 했습니다. 죄송합니다. 선생님, 방향을 다시 찾아서 말씀을 여쭈어 보겠습니다. 선생님의 정치적 신앙인 역성혁명을 통한 새 왕조개창을 이루기 위해 가장 먼저 어떤 일을 하셨는지요.

삼봉 나는 이런 정치적 혁명을 생각하면서 가장 먼저 생각한 것은 이런 나의 생각을 이해하고 뜻을 같이 해줄 힘을 가진 인물을 찾았지. 이런 나의 눈에 제일 먼저 들어온 것이 태조 이성계였어. 그 분을 내가 주목한 것은 첫째로 변방 출신으로 기존의 권문세족과 전혀 연을 갖지 않았고 공민왕의 개혁정책에 긍정적인 입장을 가지고 있었기에 나의 뜻을 받아들일 수 있을 것이다, 둘째로 강력한 친위병력을 가지고 있어 앞으로 혁명에 힘의 뒷받침을 할 수 있을 것이다, 셋째로 원에 귀속된 지역에 집안 뿌리를 두고 있고 원에 관직을 역임하였기에 고려왕실에 대해 비교적 자유로울 수 있을 것이다, 이외에도 왜구토벌 등 혁혁한 무공으로 내외에 관심과 인망을 얻고 있다는 것 등이 내가 찾고 있는 최적의 인물이라 생각했지. 나는 기회가 된다면 한번 이 분을 직접 대면하고 싶었지만 별로 기회를 갖지 못하다 더 시일을 기다릴 수 없어 우왕 9년, 큰 마음을 먹고 동북면 지휘사로 함주(咸州 : 지금의 함흥)에 머물고 있는 그 분을 직접 찾아갔지. 아무런 연통도 없이 찾은 나를 그 분은 정중하고 반갑게 맞아주었고 나의 깊은 뜻은 직접 말하지 않았지만 나의 시국관이나 일반적인 정치개혁론에 적극적으로 찬의를 표했고, 앞으로 동지로 어려운 정국을 힘을 합쳐 헤쳐 나아가자는데 뜻을 같이 하기로 했지. 이로써 나의 혁명적인 개혁운동은 힘을 얻게 되었고. 그런데다가 내가 다행히 다음해 10여 년의 야인생활에서 관직에 복직하게 되어 이 태조의 최측근 참모로 그의 정치적인 행동에 많은 영향을 주게 되었다고 할 수 있지. 그렇지만 그 당시에는 이 태조를 고려왕조를 대신할 새 왕조의 천명을 받은 승계자로는 생각하지 않았고 다만 나의 정치적 구상을 실현시키는데 가장 중요한 인물로 생각하고 있었다는게 맞을 거야.

서강   그렇다면 이후에 여말정국에서 이 태조가 관여했던 여러 정치적인 사건들은 모두 선생님이 직접 관여했거나 많은 영향을 미쳤다고 보아도 괜찮겠지요.

삼봉   그렇다고 할 수 있지. 더욱이 이 태조는 이후 나의 관로에 많은 영향을 미쳐 주변에서 나와 이 태조와의 특별한 동지적 관계임을 모두 알게 되었고. 그래서 나도 특별한 정치적 사안에 대해 공개적으로 이 태조의 입장을 적극적으로 옹호 지지하곤 했지. 여말정국에 가장 큰 문제였던 요동정벌문제에서도 나는 이 태조의 최측근에서 요동정벌이 불가함을 간하였고 정벌군이 위화도 회군을 단행하는데 나름대로 많은 기여를 하였지.

서강 선생님이 이 태조를 고려를 승계할 새 왕조의 통치자(군주)로 생각한 것은 위화도 회군 이후로 보는 것이 옳겠지요.

삼봉 위화도 회군이 새 왕조 개창의 결정적 계기가 된 것은 부인할 수 없는 역사적 사실이지. 회군 이후 이 태조는 고려조정의 실권을 장악하였고 우왕을 내몰고 창왕을 세웠다 폐가입진(廢假立眞)을 명분으로 창왕까지 폐하고 공양왕을 추대하여 왕위에 오르게 했지. 나는 이런 일련의 정치적 사건을 이끌고 주도하면서 이 태조를 새로운 왕조의 통치자로 추대하기로 마음을 굳혔고 이를 밀고 나아갔지. 이에 대해 유교적인 윤리관에 입각해서 왕권의 절대성을 내세워 고려에 충절을 지키려는 상당한 정치세력이 조정에 포진해서 일련의 혁명적인 개혁운동에 많은 어려움을 주었지만 나는 백성들의 민심이 이 태조에게 모아지고 있음을 보았고 바로 이것이 하늘의 뜻(天心)이요 천명(天命)임을 확신했어. 그래서 새 왕조 개창에 소극적이었던 이 태조에게 하늘의 뜻 즉 천명이 내렸음을 여러 차례 일컬어 그 분의 마음을 역성혁명과 새 왕조 개창으로 뜻을 굳히게 하였어.

서강 주제에서 좀 빗나간 것이지만 항상 여쭈어 보고 싶었던 것인데 요동정벌을 이루지 못하고 회군한 것에 대해 학계뿐 아니라 대부분의 일반 국민들이 지금까지도 아쉬워하는데 이에 대해 삼봉 선생님은 무어라고 말씀하실 수 있는지요.

삼봉 물론 국민의 정서를 이해 못하는 것은 아니지만 현실적으로 성공할 수 있었을까 냉철하게 생각해 볼 필요가 있고 혹 일시적으로 성공했다하더라도 이미 명이 중국을 통일하고 요동에 대한 영유권을 확립하고 있는 상황이었기에 요동을 유지 보존한다는 것이 어려웠고, 이것이 뒤에 우리나라에 큰 재앙이 되었을 것이라 보고 있는데. 내가 뒤에 조선왕조 개창 후 요동정벌을 내세워 군비를 모으고 했지만 이는 대내적인 명분이었고 사실은 명에 대한 공격보다 명의 침공에 대비한 방어적인 목적이었던 것이었지. 뒤에 내가 죽은 후 나를 음해하기 위해 내가 요동정벌을 획책한 것처럼 역사기록에 기술하였지만 사실과는 전혀 다른 이야기지.

서강   요동정벌의 현실성 문제는 요사이 학계에서도 여러 가지 이야기가 있습니다만 어떻든 이 문제에 대한 것은 선생님 말씀에 상당히 공감이 가는군요. 이야기 주제를 조금 바꾸어 고려 조선왕조 교체기에 가장 상징적인 인물로 선생님과 포은 정몽주가 회자되는데 포은에 대해 선생님의 생각을 여쭈어 보지 않을 수 없습니다. 더욱이 두 분이 묘하게 이방원의 손에 죽음을 당한 인연 등 어떻게 보면 정말 대단한 인연으로 얽힌 관계인데, 선생님의 솔직한 말씀을 듣고 싶습니다. 참 역사학계에서 일반적으로 역사적 인물에 대해 경칭을 쓰지 않아 저도 태종이라는 시호 대신 잠저시절의 이름을 그대로 썼습니다. 듣기 거북하시면 말씀하시면 고치겠습니다.

삼봉   그것은 괜찮고 포은에 대한 이야기인데, 포은은 정말 애증이 교차되는, 정말 인간적으로나 학문적으로 존경하고 좋아했던 인물이고 오랫동안 정치노선을 같이 걸으며 여말의 혼란 정국에서 생사를 같이 했던 동지요, 친우였던 사이이지. 포은은 나와 목은 선생 문하에서 동문수학하였고 관직에 몸담은 후에도 공민왕의 개혁운동에 항상 동지로 손잡고 권문세족과 맞섰었지. 나는 포은과 나이 차이는 몇 살 되지 않지만 학문적으로 항상 스승처럼 대하고 많은 가르침을 얻곤 하였지. 또 위화도 회군 이후 폐가입진을 놓고 개혁세력이 혁신세력과 온건세력으로 양분 대립하였을 때도 목은이 속한 온건파에 적극적으로 동조하지 않고 나와 이 태조를 생각해 중도적인 입장을 취하곤 하였지. 그러다가 포은과 정적관계로 발전한 것은 포은이 나의 역성혁명을 통한 새 왕조 개창의 의도를 알게 되면서 부터이지. 표면적으로 가장 큰 문제가 전제개혁이라 할수 있겠고. 이를 통해 포은은 우리들이 추구하는 것이 급진적인 단순한 개혁이 아니라 새 왕조 개창이라는 역성혁명 의도를 알게 되면서 보수세력의 중심으로 고려왕조를 지키는 데 앞장서게 되었지. 이렇게 되자 우리의 오랜 우정과 동지적 관계는 깨지고 적대적인 관계가 되었어. 가슴 아픈 일이지만 나는 나의 오랜 정치적인 숙원을 이루기 위해 포은과 목숨을 건 사투를 하게 되었지. 나는 지금도 포은이 유교적인 윤리관에 입각한 왕권의 절대성을 강조하고 군신관계의 충절을 지키기 위해 목숨을 기꺼이 버린 일을 높이 평가해 주고 싶어. 그러면서 아쉬운 것은 나의 민본주의를 조금 이해해주고 백성의 입장에서 왕조교체의 필연성을 이해하려 하지 않은 것을 가슴 아프게 생각하지. 어떻든 포은이 선죽교에서 돌아가셨을 때 나나 이 태조 모두 마음이 좋지 않았고 이 태조는 이방원을 불러 야단까지 치기도 했지. 나도 이방원이 이름을 그냥 부르겠어. 그 양반이 왕위에 오른 것은 내가 죽은 뒤이기도 하고.

서강   조선조 태종이 된 이방원(정안군)에 대해 이왕 이야기가 나왔기에 여쭈어 보겠습니다. 삼봉 선생님은 이방원을 어떻게 생각하고 계신지요.

삼봉   내가 그의 손에 목숨을 잃었으니 좋게 이야기하기는 어렵지만 내가 보기에 이 태조 자제들 가운데 가장 뛰어났던 인물이고 조선왕조 개창에 가장 큰 몫을 했던 인물임에는 틀림이 없지. 나와는 나이차이도 상당히 있어 우리 아이들과 비슷한 나이고 해서 내가 이 태조 측근에 있으면서 자주 교류가 있었고 나에게 어려운 일이 있으면 자주 자문도 구하고 했던 사이이지. 그런데 가까이서 보니 지나치게 권력지향적이어서 내가 추구하는 새 왕조정치체제에 장애가 될 수 있는 위험이 엿보여 차츰 거리를 두고 경계를 하기도 했지만 고려왕조 하에서는 추구하는 목표가 같았기에 동지적인 관계를 유지했었지.

공양왕 4년 4월에 이 태조가 해주에 사냥 나갔다 부상을 당하였을 때 그의 뛰어난 정치적인 감각과 과단성을 만천하에 보였다고 할 수 있겠고. 이 태조에게 이런 돌발적인 사고가 나자 기회를 노리고 있던 포은이 중심이 된 보수세력이 공양왕을 움직여 대대적인 공세를 감행, 나를 비롯해 조준, 남은, 윤소종을 귀양 보내면서 대부분의 혁신세력을 중앙정계에서 도태시키었지. 그리고 이 태조도 내몰아 죽이려 하였어. 그때 혁신세력들은 대부분 창황망조(蒼黃罔措)하여 정신을 차리지 못하고 우왕좌왕하는데 유독 이방원이 과감하게 조영규를 시켜 포은을 선죽교에서 죽임으로써 혁신세력이 반전에 성공했고 결국 조선왕조 창건이 성공할 수 있었던 것이지. 이때 그의 나이가 26세라, 이런 나이에 이런 일을 결행했다는 것이 대단하고 이런 면에서 보면 조선왕조 창건에 1등공신이지. 그렇지만 조선왕조 개창 후 내가 구상했던 새 왕조의 통치이념과 국가경영 방향인 민본주의와 재상중심의 정치관을 절대왕권을 꿈꾸어 왔던 이방원은 수용하기가 어려웠지. 여기다 이 태조의 현부인인 신덕왕후 강씨(神德王后 康氏) 소생인 방석이 세자로 확정되자 전부인 신의왕후 한씨(神懿王后 韓氏) 소생들이 크게 불만을 가지고 되었고 더욱이 내가 중심이 되어 군사력의 통합과 국권 장악을 위해 당시 왕자와 공신이 가지고 있던 사병(私兵)을 혁파(革罷)한 것도 이방원에게는 참을 수 없었던 것이지. 결국 그는 나를 제거하지 않고는 자기의 정치적인 꿈을 실현할 수 없다는 판단을 했고, 그래서 정변(戊寅難 : 제1차 왕자의 난)을 일으켜 나를 비롯한 남은, 세자 방석, 방번 등을 제거하였고. 이로써 이 태조도 왕위에서 물러나고 국가권력은 자연히 이방원(정안군)에게로 넘어가게 되었지. 어떻든 이방원은 뛰어난 인물임에는 틀림이 없어. 그가 뒤에 왕위에 올라 행한 여러 가지 치적을 보더라도 그의 왕위계승은 조선왕실을 위해서는 어떤 의미에서 잘 된 일이었다고 생각할 수도 있겠지. 그렇지만 나는 그가 아니었더라면 조선왕조를 내가 꿈꾸어 왔던 유교적인 민본주의를 통치이념으로 한 군주국가이면서 군주가 절대권을 갖지 않고 상징적인 존재로 머물면서 모든 국가실권은 재상을 정점으로 하는 관료집단이 갖는 신권우위(臣權優位)의 재상중심 정치체제라는 이상적인 정치를 실현할 수 있었을 텐데 하는 생각을 하곤 하지. 그렇게 되었더라면 통치권자들이 민본(民本), 애민(愛民), 위민(爲民), 보민(保民), 목민(牧民), 안민(安民)하는, 정말 백성중심의 지금의 복지국가 같은 이상적인 국가가 실현되었을 것이고 얼마나 자랑스러운 나라가 되었을까. 물론 실현과정에 여러 어려움이 있었겠지만 실현해보지도 못하고 무너져버린 아쉬움이 지금도 나를 가슴 아프게 하곤 해. 그래서 가끔 그가 나와 동시대에 태어나지 않았으면 얼마나 좋았을까 하는 넋두리를 하기도 하지. 이미 수백 년 지난 일이지만.

서강   얼마 전 〈용의 눈물〉이라는 TV드라마에서 여말교체기에 상황을 소재로 하면서 이 태조, 삼봉 선생님, 이방원을 주인공으로 방영이 되어 많은 시청자들이 관심 있게 보았습니다. 여기서도 무인난을 선생님 말씀하신 그런대로 묘사되었고 저도 그것을 보며 선생님이 당시 지나치게 안이하게 대처하시다 참변을 당하신 것 같아 안타깝게 생각을 했습니다. 그래서 정치적 감각이 뛰어나시고 선견지명이 있으신 선생님이 무인난에 쉽게 참변을 당하신 정황을 말씀해 주셨으면 합니다.

삼봉   지금 생각해보면 서강 말마따나 지나친 자신감 때문에 당시의 상황을 안이하게 보고 대처했다는 말이 맞아. 그때 나는 새 왕조에서 나의 오랜 정치적인 이상 실현을 위해 내 몸을 몇 개로 쪼개야 할 만큼 정신없이 바쁘게 뛰었지. 큰일만 보더라도 국호제정문제, 새 왕조 창건의 정당성을 국제사회에서 승인 받는 외교문제, 도성 천도문제, 세자책봉문

제, 명나라와의 갈등문제와 이와 관련된 공요(攻遼)문제, 왕권과 국권
확립을 위한 사병혁파 문제 등 이런 문제를 하나 하나 해결해 가며 정신없이
지냈어. 이 중에서 이방원과 중요한 관계가 있었던 것이 세자책봉과
사병혁파였는데, 나는 세자를 선정할 때 최우선으로 생각했던 것이 나의
오랜 꿈인 재상중심체제에 적합한 군주가 될 왕자를 생각했고, 이 태조는
자기의 막내인 방석을 사랑해서 그를 세자로 삼기를 원했지. 그런데
공교롭게 내가 생각했던 왕자도 방석이었어. 그래서 두 사람의 뜻이
맞아 방석이 쉽게 세자가 될 수 있었지. 세자가 확정되자 신의왕후 한씨
소생인 여섯 왕자들이 불만에 차 문제를 일으킬 것이라는 예상을 했지만
나는 이 태조가 강력한 힘을 가지고 있고 세자책봉이 그 분의 뜻에 의한
것임을 왕자들도 알고 있기에 위기를 잘 극복할 수 있으리라 생각했었지.
그러면서도 나는 이방원에 대해 많은 생각을 했었어. 그가 세자책봉
문제에 가장 불만도 컸을 뿐 아니라 나의 재상중심체제에 대해 근본적으로
다른 생각을 하고 있었고. 그래서 나는 우선 이방원을 비롯한 왕자들과
그들의 지지세력들이 가지고 있는 사병(私兵)을 관군에 편입시켜 그들의
무력기반을 무력화시키려는 작업에 착수했지. 나는 이 태조의 후원하에
요동원정을 추진한다는 명분을 내세워 사병혁파를 명하고 모든 사병을
관군에 편입시키고, 군사훈련에 불참한 왕자나 공신들을 죄를 물어 벌을
내렸지. 지금 생각해 보면 이러한 나의 처사가 지나치게 이방원을 궁지에
몰아 그로 하여금 정변을 유발시킨 면이 있어. 그때 내가 좀 더 신중하게
이들의 퇴로를 열어주고 달래면서 차근차근 일을 마무리 지었으면 좋았을
것을 하는 후회가 들기도 해. 어떻든 당시 나는 이들의 정치적 야심을
철저히 응징하여 새 나라 국정의 틀을 빠른 시일 안에 확립하고 싶었고
그래야만 어려운 국초의 정치적 안정을 이룰 수 있다고 생각했지. 그러면
서 이방원이 도발할 것이라는 생각은 좀 했지만 '무인정변' 같은 큰

모험은 못할 것으로 생각하다 그의 기습적인 무력도발에 당하고 만 것이지. 이렇게 된 것은 결국 나의 지나친 자신감 때문에 아무런 대비책을 강구하지 않은 실책이었다고 생각해. 지금 생각하면 나의 집에 십여 명의 경호 병력만이라도 두었으면 그렇게 어이없이 당하지 않았을 것을 하는 아쉬운 생각이 들기도 해. 다 지난 이야기지만.

서강   삼봉 선생님, 역사에 가정을 할 수 없지만 만약에 '무인 정변'을 진압해 선생님이 계속 권좌에 머무를 수 있었다면 조선왕조의 역사는 어떻게 전개되었을까 하는 생각을 가끔 해 봅니다. 어떻든 선생님이 돌아가신 후에도 선생님이 설계한 왕조의 근간은 대부분 유지되었다고 할 수 있습니다. 특히 조선왕조 500년간 국가의 지도이념이 불교배척과 성리학 중심의 유교가 자리 잡은 것은 선생님의 뜻이었다고 보아도 되겠지요. 그런데 선생님이 이러한 배불숭유정책을 추구한 가장 중요한 이유를 무엇이라 할 수 있습니까.

삼봉   내가 불교를 비판하면서 배불정책을 강력하게 추진한 가장 중요한 이유는 불교신앙으로 인한 윤리도덕의 훼손과 사회경제적 폐단이라 하겠지. 첫 번째인 윤리도덕의 훼손문제는 불교교리 문제와 깊은 관계를 가지고 있기에 보는 관점에 따라 이런저런 이야기가 나올 수 있지만 나는 당시 고려사회를 이끌어 왔던 불교의 물아일체(物我一體) 같은 잘못된 교리가 사회의 윤리의식을 무너트리고 아름다운 풍속을 해쳐 백성을 도탄에 빠지게 한 근본 원인이라 보았어. 그렇지만 이보다 더 많은 사람에게 피부로 직접 느끼게 한 것이 승려들의 타락과 사원의 부패라 하겠지. 신라시대부터 천여 년 동안 왕실과 국가의 사상적인 지주가 되어온 불교가 부패, 타락해서 정치세력과 결탁, 승려들은 세속적인 욕망에 사로잡혀 산간이 아닌 도시의 화려한 전당에서 향락생활에 여념이 없었고 대부분의 백성은 사원에 소작인이나 노비로 전락해 국가의 기본적인 경제 기반이 무너지게 되었지. 더욱이 불교의 기복적이고 미신적인 행사인 팔관회, 연등회 등이 거국적으로 지속되어 국가에 엄청난 재정적인 피해를 주어 국가가 파산상태에 빠지게 되었지. 그래서 이러한 불교를 그대로 두고는 도탄에 빠진 민생을 구제할 수 없다고 생각하였고, 이를 대신할 것으로 성리학을 받아들이는 길뿐이라고 생각했고, 이 성리학의 윤리 도덕 실현만이 이러한 사회적 모순과 정치적 혼란을 해결할 수 있다고 판단한 것이지.

서강 삼봉 선생님 말씀을 들으면서 새 왕조에서 추구한 숭유배불정책에 상당한 이해와 공감이 가지만 이런 불교에 대한 억압정책에 오랜 뿌리를 가진 불교의 저항이 만만치 않았으리라 생각되는데 큰 어려움은 없으셨는지요.

삼봉 물론 저항은 있었지. 그렇지만 이 정책이 새 왕조 출범이라는 혁명적 상황 속에서 전개되었기에 표면적인 큰 저항은 나오기 어려웠지. 그리고 당시에 새로운 지배계층으로 등장한 신진사대부가 여기에 적극적으로 공감하고 이를 추진한 주체이었기에 무난하게 넘어갈 수 있었지. 그뿐 아니라 불교를 순수한 종교 신앙으로 존속하게 하여 백성들의 신앙생활에는 큰 어려움이 없도록 배려하였기에 백성들 간에는 큰 불만이 나올 수 없었어. 그리고 나는 배불논리를 확립하기 위해『불씨잡변(佛氏雜辨)』등을 저술, 불교교리의 오류를 철학적이고 이론적으로 설파하여 배불정책의 기반을 굳건하게 다졌고 이 덕인지 내가 죽은 후에도 조선 오백년 동안 꾸준히 배불정책이 흔들리지 않고 지속되지 않았나 하는 생각을 하곤 해.

서강 선생님의 불교교리 비판서로 대표적인 것이『불씨잡변』이라 할 수 있겠지요, 그런데 이런 책은 단순한 배불론저로서뿐 아니라 뒤에 유학자들이 성리학적 인식체계를 확립하는데 가장 큰 공적을 이룬 서책이라 저는 보고 있는데 선생님 생각은 어떠하신지요..

삼봉　　서강이 말한 대로 나의 불교비판서는 성리학적 입장에서 배불 논리를 전개하였기 때문에 내용구성이나 논리 전개가 성리학적 인식체계가 바탕이 되어 결과적으로 성리학적 유교통치이념 확립뿐 아니라 조선 초기 유학자들이 성리학적 인식체계를 이루는데 크게 기여하였다고 말해도 지나친 것은 아니라고 생각해.

　어떻든 이러한 배불 논리를 구체적으로 간단히 예를 들어보면 불교는 거울이 빈 것 같은 허무주의적인 세계관을 가지고 있어 변화에 능동적인식이 없는 비실존적이요, 비실천적인 점을 들어 이를 유학과 대비하여 불교비판에 가장 중요한 쟁점으로 삼았지. 그래서 불교의 비실존성 문제를 입증하기 위해 유학과 비교해서 유학은 허이유(虛而有)라고 허하되 있는 것이고, 적이감(寂而感)이라고 적하되 느끼는 것인데, 불교는 허이무(虛而無)라고 허하되 없는 것이고, 적이멸(寂而滅)이라고 적하되 없는 것이라고, 그래서 유학의 본체는 유(有)인데 비해 불가의 본체는 거울이 빈 것 같은 무(無)인 비실존성임을 규명하고 이를 비판하였지. 또 불교의 비실천성 문제도 유학과 비교해서 유가의 지(知)와 행(行)과 불교의 오(悟)와 수(修)를 비교해서 유가의 지(知)는 만물의 이(理)가 내 마음에 갖추어져 있음을 아는 것이라고 한다면 불교의 오(悟)는 이 마음이 텅 비어 아무 물건도 없음을 깨닫는 것이고 유가의 행(行)은 만물의 이(理)를 따라 행하여 잘못되거나 빠뜨림이 없는 것인데 비해, 불교의 수(修)는 만물을 끊어 버려 내 마음에 누(累)가 되지 않게 하는 것이라고 본 것이지. 그래서 유가의 실천은 객관적인 인식을 바탕으로 한 적극적인 실천인 데 비해 불교는 일체의 욕심을 끊어버리는 내면적인 수양에 치중하여 세계를 객관적으로 인식할 방법이 없고. 그러니 현실개혁에 참여할 수 있는 실천적 의지를 가질 수 없다는 것이지. 이와 같이 불교와 성리학을 구분하는 기준을 존재와 실천성 여부에 두고 이를 불교비판에 핵심으로 제시하고 이를 불교배척 논리의 출발점으로 삼았지. 그러면서 이 책에서는 이런 논리를 바탕으로 불교의 미신적 요소나 비논리적인 요소를 조목별로 나누어 구체적으로 비판했지. 내 자랑 같지만 나의 이런 배불서책 이후에 조선왕조 500년동안 별로 눈에 띨만한 이런 저서가 보이지 않았고 나의 배불서책이 조선왕조의 통치이념인 숭유배불 정책에 기반이 되었을 뿐 아니라 조선 성리학 인식체계 확립에 크게 영향을 미쳤다는 말들을 뒤에 후학들에게서 많이 들었어.

서강   선생님, 지금 학계에서도 선생님 저서를 불교교리 비판에 철학적 깊이나 이론적인 논리성에 있어 선생님 이전이나 이후에 어떤 배불론자들의 논저들도 추종을 불허하는 명저라고 평가하고 있습니다. 저도 『불씨잡변』 19편을 읽는다고 읽었는데 그중 불씨지옥지변(佛氏地獄之辨), 불씨걸식지변(佛氏乞食之辨) 등 일부가 기억에 남아있습니다. 어떻든 선생님 말씀과 같이 현재 학계에서도 선생님의 배불론이 조선 성리학 발전에 중요한 기반이 되었다고 보고 있습니다. 아마 이 문제에 대해 더 말씀하실 이야기가 많이 있으시겠지만 방향을 바꾸어 조선왕조에 대해 몇 가지 여쭈어 보겠습니다. 선생님은 조선왕조 개창에 대해 역사적인 평가를 어떻게 하시는지요

삼봉   새 왕조를 역사상 흔한 무력정복에 의한 왕조교체가 아닌 군신의 추대형식에 의한 평화적인 방법으로 이룬 것이기에 이는 이 태조가 왕위를 빼앗은 것이 아니라 백성들의 뜻과 하늘의 뜻에 의해 이룬 민본주의에 의한 역성혁명이라고 할 수 있지. 나의 민본주의란 앞에서도 이야기한 적이 있지만 나라의 근본은 백성(民)이고 백성이 하늘(天)이므로 백성의 마음(心)이 곧 천심(天心)이고 천심이 곧 천명(天命)이라. 그래서 군주는 백성을 위해 존재하고 백성을 위해 일할 때 군주의 군주권이 정당화될 수 있다고 보았고 조선의 건국은 고려의 공양왕이 덕을 잃었기에 응천순

인(應天順人)이라고 하늘의 뜻에 따라 왕위를 민심을 얻은 이 태조에게 스스로 양위(讓位)한 선양(禪讓)이라 보아야 되겠지. 아마 우리 역사상 처음 있었던 일이라. 나는 이런 방법으로 새 왕조가 출범할 수 있도록 많은 노력을 했지만 이것이 성공할 수 있었던 것은 당시 모든 여건이 여기에 맞았기에 가능했다고 하겠지. 어떻든 이로써 조선왕조는 출범에 역사적인 당위성을 부여받았고 그 뒤 500여 년 동안 모든 통치권자들의 정치행위에 도덕적인 정당성을 갖게 되었다고 볼 수 있겠지.

서강　선생님이 새 왕조의 정치적 이상으로 내세운, 지금 말씀하신 민본주의는 조선왕조 내내 모든 정치행위에 규범이 되었다고 볼 수 있겠지요. 물론 선생님이 생각하셨던 모습은 아니었지만 어떻든 모든 관료나 유생들이 이를 구두선(口頭禪)처럼 되뇌이곤 하였죠. 이런 모습을 보면서 실망도 하시고 가슴 답답하셨으리라 생각됩니다. 저는 이렇게 많은 사람들이 공감하면서도 이를 실현하지 못한 것은 제도적인 뒷받침이 미흡했기 때문이 아닌가 생각하는데 선생님은 어떻게 생각하시는지요.

삼봉　서강 생각이 상당한 부분 맞다고 할 수 있겠지. 나는 민본주의 실현을 위해 절대왕정이 아닌 재상중심정치체제가 절대적으로 긴요하다고 보았어. 왕은 실권을 갖지 않은 상징적인 존재로 두고 국가의 모든 실권은 재상을 정점으로 하는 관료집단이 가져야한다고 보았지. 이는 자질이 보장되지 않은 세습군주보다 천하 만인 가운데서 능력위주로 선발된 현인집단인 관료집단과 현인 중에서 최고의 현인인 재상이 정치에 중심에 있도록 하자는 것이지. 그래야만 국왕의 전제가 철저히 견제되고 백성이 나라의 근본 즉 주인이 되어 백성의 권익이 최우선이 되는 나라가 될 수 있다고 생각했지.

　결국 나의 이런 민본주의와 재상중심 정치체제는 절대왕정을 꿈꾸던 이방원의 뜻과 배치되어 나의 몰락과 더불어 물거품이 되었지. 그렇지만 나의 몰락 이후에도 나의 이런 정치적 구상은 명분이 있고 이상적인 모습이기에 이를 완전히 버리지 못하고 허울만 남겨 조선왕조 500년 동안 유지했다고 볼 수 있어. 서강 말대로 군주나 모든 관료 유생들이 무슨 문제만 있으면 자기들의 생각과 행동과 달리 입으로는 백성이 어떻고 재상이 어떻고 앵무새처럼 되뇌이곤 했지.

서강　선생님, 저는 민본주의와 재상중심정치체제에 대한 선생님 말씀을 들으면서 영국 같은 서구선진국가들의 의회중심(내각책임제) 정치제도와의 유사성이 생각나곤 합니다. 물론 근본적으로 큰 차이가 있긴 하지만. 시간이 많이 간 것 같습니다. 약주 한잔 더하시면서 말씀하시죠.

삼봉　좀 목이 컬컬하구먼. 술 한 잔 따라봐. 서강도 한잔 해. 서강도 술을 좋아하는 것 같구먼.

서강　선생님, 저도 술을 즐기는 편입니다. 그런데 이곳에 앉아 술잔을 기울이니 옛일이 많이 생각나시죠.

삼봉　여러 가지 일들이 주마등처럼 지나가는구먼. 그중에서도 이곳에 앉아 있으니 한양에 도읍을 정하고 이곳에 궁궐을 짓고 한 일이 가장 생생하게 떠오르는구먼.

서강　선생님, 그렇지 않아도 궁금했는데 한양 정도 이야기 좀 여쭈어보겠습니다. 한양 정도는 선생님이 주도하셨다고 볼 수 있겠죠.

삼봉　결과적으로는 내가 주도한 것으로 볼 수 있지만 한양 정도까지는 여러 사람이 관련을 갖고 있다고 할 수 있지. 처음 새 왕조가 출범하고 전래의 음양설에 개경이 불길하다는 이야기를 듣고 있던 태조는 나에게 천도문제를 의논하였어. 그래서 나는 구세력의 근거지인 개경에서 국가면목을 일신하고 인심쇄신을 위해서 천도가 반드시 빠른 시일 안에 이루어져야 한다고 적극적으로 권유하였지. 그래서 처음에는 고려의 남경인 한양천도가 이야기 됐지만, 다시 공주 계룡산 이야기가 나와 다음해(태조 2년)

태조가 직접 그곳을 찾아보고 지금의 신도읍을 신도(新都)로 정하고 그
해 2월부터 공역을 시작하였어. 그렇지만 하륜 등이 여러 이유를 들어
이를 반대하자 그해 12월에 공역을 중단하고 제3의 후보지로 무악산
일대(현재의 연희동 신촌 일대)가 지목됐지만 다음해 태조가 이곳을 직접
찾아보고 처음에 이야기되었던 한양으로 새 국도로 정하였지. 이 과정
중에 나는 처음부터 한양을 주장하였고 계룡산이나 무악산 이야기가
나올 때도 불가함을 여러 차례 간해 결국 한양으로 확정하였어. 한양정도
에 대해 무학대사(國師인 自超) 이야기가 많이 나오는데 물론 그 분도
큰 역할을 했지만 처음부터 북악을 주산으로 하여 그 밑에 정궁(경복궁)을
건설하자는 안은 나의 주장이었지. 그래서 처음부터 천도를 위해 설치한
신도궁궐조성도감(新都宮闕造成都監)의 총책을 내가 맡았고 모든 도성의
설계도를 작성하고 궁궐의 전각, 사대문을 비롯한 성문, 도로의 이름까지
내가 작명하였어. 처음에 이야기한대로 이곳 경회루 이름도 내가 지은
것이지.

　어떻든 좀 급하게 서둘러 태조 3년, 10월 25일, 천도를 하였지만 당시는
궁궐이나 관청건물도 지어지지 않아 거의 허허벌판에 임시막사를 짓고
기거하면서 공사를 서둘러 1년여 만에 나의 설계대로 도성의 모습이
갖추어지게 되었지. 그렇지만 도성 성벽은 태조 5년부터 농한기인 이른
봄 늦가을을 이용, 전국의 장정(壯丁 : 民丁) 19만 7천여 명을 동원하여
성벽을 쌓아서, 근 1년여 만에 성곽과 4대문과 4소문을 구비한 한양성을
완공하였지. 나는 공사를 하는 동안 거의 낮밤을 가리지 않고 공사장을
누비며 최선을 다했어. 어떻든 공사가 마무리되었을 때 오랜 고생 끝에
이루어진 결실이어서인지 누구보다도 벅찬 감격을 느꼈어.

서강　　선생님 기분을 이해할 것 같습니다. 이러한 선생님의 심정을
담은 것이 〈신도가(新都歌)〉라 할 수 있겠죠. 저는 〈신도가〉 가운데 "도성

답도다. 지금의 경치가 참으로 도성답도다"라 한 대목이 도성을 완성한 뒤에 선생님의 마음을 가장 잘 표현한 대목 같이 느껴지는데요.

삼봉   잘 보았어. 요사이 한양을 보면서 격세지감(隔世之感)은 있지만 그래도 내가 도성(都城)을 잘 잡았다는 생각이 들어. 세계 어느 나라의 도성이 지금의 서울과 같이 주변 경관이 아름답고 자연적인 재해가 적은 곳이 있는지. 그런데 요사이 충청도에 새로운 수도를 만든다는 이야기를 들으면서 옛날 계룡산 신도읍 생각이 나 기분이 씁쓸해. 잘 생각들 하여야 할 텐데.

서강   선생님이 잘 보셨습니다. 정치인들이 역사의 교훈을 잘 받아들여야 하는데 하는 아쉬움이 있습니다. 후손들에게 욕먹을 일을 해서는 안 되는데. 이 이야기 여기서 끝내고 방향을 바꿔서 조선 초기 대명관계를 여쭈어 보겠습니다. 건국 초기에 명과의 관계가 원만했었는데 관계가 나빠진 것이 삼봉 선생님이 명의 입조 요청한 것을 거부한 것이 표면적인 빌미가 된 것으로 알고 있는데 그 과정이 어떻게 된 것인지 말씀해주셨으면 합니다.

삼봉   당시를 생각하면 지금도 열이 올라. 관계가 좋았던 명이 나와 관계도 없는 표전문(表箋文)을 트집 잡아 나를 명으로 보내라 압력을 가한 것은 명은 북쪽으로 쫓겨간 북원을 상당히 의식해서 조선이 국정이 안정되면 북원과 합세해서 조선의 옛땅이라는 요동을 공략할 것이라고 생각했던 것이지. 그래서 나를 이런 일을 추진할 강력한 실력자로 추정하고 나를 제거하려고 했던 것이지. 이들의 이러한 속셈은 여러 곳에서 볼 수 있었어. 첫째로 그들이 문제 삼은 표전문은 당시 성균관 대사성이었던 정탁(鄭擢)이 짓고 정총과 권근이 교정한 것으로 나오는 전혀 관계없었던 것이고 이런 사실을 명은 이미 알고 있었어. 둘째로 명이 보낸 국서를 보면 나를 조선에 화근이니 없애는 길만이 조선을 보전할 수 있는 방법이 될 것이라고 하면서 나를 보내지 않으면 출병하겠다고 협박하였던 것이지. 셋째로 태조는 명의 요구를 여러 가지 이유로 피하면서 실제 표전문의 실무 책임자인 김약항(金若恒)과 정총 그리고 노인도 등을 보냈는데도 이들을 모두 살해하고 계속 나를 보내라고 요구했던 것이지. 이러한 것을 보면 이들은 표전문은 단순한 표면적인 트집이고 실제는 나를 잡아 죽임으로써 조선의 요동수복의 의지를 사전에 차단하고 조선을 명에 순종적인 종속국으로 만들려했던 것이지. 그래도 이런 명의 요구를 태조가 여러 가지 이유를 들어 끝까지 받아들이지 않고 나를 보호해준 것은 지금도 고맙게 생각해.

서강   선생님은 이런 명의 요구를 보면서 이와 같은 국가적인 위기를 벗어나기 위해 전개한 것이 공요운동(攻遼運動)이라 할 수 있는데 이 운동의 가장 근본적인 목적은 어디에 있었는지 구체적으로 말씀해주시면 고맙겠습니다.

삼봉   앞에서 한번 이야기한 것 같은데 공요운동은 요동수복운동이지만 가장 중요한 목적은 명을 공격하기 보다 명의 침입을 대비한 나라를 지키기 위한 방어적인 것이지. 당시 우리가 명을 공격한다는 것은 생각하기 어려운 일이었어. 그리고 이를 준비하면서 부수적으로 얻을 수 있는 것이 공신이나 왕자들이 갖고 있는 사병(私兵)을 혁파하여 정치적인 안정을 얻으려는 또 하나의 목표였다고 볼 수 있지. 나는 이런 뜻을 태조에게 알렸고 이에 대한 태조의 지지를 얻어 이를 강력하게 밀고 나아갔지. 사병혁파에 불만을 가지고 군사훈련에 불참한 인물들에 대해 중벌을 내려 국가 기강을 잡았지. 당시 왕자나 개국공신들은 자신들의 기득권을 유지하기 위해 사병혁파를 강력하게 반대하였고 나와 이 태조는 이들을 강력하게 징벌하였어. 훈련에 불참한 장수들에게 50대의 태형을 내렸으니 그들은 기가 찼겠지. 이런 조치를 통해 왕자와 공신들의 군사지휘권을 박탈하고 국가통합의 장애요소를 나름대로 제거하여 중앙집권체제를 확립하였지. 그러면서 나는 군사훈련에 박차를 가하면서 동북면 국경지대를 자주 순방하면서 군비를 정비하고 명의 침공에 대비, 국경수비에 전력을 기울였지.

그런데 이러한 나의 정국운영이 앞에서도 이야기했지만 결국 정안군 이방원을 격동시켜 나의 몰락을 가져왔다고 할 수 있겠지. 지금 생각해보면 내가 이루려는 목표에만 너무 집착하지 말고 주변도 살펴보며 일을 추진했더라면 하는 아쉬운 생각이 들기도 해. 다 지난 이야기지만. 어떻든 내가 죽은 다음에는 명과 큰 분쟁 없이 잘 지내게 된 것도 내가 마지막으로 나라에 기여한 것이 아닌가 하는 생각이 들어.

서강　선생님 말씀에 취해 시간 가는 줄도 모르고 있었습니다. 벌써 새벽 별이 보이네요. 동 트기 전에 선생님은 가셔야죠. 아쉽지만 어쩔 수 없이 오늘은 이만 끝을 맺어야겠습니다.

삼봉　벌써 시간이 그렇게 됐어. 오늘은 여기서 끝내야겠구먼. 하여간 내가 하고 싶은 이야기를 할 수 있는 기회를 만들어주어 고맙구먼.

서강　선생님과 헤어진다니 아쉽기 한이 없습니다. 마지막으로 요새사람들에게 주고 싶은 말씀이 있으시면 한 말씀 부탁드리겠습니다.

삼봉　내가 이야기 중에 몇 번 한 이야기지만 정치지도자나 국민 모두가 입으로만 역사의 교훈을 되뇌지 말고 지금 처한 국내외정세를 잘 보며 이를 해결 할 역사의 교훈이 무엇인가를 현명하게 찾아 대처하라는 당부를 하고 싶어.

서강　좋은 말씀입니다. 우리 국민 모두가 폐부에 새겨 길이 간직하도록 노력하겠습니다. 그럼 선생님 안녕히 가십시오.

원릉군(原陵君) 원균과 서강(西江) 윤종영의 만남

때   2012년 9월 2일(음력 7월 16일) 밤11시
장소 평택시 도일동 원릉군 사우 앞뜰

서강   장군님과 약속한 시간이 가까워질수록 초조해 자꾸 주변을 살폈습니다. 혹 나오시지 않는 것이 아닌가 하고 걱정을 했습니다. 어려운 자리에 시간 맞추어 나와 주셔서 정말 감사합니다. 저는 장군님을 기다리면서 장군님의 모습을 머릿속에 그려보기도 하고 호칭을 무엇으로 할까

원릉군 원균묘(평택시 도일동)   원릉군 원균묘 앞의 애마총

걱정을 했습니다. 원릉군(元陵君), 장군(將軍), 통제사(統制使), 절도사(節度
使) 가운데 무엇으로 하시는 것이 좋은신지요

원릉군 호를 서강(西江)이라구, 어떻든 아무도 찾지 않는 나를 불러 주어
고맙고 올해가 임진년으로 왜란이 일어난 지 7주갑 되는 해이고 해서
옛일에 대해 간혹 생각을 하던 차에 나를 찾는다고 해서 만사 제처 놓고
나왔지. 나오면서 서강에 대해 생각을 해보니 십수 년 전 서강이 쓴
이순신 장군에 대한 글에 다른 사람과 달리 나에 대해 비교적 객관적으로
쓴 것을 본 기억이 난데다, 금년 4월엔가 나의 묘를 찾아 술잔을 놓고
나의 종손과 나에 대한 이야기를 나누었던 일이 떠올라 정말 반가워
빠른 걸음으로 나왔지. 우선 나보다 4백여 년 뒷사람이니 말은 놓겠네.
그리고 내 호칭 문제는 다 좋지만 굳이 택하라면 내가 세상에서 마지막
한 벼슬인 통제사(統制使)로 불러주면 괜찮겠네.

서강   저는 통제사님을 모시기로 하고 모시는 장소를 어디로 할까,
몇 곳을 생각하다 그래도 통제사님이 태어나시고 사당이 있는 이곳으로
하기로 했습니다. 괜찮으시지요. 아마 오늘이 통제사님 기일이고 해서
혹 번거로울까 걱정했는데 다행히 조용해 한시름 놓았습니다.

원릉군 장소를 이곳으로 한 것은 나에게는 고마운 일이지. 날이 어둡지만

주변 산야의 윤곽 등이 내가 어려서 뛰놀던 때의 모습과 큰 변화가 없는
것 같아 반갑기 한이 없구만. 내가 동네 개구쟁이들과 이곳 들판을 누비며
병정놀이 했던 생각이 어제 일처럼 떠오르네. 오늘이 내 기일이라고.
요사이는 기일에 제례지내는 일이 거의 없고 1년에 두어번 시제(時祭)
때나 제례를 지내구 해. 오늘은 참 잘 됐구만. 기일(忌日)날 외롭지 않게
서강과 술 한잔 하며 이런저런 옛날이야기나 하며 지나게 되어서.

서강 오늘 통제사님 기일이고 해서 술과 약간의 제물을 준비했습니다.
술은 경기도 일동 양주장에서 가양주로 만든 오순주(五筍酒)라는 술인데
기호에 맞으실지, 먼저 술 한잔 하시고 말씀을 듣도록 하겠습니다.

원릉군 오순주라. 서강도 들었겠지만 나는 원래 술은 청탁(淸濁)을 안
가리고 두주불사(斗酒不辭)이지. 술은 많이 가져왔나. 우선 한잔 따르고
자네도 한잔 하게.

서강 통제사님 정말 호풍스러우시네요. 옛글에서 보았던 장군님들
모습이십니다. 술은 한말 정도 가져왔습니다. 그만하면 되겠죠. 술맛은
어떠하신지요.

원릉군 술맛은 이만하면 됐네. 자네도 오늘은 허리띠 풀고 실컷 마셔보세.
참 오랜만에 마셔보는 술이구먼.

서강 통제사님, 술 드시면서 말씀하시죠. 제가 궁금한 것은 통제사님의
집안에 대한 말씀을 듣고 싶습니다. 제가 알고 있기로는 통제사님 집안은
당시에 손꼽히는 무반가문(武班家門)으로 선친 되시는 원준량(元俊良) 님
은 통제사님과 같이 병마절도사를 역임하셨다고 하는데, 이런 이야기도
들려주시고 통제사님의 유년시절도 말씀해주시면 감사하겠습니다.

원릉군 우리 집안 이야기를 하라고? 집안 자랑 같아 좀 그렇지만 이야기
함세. 우리 본관이 원주(原州)인 것은 알겠고 우리 집안은 고려 건국공신으
로 '통합삼한공신병부령(統合三韓功臣兵部令)'을 역임하신 원극유(元克猷)

라는 분을 시조로 모신 후손들로 고려조와 조선조에 걸쳐 주로 무반을
많이 배출한 집안이지. 선조 분들을 다 이야기할 수는 없고 나의 바로
윗대 분들만 들어보면, 나의 고조부는 군자감정(軍資監正 : 追贈)이신 원몽
(元蒙)이시고. 증조부는 병조참의(兵曹參議 : 追贈)이신 원숙정(元叔貞)이
시고, 조부는 호조참판(戶曹參判 : 追贈)이신 원임(元任)이시지. 그리고
나의 선친은 서강이 이야기한대로 나와 같은 병마절도사와 수군절도사를
역임하시고 돌아가신 후에 영의정에 추증되신 분으로 내가 평생 사표로
삼았던 분이시지.

　나의 유년시절이라. 이 부근에 나의 옛집이 있었고 내가 이곳에서
경자(庚子 : 중종 35 : 1540)년 정월달(1월 5일)에 태어났지. 이곳은 원주
원씨 집성촌이었기에 한마을이 전부 친척 집안이어서 어려서 정말 재미있
게 지냈지. 우리 집은 무반을 많이 배출한 집안인데다 나는 여덟 형제
중 장남이었기에 부모님의 기대도 컸고 나의 선친은 자기의 뒤를 이어
무반으로 벼슬길에 나가도록 수시로 나를 일깨우셨어. 그러다보니 어려서
부터 과거시험 무과를 생각하게 되었고 선친으로부터 많은 것을 익히고
배워가며 준비를 하였지. 그래서 동네 아이들을 모아 병정놀이를 하면서
무술을 연마하기도 하고 지금 보이는 건너편 산에서 달 밝은 밤에 혼자
산위에 올라 무술을 익히기도 하였어. 지금 저 산을 보니 옛 생각이
많이 나는구먼.

서강　저 산을 보니 통제사님이 어려서 무술을 연마(鍊磨)하던 모습이
어른거리는 것 같습니다. 통제사님 그럼 과거시험은 언제 급제하셨는지요.

원릉군　나는 이곳에서 어린 시절을 보내다 선친이 내직으로 자리를
옮기게 되어 내 나이 15세 되던 해에 우리 집안이 한양 건천동(乾川洞)으로
이사했지. 나는 그곳에서 몇 차례 과거를 보다 내 나이 28세 되던 정묘(丁卯,
1567)년 과거시험 식년시(式年試) 무과에 합격했어. 지금도 그때 생각을

하면 가슴이 벅차.

서강 뒤에 이야기가 나오겠지만 건천동 이야기가 나와서 여쭈어 보겠습니다. 최근에 나오는 소설이나 글 속에 통제사님이 건천동에 살 때 충무공 이순신(忠武公 李舜臣, 1545~1598) 장군과 서애 유성룡(西厓 柳成龍, 1542~1607) 공과 이웃에 살아 어려서 병정놀이도 같이하고 가깝게 지낸 것으로 많이 나오는데 이것이 사실인지요.

원릉군 황당한 이야기야. 내가 건천동으로 이사온 것이 15세 때인데 이때 이 수사 나이가 10여 세로 나와 나이차이도 많이 나 친구가 될 수 없었을 뿐 아니라 그해 이 수사는 건천동에서 부모를 따라 외가인 아산으로 이사하였기에 나와는 만날 수가 없었지. 어떻든 나는 그를 만난 기억이 없어. 뒤에 함경도 군영에서 처음 만났고 그때 자기가 건천동에서 태어나 어린 시절을 그곳에서 보냈다고 해 그 뒤에는 그런 인연을 가진 것으로 기억했지. 서애공은 동네서 몇 번 만난 기억은 있지만 전혀 친교를 갖지 않았어.

서강 과거에 급제하시고 벼슬길에 들어선 후 관직생활은 어떠하셨는지요. 특히 무장으로서 함경도에서 여진족과의 싸움에서 공을 세우신 것으로 알고 있습니다. 이에 대한 말씀도 해주셨으면 좋겠습니다.

원릉군 과거에 급제한 후 몇몇 무직을 거쳐 선조 16년(1583), 내 나이 43세 때 거제현령으로 부임하여 처음으로 고을 수령이 되었다가 다음해 함경도에 조산만호(造山萬戶)로 부임, 여진족과 국경을 접하며 이들과의 어려운 싸움을 하며 견디었어. 그러다가 여진족의 잦은 난동을 응징하기 위해 조정에서 북병사 이일(北兵使 李鎰)장군에게 명하여 여진족에 대한 대대적인 토벌을 하였어. 그것이 유명한 시전부락(時錢部落) 정벌로 나도 여기에 참전하여 나름대로 한몫을 담당하였지, 지금도 그때 생각이 많이 나. 추운 정월 겨울밤, 꽁꽁 언 두만강을 건너 날이 밝을 새벽에 시전부락을 기습하여 궁려(窮廬 : 여진족의 사는 장막) 200여 채를 불태우고 여진족 380여 급과 우마 수십 필을 수확하여 여진족의 본거지를 초토화하였지. 이로써 북방이 어느 정도 안정이 되었고 나도 이곳에서의 전공을 인정받아 부령부사, 종성부사를 거쳐 내 나이 52세 되던 왜란이 일어난 선조 28년 (1592), 경상우도수군절도사에 임명되어 경상도 우수영으로 부임하였어. 어떻든 나에게 많은 것을 얻게 해주고 또 정이 들었던 함경도를 이때 떠난 후, 한번도 찾지 못하였어.

서강   선조실록에 보면 병조참의 조인득(趙仁得) 공이 어전(御前)에서 통제사님을 "비록 만군이 앞에 있어도 돌진할 뜻이 있고(雖有萬軍 有橫突之 意)"라고 평하였는데 이것이 당시 통제사의 활약하신 것을 보고 한 말인지 요.

원릉군   내가 항상 부하들 앞에서 적진에 돌진하였다는 이야기를 듣고 나를 칭찬한 소리라 고맙긴 한데 이 이야기로 나는 뒤에 많은 사람들로 부터 생각 없이 무모하게 적진에 돌격만 하는 만용(蠻勇)을 부리는 용장(勇 將)이라는 평을 듣게 되어 한편으로 서운하기도 했어.

서강   지금도 세평이 통제사님 하면 용장이라고 많이 평가하죠. 이에 대한 말씀은 차차 듣도록 하고 경상우수사로 부임하신 후, 왜란을 어느 정도 예견하셨는지, 예견하셨다면 어떤 준비를 하셨는지요.

원릉군   내가 경상우수사로 부임한 것이 임진왜란이 일어나기 2달 전이었 어. 당시(1590) 왜국은 우리에게 사신을 보내 정명가도(征明假道 : 명을 치러가는 길)를 요구해 전쟁에 대한 위험을 어느 정도 감지하고 있었지만 그렇게 빨리 왜란이 일어나리라고는 생각 못했어. 한 1, 2년 뒤쯤 일어나지 않을까. 그래서 나는 우선 나의 예하(隸下)의 포(浦), 진(津)을 장악하려 애를 썼지.

왜냐하면 서강도 어느 정도 알고 있겠지만 당시 군사체계는 경상도의

경우, 수군은 절도사를 세 자리 두었는데 하나는 관찰사가 겸하고 좌우절
도사는 무반으로 보임하고 그 밑에 첨사(僉使), 우후(虞候), 만호(萬戶)등의
무관을 두고 이중 첨사와 만호는 실질적인 병졸들을 거느리고 그 밑에
있는 포·진(浦·津)의 군권 및 행정권 사법권까지 행사하였지. 그렇지만
첨사와 만호는 관찰사의 통제를 받았고 또 병마절도사의 지휘를 받기도
하였어. 그러다 보니 수군절도사의 경우 자기 관할지역의 휘하군의 지휘통
솔을 하기가 그렇게 쉽지 않았어. 그래서 나는 이들을 장악하는데 힘을
기울이고 있는데 전란이 일어난 거지.

서강 　통제사님 말씀을 들으니 전란 초기의 혼란했던 상황이 어느
정도 이해가 됩니다. 그런데 전란 초에 혼란상황은 이러한 지휘체계뿐
아니라 조선조의 병역제도에도 문제가 있었던 것 아닌가요.

원릉군 　서강이 참 잘 보았어. 말한 대로 당시에는 일종의 병농일치(兵農一
致)제로 평상시에는 생업에 종사하다 전시체제(戰時體制)일 때 징병하여
군대를 구성, 진관에 예속하는 진관체제(鎭管體制 : 각도마다 병영밑에
巨鎭을 두어 일종의 지역방위체제 : 지금의 향토예비군과 유사)의 자전자
수체제(自戰自守體制)였지. 그런데 오랜 평화시기와 국가기강이 문란해져
병사들의 소집이 거의 불가능했고 왜군의 침략소식을 듣고 주민들은
남부여대(男負女戴) 산간으로 피난하여 왜군의 진격로에는 대부분 지역이
공성허읍(空城虛邑)이었으니 군대를 소집해도 응소하는 경우가 거의 없었
지, 참 가슴 아픈 일이었어.

서강 　통제사님 말씀을 들으니 북방의 용장이었던 이일(李鎰,
1538~1601) 장군 이야기가 떠오릅니다. 이 장군이 순변사(巡邊使)로 명받
아 병조로부터 군대를 수백 명 받았지만 실병력이 없어 3일이나 기다렸다
거의 군관들만 거느리고 남하하면서 길가에서 만나는 주민들을 소집해가
며 상주까지 내려가 이들을 모아놓고 활 쏘는 훈련을 시키다 왜군 척후병의

기습을 받아 와해(瓦解), 대패(大敗)했다는 이야기가 생각납니다. 통제사님도 알고 계신 이야기죠.

그럼, 전쟁 초기 왜군의 근거지가 되었고 왜군 진격로의 중심이었던 경상도 상황은 어떠하였는지요. 임진왜란 초기의 이곳 상황은 초유사(招諭使) 김성일(金誠一) 공이 조정에 보고한 것을 보면 "경상좌수사 박홍(朴泓)은 화살 한개도 쏘지 않고 먼저 성을 버리고 도망쳤으며, 경상좌병사 이각(李珏)은 동래로 도망하였고, 경상우병사 조대곤(曺大坤)은 연로(年老)하고 겁이 많아 시종 전투를 피했으며"라고 실록에 기술되어 있는데 사실이 어떠하였는지 자세한 이야기를 듣고 싶습니다.

원릉군 이일 장군 이야기는 내가 전쟁 중에 이 장군으로부터 직접 들었어. 전쟁 초기에 이런 모습이 도처에서 목격되었지.

임진왜란 초전 상황은 김성일 공이 보고한 내용과 거의 비슷했어. 선조 25년 4월 13일(1592), 왜군 1만 5000여 명을 200여 척의 함선이 부산에 쏟아내면서 왜란은 시작되었지. 이들은 큰 저항도 받지 않고 상륙, 부산포를 공략하여 이곳에서 부산진첨사 정발(鄭撥) 장군의 저항을 받았으나 곧 이곳을 점령하고 부산에 교두보를 확보하였고. 더욱이 이곳 해상방위 임무를 맡은 경상좌수사 박홍은 왜군 침략소식을 듣고 수영에 있던 군선과 군량을 모두 불태운 후 근왕(勤王)을 한다는 명분을 내세워 도망쳤지. 왜군은 곧 동래성을 공격하자 동래부사 송상현(宋象賢) 공은 경상좌병사 이각(李珏)에게 원병을 요청하고 동래성에서 왜군과 치열한 공방전을 전개했으나 결국 성이 함락되었고, 이각은 울산의 병영을 탈출하였다 뒤에 평양에서 도원수(都元帥) 김명원(金命元) 장군에 잡혀 처형되었지. 곧이어 왜군은 방향을 울산과 김해부로 나누어 공략하였어. 당시 경상우병사 조대곤(曺大坤)은 나이가 74세 고령이어서 별다른 역할을 못하고 차례로 김해 창원이 왜병에 점령 당하였어. 그러다 보니 경상도가 거의 왜적에게 함몰되었지.

서강　당시 상황을 통제사님으로부터 직접 들으니 생생하고 긴장감이 느껴지네요. 정말 전쟁에 대한 준비 없이 기습 당한 모습이 눈에 선합니다. 그럼 통제사님이 맡았던 경상우수영 이야기도 들려주셨으면 합니다. 좀 말씀드리기 거북하지만 당시 조정에 올라온 우수영에 대한 초유사 김성일 공의 보고서를 보면 "경상우수사 원균은 군영을 불태우고 바다로 나아가 단지 배 한 척만 보존했을 뿐이다"라고 하였는데 이에 대한 통제사님 말씀을 듣고 싶습니다. 죄송합니다.

원릉군　초유사의 보고서가 과장되었지만 전체적으로 보았을 때 맞는 점도 많은 것은 솔직히 인정하지. 내가 이야기하면 나의 변명 같아 좀 그렇지만 이야기함세. 먼저 이야기 한대로 내가 우수영에 부임한 것이 왜란 일어나기 2개월 전이야. 그래서 각 포 진에 대한 업무파악도 미진했고 장악력이 부족했던 것이 사실이야. 왜란이 일어났을 때 나는 거제도 가배에 있는 우수영에서 경상좌수사 박홍 장군으로부터 연락을 받았어. 그래 나는 우선 각 포·진에 대해 자체방위와 병력을 규합하여 우수영에 집합하도록 파발(擺撥)을 띄웠어. 그리고 파발을 계속 보내 왜군이 접근해 오면 싸우다 후퇴할 때는 군용물품을 소각하라는 청야작전(淸野作戰)을 명하고 왜병의 침략사실을 조정에 관문(關文)을 띄워 보고하고 인근 수영에 알려 대비케 하였어. 그러면서 각 포진의 함선이 수영(水營)에 모이기를 기다렸지. 그러나 옥포만호(玉浦萬戶) 이운룡(李雲龍), 영등포만호(永登浦萬戶) 우치적(禹致績), 남해현령(南海縣令) 기효근(寄孝謹)만이 몇 척의 함선을 가지고 우수영에 모였어. 우수영의 함선과 병력을 결집하여 함대를 구성하는 데 실패한 것이 지금 생각해도 가슴이 아파. 정말 통탄할 일이지. 그래 나는 하는 수 없이 우수영을 노후(虞侯) 우응진(禹應辰)에게 맡기고 휘하장군과 4척의 군선을 이끌고 곤양 해구에 머물러 적을 지키며 비장

이영남(李英男)을 전라좌수사 이순신 장군에게 보내 원병을 요청했지. 그런데 전라좌수군을 기다리는 동안 각 포·진에서는 왜군이 접근해오자 함선을 깨트리고 관아를 불지르고 내륙으로 도망하는 경우가 많이 있어 초유사의 그런 보고서가 쓰여진 것이라 생각돼. 어떻든 여러 가지 이유가 있지만 내가 책임져야할 일이지. 그런데다 조정은 신립(申砬) 장군의 주장에 따라 방왜육전론(防倭陸戰論)에 의한 수군무용론(水軍無用論)이 주류를 이루어 지방수장들이 이 영향을 많이 받았고 이것이 이런 현상을 더욱 가속화 시켰다고 볼 수 있지. 나도 왜란 전에는 그런 군사전략에 공감하고 있었다고 말할 수 있어.

서강 저도 어느 사서(史書)에서 보니 임란이 일어난 그해 4월말 조정에서 패전을 거듭하는 육전에 집중하기 위해 수군 폐지령을 하달했고 이에 대해 이순신 장군이 수군 존속의 필요성을 장계를 올렸다는 글을 보았습니다. 이런 조정의 처사로 수군 군영의 청야작전이 가증(加增)되었다고 보아도 잘못된 이야기는 아니겠죠. 다시 이야기 본론으로 들어가 통제사님의 원병 요청에 이순신 장군은 언제 함대를 동원, 경상도 해역으로 출동하시어 연합함대를 구성하게 되었는지요. 그리고 연합함대 구성 이후 왜군과의 전쟁과정을 간략하게 말씀해주셨으면 감사하겠습니다.

원릉군 내가 이영남 비장을 보내 이 수사에게 원병을 요청했으나 쉽게 움직이지 않던 전라좌수군이 4월 27일 조정의 명을 받고 5월 4일 출동하였지. 나는 이 수사의 내원을 학수고대(鶴首苦待)하던 차 5월 6일, 당포에서 기다리던 전라좌수군을 만났지. 평소 이 수사가 재주있는 지장(智將)임을 알고 있었지만 판옥선(板屋船) 24척과 협선(狹船), 포작선(鮑作船) 등 85척의 함대를 보고 놀랍고 마음 든든하였어. 우리는 여기서 내 휘하의 판옥선 4척을 합쳐 연합함대를 구성하고 이곳이 나의 관할인 경상도이기에 내가 지휘하는 것이 마땅하지만 전라좌수영군이 연합함대의 주류를 이루고

있어 지휘를 이 수사에게 맡기고 나는 안내와 나의 휘하 함선과 선두에
섰지. 다음날 우리 함대는 정오경 옥포 앞바다에서 척후장(斥候將) 사도첨
사(蛇渡僉使) 김완(金浣)이 보낸 적의 발견 소식을 듣고 옥포만으로 진입해
보니 30여 척의 왜선들이 거제도와 옥포만 일대를 약탈하던 중이었어.
우리 함대가 왜함을 향해 돌격하자 6척의 왜선이 우리와 맞서고 곧이어
다른 왜함들도 바다로 나와 우리를 향했으나 우리 공격에 대부분 격파되어
이 해전에서 우리는 왜선 26척을 분멸(焚滅)하였지. 곧이어 우리 함대는
합포에서, 다음날 고성의 적진포에서 왜선을 대파하였지. 이렇게 우리
연합함대는 1차 출전에서 왜란 발발 이후 처음으로 왜함 44척을 분멸하는
대승첩을 거두고 우리 함대는 전열을 정비하고 몇 일 뒤에 만나기로
약속하고 각기 본영으로 귀항하였지.

　나는 1차 출전 이후 휴식하는 동안 군력보강을 위해 최선을 다하며
왜군의 동정을 살피고 있던 중, 5월 27일 왜함이 곤양 등지에 출현하였다는
보고를 받고, 즉각 전라좌·우수영에 급보를 보냈지. 급보를 받고 이
수사는 곧 출항하여 5월 29일, 나와 노량에서 만나 연합함대를 구성했지.
이번 2차 출전에는 전라우수사(全羅右水使) 이억기(李億祺) 수사가 합류하
기로 했지만 늦게 출항하여 사천해전, 당포해전을 치른 후인 6월 4일,
25척 함대를 이끌고 합류, 명실공히 경상, 전라 좌우수영군의 연합함대가
구성되었지. 우리는 사기충천하여 뒤이어 당항포해전, 율포해전을 통해
11일 동안 네 차례 해전에서 왜선 72척을 분멸하는 대전과를 올렸어.
6월 10일, 군장을 정비하고 휴식을 취하기 위해 전라 좌우수군은 본영으로
귀항하고 나는 경상도 해역을 초계하며 군비보강에 힘을 기울였지. 그런데
왜군은 남해에서의 거듭된 패전을 만회하기 위해 70여 척의 함대를 구성,
서진하고 있다는 정보를 듣고 연합함대의 3차 출전을 결정하고 7월 6일
출항, 노량에 모여 연합함대를 구성하였지. 연합함대는 왜함을 탐색하던

중 견내량 해역에서 왜함대와 마주쳤어. 우리는 왜함을 한산도 앞 넓은 바다로 유인, 이곳에서 학익진(鶴翼陣)으로 왜함을 포위, 대대적인 섬멸전을 전개, 왜선 59척을 격파하고 왜병 4000여 명을 수장시키는 대전과를 거두었지. 그리고 다음날 안골포에서 왜선 20여 척을 분멸하였지. 정말 통쾌한 8일간의 해전이었고 이 해전을 통해 가덕도 이서(以西)의 남해 제해권을 완전 장악해 왜적들의 임진왜란 기본 전략인 수륙병진책(水陸竝進策)을 분쇄하는 대업을 이루었지. 우리는 다시 만나기를 다짐하고 전라 좌우수군은 각기 자기 본영으로 회군하고 나는 이곳의 잔적소탕을 하며 경상도 해역을 다듬으며 임란의 최대 승첩인 한산도 대첩을 마무리지었어. 3차 출동 이후 우리는 왜군의 우리 땅의 교두보요 침략의 근거지인 부산을 공격하기로 하고 8월 24일 연합함대를 구성, 부산으로 출동하였지. 우리는 9월 1일, 절영도를 돌아 부산포로 진격하였지. 이곳에는 왜선 500여 척이 부두에 정박하고 있었고 우리는 이들을 장사진(長蛇陣)으로 열을 지어 포구로 돌진하며 공략하여 왜선 100여 척을 분멸(焚滅), 왜적의 조선침략의 심장부에 심대한 타격을 주어 왜적의 간담을 서늘하게 하였지.

서강   남해에서의 연합함대가 이룩한 대승첩은 절망에 빠졌던 조정의 분위기를 기사회생(起死回生)시켰다고 할 수 있겠습니다. 그런데 이런 기쁨 뒤에 불행히도 통제사님과 이순신 장군과의 군공논쟁(軍功論爭)이라는 불화가 생겼다고 알고 있습니다. 좀 말씀드리기 거북하지만 이것이 뒤에 많은 문제가 연계되어 있어 통제사님의 솔직한 말씀을 듣고 싶습니다. 괜찮으신지요.

원릉군   언젠가는 나도 꼭 하고 싶었던 이야기이니 가슴을 탁 터놓고 이야기 함세.

이 수사와 내가 처음 연합함대를 구성하고 출전하고 해전을 치른 후 이를 조정에 장계(狀啓)할 때 나는 나의 관할(管轄)지역에서 이루어진 것이기에 내가 장계하는 것이 마땅하다고 생각했으나 이 수사의 전라좌수군이 함대의 주류를 이루었기에 두 사람이 연명으로 장계하기로 했지. 그런데 여기에 문제가 생긴 것이지. 지휘관이란 부하들을 이끌어 전쟁의 승리를 쟁취하는 것이 가장 큰 책무지만 이를 이루기 위해 부하들의 공을 어떻게 잘 챙겨주느냐 하는 포상(襃賞)문제가 가장 기본이지. 그런데 두 사람이 연명으로 장계(狀啓)를 올리다보니 자연히 병력에 다수를 차지한 이 수사가 유리해 1차 출전에서 이 수사는 가선대부(嘉善大夫, 종2품)로 가자(加資)되었지. 그런데도 이 수사는 자기 나름대로 불만이 있어 3차서부터 단독으로 장계를 올리었고 나도 단독으로 올리게 되었고, 이것 때문에 점차 감정의 골이 깊어지게 되었지. 그러다보니 군공을 놓고 쟁공(爭功)하는 모습이 되었어. 그리고 한산도 대첩 이후 이 수사는 자헌대부(資憲大夫, 정2품), 그리고 나와 이억기 수사는 가선대부(嘉善大夫, 종2품)에 가자되었고 부하들도 이와 비슷하게 포상을 받았어. 그러다가 나보다 나이도 어리고 벼슬길에도 후배인 이 수사가 삼도수군통제사(三道水軍統制使)에 임명되어(1593. 8. 15) 나의 상관이 되니 정말 기분이 별로 편안하지가 않았어.

서강   솔직한 말씀 잘 들었습니다. 약주 드시죠. 그런데 제가 알고 있기에는 이순신 장군과의 불화가 쟁공문제 이외 수군작전 문제도 있었다고 알고 있습니다. 이에 대한 말씀도 듣고 싶습니다.

원릉군   서강이 나와 이 수사 관계를 많이 챙겨본 모양이구먼. 자네도 술 한잔 들고.

   이 문제도 참 중요한 문제였지. 서강이 알다시피 이 수사는 신중하고 전장에 임해서는 답답할 정도로 깊이 생각하고 판단해서 움직이는 지장(智將)이라 할 수 있어. 여기에 비해 나는 모든 문제를 빨리 판단하고 더욱이 전장에서는 과감하게 행동하는 형이지. 그러다 보니 전장에서 잦은 충돌이 있을 수밖에. 한산도에서도 나는 견내량에 있는 왜함을 준비할 시간 여유를 주지 말고 돌진해서 격파하자고 주장했고 이 수사는 수심이 얕고 협소한 견내량을 피해 왜함을 큰바다로 유인해서 학익진으로 포위 격멸하자고 해 결국 이 수사의 의견을 따라 대첩을 얻었지만, 나는 지금도 내 주장대로 했으면 더 섬멸적인 타격을 주었다고 생각하고 있어. 그러다가 이 수사가 통제사가 되자 나와 이런 문제를 가지고 많은 충돌을 하게 되었고 나는 이 수사의 전쟁에 임하는 태도가 마땅치 않아 많은 불만을 토로(吐露)하기도 하고 기회있을 때마다 조정에 있는 유력한 인물들에게 나의 생각을 전한 것도 사실이지.

서강 이순신 장군도 통제사님에 대해 편치 않은 감정을 가지고 계셨던 것 같습니다. 이런 말씀드리기 무엇하지만 이왕 이야기가 나와 말씀드리겠습니다. 이 장군님의 『난중일기』를 보신 적이 있는지요. 『난중일기』에 보면 통제사님에 대해 "실로 한탄스럽기 한이 없다" "형편없는짓" "통탄스럽다" "해괴하다"라는 표현들이 보이는데 이에 대해 어떻게 생각하시는지요.

원릉군 내가 직접 보지는 않고 몇 사람한테 들었어. 나는 이에 대해 한마디 한다면 나의 군진영(軍陣營)에서나 일상생활의 모습은 당시의 보통지휘관들의 일반적인 모습이었으나, 당시의 일반지휘관과 생각이 다른 이 수사의 잣대로 보면 나의 행동을 이해하기 어려웠다고 생각할수 있지. 특히 나는 무반집안에서 성장하여 술과 여자 문제는 비교적 융통성을 많이 가진 편이었어. 이런 것이 못마땅했겠지.

서강 통제사님과 이순신 장군과의 불화가 널리 알려져 결국 조정에서 수군의 지휘권을 확립하기 위해 통제사님을 충청도 병마절도사로 전보조치를 하였는데 이때 전후사정을 말씀해주셨으면 합니다.

원릉군 나와 이 수사와 여러 가지 이야기가 많이 떠돌아 두 사람의 전보설(轉補說)이 여러 사람 입에 오르내렸는데 뜻밖에 나에게 충청도 병마절도사 발령이 하달되었어.(선조 28년 3월) 이 전보명령을 받고 정말 기분이 언짢았어. 왜 내가 밀려나야지 하는 생각이 들었던 것이 사실이야. 그렇지만 다시 생각해보면 수사는 정3품이고 병사는 종2품이니 문책이기보다 일종의 승진이고 내가 충청병사는 한번 가고 싶었던 자리이기도 하고. 그래서 다시 마음을 정리하고 왕명을 조용히 받고 임지로 부임하였지만 어떻든 기분은 별로 좋지 않았어.

서강   통제사님의 전보 후에도 이 문제가 종식되지 않고 임란 초기의 이순신 장군의 지원과 해전승리를 놓고 계속 논란이 되었을 뿐 아니라 이것이 조정에 당파 싸움과도 연계되어 통제사님은 윤두수 공, 윤근수 공을 중심한 서인계가, 이순신 장군은 서애 유성룡 공, 이원익 공을 중심한 동인계가 옹호하면서 가열된 것으로 알고 있습니다. 그런 와중에 몇 가지 사건이 일어나면서 이순신 장군은 삼도수군통제사직위에서 파면, 투옥되는 사태가 벌어졌는데 세평은 이런 모든 일이 통제사님의 무고에 의했다고 하는데 이에 대한 말씀을 듣고 싶습니다.

원릉군   정말 다시 생각하고 싶지 않은 이야기지만 서강이 듣고 싶다니 간단히 이야기함세. 한마디로 이야기하면 내가 조정에 올린 장계나 서신이 많은 영향을 주었다는 것은 인정해. 그렇지만 그것을 무고(誣告)라 몰아붙이는 것은 인정할 수 없어. 나는 나라와 전하를 위한다는 충정에서 한 것인데. 이것이 이 수사를 불리하게 한 것은 있겠지. 어떻든 먼저 이야기한 대로 내가 충청병사로 전속된 이후에도 이 수사에 대한 이런저런 논란이 계속되자 다음해(선조 29, 1596) 가을, 조정에서 나를 전라병사로 전보했어. 나를 경상도와 인접한 이곳으로 발령한 것은 조정에서 나의 억울함을 인정했다고 생각해 기쁜 마음으로 부임했지. 그러다가 결국 다음해(선조 30, 1597) 1월, 나를 경상우도 수군절도사겸 경상도통제사로 발령하고 다음달 2월에 이순신통제사를 파직, 서울로 압송하고 나에게 통제사 자리를 승계토록 하였지. 그런데 조정에서 이 수사를 파직, 하옥한 죄목으로 제시한 것은 모두 4가지로 첫째가 기망조정 무군지죄(欺罔朝廷 無君之罪 : 부산왜영 방화사건을 잘못 공적 보고한 죄), 둘째가 종적불토 부국지죄(縱賊不討 負國之罪 : 가토의 渡海時 水路遮斷策을 수행하지 못한 죄), 셋째가 탈인지공 함인어죄(奪人之功 陷人於罪 : 어른을 어린아이로 잘못 보고하여 誣陷한 죄), 넷째가 무비종자 무기탄지죄(無非縱恣 無忌憚之罪 : 출전명령을 무시하고 복종하지 않은 죄)로 이 죄목들을 보면 나와 직간접적인 연관은 있지만 그보다도 이중 가장 조정에서 중시하고 또 나와 중요한 연관이 된 것은 두 번째로 왜인 요시라(要時羅)가 왜장 가토(加藤淸正)가 바다를 건너온다는 정보를 주어, 이에 조정에서는 이 수사로 하여금 출동하여 차단하라 했는데, 이를 무시하고 출동치 않아 왜장이 살아 무사히 도착했다는 것이지. 나는 이 이야기를 듣고 이 수사가 지나치게 자기 보신에만 신경쓰고 국가 안위에는 소극적이었다고 생각해서 이 수사를 통렬히 비난하였고, 이러한 나의 뜻을 조정에 알리기도 하였어. 이러한 것이 전하(殿下)나 조정에서 이 수사가 출동치 않아 왜장이 무사히 귀환해 정유재란이 일어나게 된 것이고 더욱이 그 자리에 내가 있었다면 왜장을 바다에서 죽여 전쟁을 막을 수 있었을 텐데 하는 생각에 이 수사를 내쫓고 나를 그 자리에 앉힌 것이라 생각할 수 있겠지. 그렇지만 이런 나의 행위가 없더라도 이미 전하나 조정에서는 이 수사의 파직을 결정하고 수순을 밟고 있었기에 이것이 이 수사의 파직 시기를 좀 앞당겼다고는 생각할 수는 있지만 이 수사 파면의 결정적인 요인이라 볼 수는 없지.

서강   말씀 잘 들었습니다. 대부분의 사서(史書)에는 이순신 장군 파직의 요인을 통제사님의 무함(誣陷)이라고 적고 있는데 여러 가지 요인을 추출(抽出)할 수 있겠습니다. 그런데 통제사님도 지금은 알고 계시겠지만 이순신 장군의 파직 요인 네 가지를 나름대로 분석해보면, 첫 번째 부산포 왜영방화사건은 이순신 장군 휘하의 거제현령 안위(安衛)와 삼남도제찰사 우의정 이원익(李元翼) 공의 군관 김난서(金鸞瑞)가 모의해서 한 것인데, 이순신 장군이 먼저 보고하고 뒤에 이원익 공의 장계가 와 문제가 생긴 것입니다. 두 번째 가토가 바다를 건너온다는 요시라의 정보는 왜군의 계획적인 반간계(反間計)였던 것으로 판명 된 것과 같이 모든 죄목이 실제상황과 일치하지 않는 부분이 많은 것 인정하시죠. 어떻든 통제사님이 이순신 장군의 직위를 승계하시고 이순신 장군의 파직 요인이었던 부산 앞바다 출동을 거부하신 가장 중요한 이유가 무엇인지요. 그러다가 어떻게 출전하시게 되었고 그리고 패몰할 수밖에 없었는지. 말씀하시기 괴로우시 겠지만 말씀 부탁드리겠습니다.

원릉군 내가 통제사가 된 뒤에 요시라(要時羅)가 경상우병사 김응서(金應瑞) 장군에게 후속부대 왜선이 바다를 건너 올 것이니 조선 수군이 바다에 나아가 왜선을 공격하라는 정보를 제공하였고 이 정보를 김응서 장군은 도제찰사 이원익 공과 도원수 권율(權慄) 장군에게 보고하였어. 이 보고를 받은 비변사와 권율 도원수는 나에게 출진명령을 내렸던 것이지. 그런데 나는 이 수사로부터 통제사 자리를 이어받은 이후 부산의 왜군을 몰아내기 위해서는 수륙군합동작전만이 가능하다는 판단 하에 조정에 나의 구상을 알리고 육군 30만을 확보하여 가덕도와 안골포의 왜군을 몰아내줄 것을 요청하고 있었지. 이는 우리 수군이 부산까지 원행을 할 경우 부산 앞바다 에는 함대를 정박할 곳이 없어 중간 기착지 확보가 필수요건이었기에 나는 출전을 거부하고 수륙합동작전을 고집하였던 것이지.

그러자 권율 도원수는 이 수사가 같은 이유로 출전하지 않아 죄를 입고 하옥된 사실을 나에게 상기시키면서 출전을 강요하였어. 그것은 맞는 이야기지만 나는 사전에 수륙합동작전의 필요성을 몇 차례 요청하고 있는 상황이었기에 나는 끝까지 나의 주장을 관철하고 싶었지. 그래서 나는 몇 차례 수군 함대를 움직였지만 실제 전 함대를 동원하지 않고 적의 근황만 정탐하고 소규모 해전만을 몇 차례 했었어. 그러자 권율 도원수는 곤양까지 와 나를 소환하고 나를 형틀에 얽어매고 곤장까지 때리면서 출전을 강요했어. 결국 나는 이런 치욕적인 대접을 받으며 더 이상 버틸 수 없어 전 함대를 이끌고 선조 30년 7월 14일, 새벽에 출항하여 부산으로 향하였고. 함상에서 이 수사를 생각하며 그가 왜 왕명을 거절하고 끝까지 출전을 거부했는지를 곰곰히 생각하며 지금의 내 모습이 나의 자업자득(自業自得)이라는 생각이 들어 혼자 술잔을 기울이며 이 싸움에서 이길 수 있는 방법이란 어떻게 하던 왜군과의 싸움을 전 왜함을 집결시켜 이를 속전속결로 결말을 내고 병사들이 피로하기 전에 한산도로 귀항하는 것만이 나와 함대를 살릴 수 있는 길이라고 마음속으로 몇 번씩 다짐을 하였어. 그리고 부하제장들을 소집하여 나의 뜻을 알리고 최선을 다할 것을 몇 번씩 다짐 받았지. 그래서 나는 적에게 우리의 부산출동을 알린다는 의도에서 대낮에 항해를 계속해 왜함들이 부산에 집결하도록 유도했었지. 드디어 우리 함대가 부산의 절영도 앞 바다에 이르러 보니 왜함들이 집결해 있어. 나는 군사들을 독려하며 돌격을 시도하였으나 왜함들은 우리들의 의도를 간파하였는지 싸움을 회피하며 우리를 계속 회유(回遊)토록 하여 우리를 지치게 하였어. 나는 왜군과의 속전(速戰)을 기도했으나 왜함들의 이런 전술에 이끌리어 싸움다운 싸움도 못하고 격군(格軍)들은 노젓기에 지쳐버렸고, 거기다 엎친데 덮친 격으로 날이 어두워지며 풍랑이 세차게 일어 항해가 불가능한 상태가 되어 우리 전선들은 혼돈에 빠져 표류하며 흩어졌어. 나는 이들을 가능한 한 수습하여 가덕도에 기항하였지. 그런데 각 함정의 수병들은 휴식을 취하지 못해 지칠대로 지친데다 기갈(飢渴) 때문에 물을 구하러

다투어 상륙하였는데 이때 이곳에 이미 와 매복하고 있던 왜병에 기습을 받아 많은 사졸들이 죽음을 당했어. 나는 물도 구하지 못하고 항로를 바꾸어 급히 영등포로 이동했으나 이곳도 마찬가지. 남해의 연안 일대에 왜병이 매복 공격하며 수륙합동작전을 펴니 정말 기갈을 해결하기 위해 기항할 곳을 찾을 수 없었어. 그래서 나는 잔여함대를 이끌고 7월 15일 풍랑을 무릅쓰고 파도와 바람을 피할 수 있는 거제도와 칠천도 사이에 있는 칠천량(漆川梁 : 거제도)으로 이동하여 기항하였지. 나는 이곳에서 밤을 새고 새벽에 출항하여 한산도 수영으로 급히 후퇴하여 재정비하려 하였으나 왜병들은 이미 우리 의도를 간파하고 밤새 함대를 집결하여 우리를 멀리서 포위하고 새벽에 대대적인 공세를 가해 지칠대로 지친 우리 수군이 그래도 용감히 항전했으나 역부족, 결국 새벽부터 시작한 전투는 점차 패색이 짙어졌어. 나는 어떻게 하던 잔여 함대를 살려 한산도 수영으로 귀환하려 하였지. 왜군의 포위망을 뚫고 수십 척의 함선을 이끌고 왜함의 추격을 어느 정도 벗어나 고성 추원포(固城 秋原浦)에 일단 기항, 재정비하려 하였어. 그런데 이곳도 왜군이 이미 매복해 부하들과 상륙한 나를 향해 공격해 와 나는 이곳이 나의 묻힐 곳이라 생각해 칼을 들고 왜병을 맞아 싸우며 몇 놈의 목을 베었으나 결국 그들의 칼에 이곳에서 숨을 거두었어. 정말 생각해 보기 싫은 장면들이지

서강　칠천량 패전은 통제사님 말씀과 같이 정말 생각해 보기 싫은 장면들이지요. 그러나 어떻든 이 패전으로 통제사님뿐 아니라 전라좌수사 이억기 장군, 충청수사 최호 장군 등 당시의 수군 지휘부가 거의 전사하였고 우리 수군의 전선 중 경상우수사 배설이 이끌고 탈출한 10여 척을 제외한 전 함정이 패몰(敗沒)되었지요. 정말 참담한 참패였지요. 후대 사가들은 참패한 원인을 사령관이셨던 통제사님에게 돌리고 있습니다만 실록에 보면 선조 임금은 "수군의 대패는 천운이니 어찌할 수 없다.

… 수군이 한산도를 고수하면서 바다를 차단했어야하는데 권율이 원균을 독촉해 패배를 초래했다. … 원균이 절영도 앞 바다로 나아가기 어렵다고 했는데 출전을 강요해 이 지경에 이르렀다"고 통제사님을 변호하는데 이에 대해 통제사님은 어떻게 생각하고 계신지. 그리고 말씀하시기가 괴로우시겠지만 통제사님이 나름대로 생각하고 있는 참패 원인을 말씀해 주셨으면 합니다.

원릉군   전하에 대해 무어라고 말씀드리기가 송구하지. 전하의 말씀은 정말 내가 하고 싶은 내 이야기라 하겠고 뒤에 나에 대해 이순신 장군, 권율 장군과 같이 선무일등공신으로 녹훈을 내린 것은 정말 감읍(感泣)할 따름이지. 그렇지만 전하가 나를 감싸주었던 것이 사실이고 정말 내 허물이 어떻게 없을 수 있겠나. 내 잘못이 크지.

그럼 칠천량 패전을 내 나름대로 이것저것 생각해 보았어. 첫 번째로 가장 큰 것은 내가 출전하지 않았어야 했던 것이지. 나는 패전 후 이 수사를 많이 생각했어. 이전에는 이 수사가 자기보신(自己保身)만 생각하고 모든 일에 지나치게 신중하고 소극적이라 생각했었는데 내가 통제사가 되고 똑 같은 일을 당하면서 이 수사의 참 마음을 이해할 수 있었어. 그래서 이 부산 앞바다 출진은 여건이 변하지 않는 한 수군 단독 출전을 내 직을 걸고라도 끝까지 거부하는 것이 옳은 것이었어. 두 번째로 어쩔 수 없이 출전했다면 우리 수군의 출전을 적이 알지 못하도록 하여 적의 집결을 막고 대신 우리 군은 집결해 분산된 부산지역의 적을 찾아 공격했어야 했는데, 오히려 나는 우리의 출진을 적에 알려 부산지역의 왜 함선을 한데 모아 내가 즐겨 썼던 적과의 정면 돌파 단판승부를 하려 하였던 것이 실패로 끝나게 되었지. 이는 적이 나의 의도를 미리 알고 이를 역이용해 수륙군의 연합작전을 통해 자기들의 의도대로 전쟁을 이끌어가 결국 우리에게 치욕적인 패배를 안겨주었던 것이지. 모든 것이 나의 불찰이라 더 이상 무슨 말을 하겠나.

서강   통제사님의 솔직한 말씀 잘 들었습니다. 새벽 닭 우는 소리가 들리네요. 통제사님과 작별할 시간이 닥아 오는 것 같습니다. 마지막으로 통제사님과 떼어내야 떼어낼 수 없는 관계에 있는 이순신 장군에 대해 솔직한 말씀을 듣고 싶습니다. 어떻게 생각하시는지.

원릉군   지금 세상에서는 이 수사를 충무공이라 부르는데 내가 이야기하면서 계속 이 수사라 해서 무슨 감정이 있나 하겠지만 나는 이 수사가 입에 익어 그냥 그렇게 부르는 것이지. 그건 그렇고 내가 생전에 이 수사 욕도 많이 했고 일부로 무함(誣陷)한 것은 아니지만 나의 말이 그의 신변변화에 많은 영향을 미쳤던 것 인정하지. 그렇지만 지금은 그에 대한 감정은 없고 오히려 미안하게 생각하는 일이 많아. 그렇다면 이 수사를 올바르게 평하자면, 나와는 성격적인 많은 차이가 있긴 하지만 용장(勇將)과 덕장(德將)의 면모를 갖춘 지장(智將)으로 가장 뛰어난 장군이었다고 보고 싶고, 이것은 내가 패전한 칠천량(漆川梁)해전 보다 몇 배 악조건 속에서 단 13척의 함선을 가지고 수백 척의 왜함과 이루어진 명량해전(鳴梁海戰)을 승리로 이끈 것 하나로 그에 대한 평가를 결론지을 수 있다고 하겠지. 나는 요사이도 가끔 이런 생각을 해. 그가 통제사 자리에 그냥 있고 부산 출전을 하였다면 어떻게 했을까 하는 생각을 하곤 해. 부질없는 일이지만 아마 충무공은 그가 평생 즐겨 썼던 손자병법의 아전이적분(我專而敵分-我衆而敵寡)에 따라 부산 앞바다의 적보다 많은 함대를 이끌고 왜함을 대해(大海)로 유인하여 학익진(鶴翼陳)으로 포위, 적함을 분멸(焚滅)하지 않았을까. 이것이 내가 충무공에 드리고 싶은 이야기지. 서강이 잘 기억했다 이 다음에 충무공 만나면 전해주게.

서강   통제사님 말씀 잘 들었습니다. 충무공께서도 원릉군 말씀을 들으시면 원릉군에게 그동안 가지셨던 오해나 섭섭했던 마음이 많이 바꾸어지시리라 생각됩니다. 언제가 두 분을 초대해서 한자리 만들어 보겠습니다. 오랜 시간 정말 감사했습니다. 끝으로 요즘 사람들에게 교훈적인 한 말씀 부탁드리겠습니다.

원릉군   이런 자리를 만들어 주어 정말 고맙구먼. 끝으로 요즘 사람에게 한마디 한다면 너무나 역사적인 교훈을 무시하는 것 같아. 임진왜란은 충분히 예견된 전쟁인데도 조정중신이나 백성들 모두가 안이하게 설마 전쟁이 일어나겠는가 하는 생각에 잠겨 전혀 전쟁에 대한 준비없이 전란을 당하여 전 국토가 유린(蹂躪)당하는 참극(慘劇)을 맛보았는데, 요사이도 이런 모습이 눈에 띄어 걱정스럽기 한이 없어. 다시 한번 부탁하고 싶어 역사적인 교훈을 되새겨달라고.

하곡(霞谷) 정제두와 서강(西江) 윤종영의 만남

때 2011년 9월 8일(음력 8월 11일) 밤 10시
장소 강화군 양도면 하일리 하곡 묘 앞

서강 선생님, 밤 늦은 시간인데, 이렇게 나와 주셔서 정말 감사합니다.
하곡 말을 놓겠네. 호를 서강이라구. 어떻든 서강에 대해서는 그 이전부터 알고 있었고 특히 얼마 전에 나에 대해 쓴 글을 읽은 적도 있고 해서 한번 만나구 싶었는데, 오늘 나를 부른다구 해서 만사 제치고 나왔지.

어떻든 반갑네.

서강　오늘이 선생님 기일(忌日)
이구 해서 괜찮을까 생각은 했지만
오히려 이런 날 선생님을 모시고 옛
이야기를 나누는 것이 의미가 있을
거 같아 모시기로 했습니다. 무례를
범한 건 아닌지 걱정이 됩니다.

하곡　무어 불러놓고 그래. 이것
은 농담이고, 자네가 이야기한대로
오늘 내 기일이야. 그렇지만 요사이
는 시제(時祭) 때나 몇몇 후손들이
찾고 거의 기일은 챙겨주지 않고 있

정제두 숭모비

는데 오늘 자네가 찾아 이곳까지 왔으니 반갑지 않겠나.

서강　그렇게 생각해주시니 정말 감사합니다. 제가 술하고 안주로 육포
와 마른안주를 약간 준비해 왔는데 말씀 나누기 전에 술 한잔 따라 올려도
괜찮겠습니까.

하곡　내가 생전에는 술을 몇 잔 마시기는 해도 퍽 즐기는 편은 아니지만
오늘 같은 날이야 몇 잔 마셔도 좋겠지. 이 술이 무슨 술인가.

서강　이 술은 포천 일동에서 나오는 오순주(五筍酒)라는 술인데 선생님
기호에 맞을지 걱정스럽습니다. 한잔 들어보시죠.

하곡　자네도 내가 한잔 따를테니 같이 드세. 술맛이 좋은데, 약주보다는
독한 것 같구먼.

서강　네, 약주보다는 조금 독한 술이지만 향이 좋고 몸에 좋은 보양주
입니다. 천천히 드시면서 말씀 나누시죠. 제가 선생님에게 여쭈어보고
싶었던 것이 많이 있지만 그중에서 선생님이 마지막 은둔지를 강화도로

택하신 이유가 궁금합니다.

하곡 　나는 원래 강화와는 인연을 갖고 있었어. 나의 고조부(鄭龜應)께서 안동권문(權愷 : 권개)의 사위가 되어 강화도와 인연을 맺어 이곳에 선산을 두고 있었지. 그렇지만 내가 이곳을 자주 찾게 된 것은 조부(鄭維城)님을 이곳에 장사지내면서지. 조부가 돌아가시면서 한양근교에 장지를 찾다가 선산인 이곳 진강산이 산세가 뛰어나고 풍광이 아름답고 길지(吉地)로 보여 이곳에 조부님을 안장하였고, 그 뒤에 조부보다 먼저 작고하시어 안산 추곡에 모셨던 선친(鄭尚徵)을 이곳으로 이장하면서 이곳을 더욱 찾게 되었어. 그러다보니 이곳에 정이 들어 이곳을 나의 은퇴지로 택하게 되었던 것이고. 더욱이 이곳 하일리(霞逸里)는 예로부터 세상을 등지고 숨어사는 은둔마을이라 하여 하일리라는 이름으로 불려진 곳이기에 나는 이곳을 나의 은둔지로 선뜻 정하게 된 것이지.

서강 　저도 하일리를 비교적 자주 찾았는데 찾을 때마다 뒤에 진강산을 두고 앞으로 서해에 접한 이곳의 아름다운 풍광에 반해 시간을 잊고 머물게 되더군요. 그러면서 하일리 곳곳에 남아 있는 선생님의 자취를 찾아보며 이곳에서 학문연구와 제자 육성에 몰두하시던 선생님의 모습을 떠올리곤 했습니다. 선생님, 어떠세요, 옛날보다 주변이 많이 변했지요.

하곡 　여기서 보면 밤이 돼서 그런지 별로 변한 것 같지 않아. 옛날보다 밝은 불빛이 보이는 것 이외는 주변경관은 그대로인 것 같아. 물론 낮에 가까이 가서 보면 많이 변했겠지. 내가 살던 집도 집터만 남은 것 같은데. 그건 그렇고 참 자네도 강화와 여러 인연이 있어 나의 학문(강화학)에 관심을 갖게 되었다는 이야기를 들었는데 그것 좀 들어보세.

서강 　선생님이 궁금해 하시니까, 말씀드리죠. 제가 강화를 처음 찾은 것은 초등학교 6학년 때, 수학여행 때이고 그 뒤에 6·25전쟁 때 이곳에 피난을 오기도 하고 또 가까운 친구가 이곳에 살기도 해 자주 찾게 되어 강화에 대해 남다른 애정을 갖게 되었습니다. 그렇지만 제가 강화학에 깊은 관심을 갖게 된 것은. 제가 다녔던 대학교가 강화학파의 학통을 계승한 위당(爲堂 鄭寅普) 선생님이 학문적인 뿌리를 내린 곳이기도 하고, 더욱이 위당의 스승인 난곡(蘭谷 李建芳 : 강화학파의 마지막 인물)의 종손과 고등학교 동창으로 그와 사귀면서 자기 선대에 대한 이야기를 많이 들었기 때문이 아닌가 생각됩니다. 그래서 비교적 자주 강화를 찾았고 찾을 때마다 선생님을 비롯하여 강화학파와 관련된 흔적을 찾아보곤 했습니다.

하곡   아, 그런 인연이 있었구먼, 그 친구를 오늘같은 자리에 데리고 왔으면 좋았을 걸. 나의 손서인 광명의 후손인데 그 집안 사는 이야기도 들어보고 좋았을 걸.

서강   그 친구 이름이 이명주인데, 몇 년 전에 유명을 달리해서 미처 거기까지 생각을 못했습니다. 다음에 선생님을 모실 기회가 있으면 생각해 보겠습니다. 그럼 선생님 집안 이야기 좀 여쭙겠습니다. 제가 알고 있기는 선생님 댁은 당시에 최고의 명문가였다고 알고 있습니다. 선생님이 태어나시고 성장하실 때 집안모습이 어떠하셨는지요.

하곡   집안 자랑 같아서 하기가 좀 그렇지만 많이들 알고 있는 것이기에 이야기하지. 우리 집안은 본관이 영일로 포은의 후손(11대손)인 것은 알고 있겠고, 당시 집권세력인 서인계의 명문가였다고 말할 수 있겠지. 나의 조부(鄭維城)는 효종대에 영의정을 지냈고 백부(鄭昌徵)나 종형(鄭齊賢)도 당대의 명망가로 널리 알려진 분들이고, 외가도 명문가로 외조부(李基祚)가 호조판서를 지냈지. 나의 처가도 파평 윤씨 명문가로 장인(尹鴻擧)은 부사를 지냈고 지천(遲川 崔鳴吉)의 형님(崔來吉)의 사위가 되기도 하지. 어떻든 이왕 이야기가 나왔으니까 하지만 당시에 집권세력의 실세와 깊은 관계를 갖고 있었어.

　내가 태어난 곳은 한성부 반석방(盤石坊 : 지금의 충정로 만리동 인근)
자택이고, 집안에 장남으로 태어나 부모님의 많은 사랑을 받으면서 비교적
큰 어려움 없이 살았지만 이런 유복한 집안 분위기와 달리 나는 성장하면서
가정적으로 불행했었다고 말할 수 있어. 내가 다섯 살 때 선친(鄭尙徵)이
돌아가셨고 16살 때는 조부가 돌아가셨고 이어 같은 해 백부(鄭昌徵)와
종형(鄭齊賢)이 세상을 떠났지. 더욱이 23세 때는 17세 때 결혼한 안사람(윤
씨)이 아들(鄭厚一)을 낳고 1년도 안되어 세상을 떠 정말 정신적으로
많은 어려움을 겪었어. 물론 모든 사람이 한번은 다 겪는 일이지만 나에게
젊은 나이에 이런 일이 겹쳐지니까 이런저런 많은 생각을 하게 되더군.

서강　　선생님, 이야기 방향이 좀 다르지만 명문가 출신인 선생님이
관로(官路)에 뜻을 두지 않고 학문연구에만 전념하신 것을 가지고 뒷사람
들이 여러 이야기들을 하고 있는데 지금 말씀하신 이런 가정적인 문제도
중요한 이유가 되었다고 보아도 되겠는지요.

하곡　　내가 관로에 뜻을 접은 것이 이것만의 이유는 아니지만 많은
영향을 준 것은 사실이지. 나도 젊은 나이에 과거에 여러 차례 응시하여
초시에 몇 차례 합격했지만 전시(殿試)에 실패하여 과거와는 인연이 없다
는 생각이 들기도 했고 그러면서 어려서부터 좋아하던 학문연구에 전념하
는 것이 내가 갈 길이 아닐까 하는 생각을 하기도 했지. 이러한 속에
가정적으로 불행한 일이 계속되고 이로 인해 원래 몸이 부실했던 나의
몸에 병이 악화되어 장래를 예측하기도 어렵게 되었어. 그래서 나는
과거를 포기하고 나와 같이 과장(科場)에 나가던 동생(鄭齊泰)에게 과거에
전념하도록 하는 것이 집안을 위해 올바르다고 생각해 모친의 허락을
받아 나는 이때부터 과거와는 인연을 끊었지. 그때 내 나이가 24살이었던
가. 그렇지만 나의 관로 포기는 이런 가정과 신병문제도 있지만 그보다
정치에 대한 환멸이 큰 이유라 할 수 있어. 서강도 알겠지만 당시 조정에서

서인과 남인 간에 벌어진 예송논쟁(禮訟論爭)을 중심으로 한 당쟁은 나에게 정치에 대한 꿈을 완전히 잃게 하였어. 그래서 나는 우선 건강을 추스르고 가정의 어려움도 정리하면서 문을 닫고 바깥일을 사절한 채 학문연구에만 전념하기로 마음을 굳혔던 것이지.

서강   선생님이 학자로 평생을 학문연구에만 전념하시게 된 높은 뜻을 알 수 있겠습니다. 그럼 이런 선생님의 학문의 길을 이끌어주시고 걷게 해주신 스승님으로 어떤 분이 계셨는지요.

하곡   내가 처음 글을 배운 것은 집안 어른으로부터이지만 밖에 나가 배울 나이가 되 처음으로 스승으로 모신 분은 이찬한(李燦漢)님과 그 분의 뒤를 이어 이상익(李商翼)님이었지. 두 분 다 우리 집안과 내왕이 있는 우암(尤庵 宋時烈)과 동춘당(同春堂 宋浚吉)의 문인이었기에 나와 사승관계가 맺어지게 되었다고 볼 수 있지. 나는 이상익님의 사랑을 많이 받았어. 뒤에 들은 이야기지만 한번은 동춘당이 이곳에 와 이공에게 여기서 공부하는 아동 중 영특한 자가 있는가 물었더니, 이공이 나를 가리키며 "상익으로 그의 스승이 되기에 부족합니다"라고 나를 과찬해 나의 조부님이 동춘당으로부터 이 이야기를 듣고 무척 흡족해 하셨다는 이야기를 어머님으로부터 듣고 부끄럽기도 하고 어린 나이에 기뻐했던 기억이 나. 내가 과거시험을 포기하고 학문연구에 매진할 때 가장 큰 영향을 준 스승은 남계(南溪 朴世采)공과 명제(明齊 尹拯)공이었어. 그런데 이 분들이 서인이 노소(老少)로 나눠지면서 소론계에 속해 나도 주변에서 소론계로 보았지만 나는 여기에 얽매이지 않았고 학문연구에만 전념했었어.

서강   선생님이 스승으로 모셨던 분들을 보면 성리학의 주류학파인 서인학풍 성향을 가지신 분들인데, 뒤에 선생님이 당시 사상적으로 이단으로 규정하고 있던 양명학에 관심을 갖고 이를 연구하는 데 평생을 바치시게 된 정확한 연유가 무엇인지. 선생님이 여기에 대한 정확한 기록을 남기시지 않아 이에 대해 후학들이 나름대로 여러 이야기를 하고 있는데 이에 대한 선생님의 말씀을 듣고 싶습니다.

하곡　내가 양명학에 관심을 갖게 된 것을 우리 집안 가계와 연관시키는 분들이 많은 것 같은데 물론 주된 요인은 아니지만 일부 영향을 받은 것은 사실이지. 앞에서도 잠깐 이야기했지만 나의 초취부인인 윤씨의 외조부(崔來吉)가 우리나라에서 양명학을 가장 먼저 수용했다고 하는 지천(崔鳴吉)의 형님 되시고, 이런 인연으로 지천의 손자인 최석정과는 남계 선생님을 모시고 같이 동문수학한 죽마고우였고 그를 통해 양명학에 대한 많은 것을 얻고 배울 수 있었어. 그렇지만 이것은 새로운 학문 사상에 대한 호기심 정도의 관심이었다고 할까. 그런 내가 양명학에 깊게 매료(魅了)된 것은 당시 시대상황에 대한 내 나름대로의 문제의식이었다는 것이 옳겠지. 서강도 역사를 공부했으니 잘 알고 있겠지만 당시의 시대적인 상황은 대외적으로 중국에서 명청 교체가 완결되어 우암계 노론들의 집권명분인 성리학적 가치관에 터전한 대의명분론이 퇴색하여 가치관에 혼란이 일어나고 있을 때였어. 또 대내적으로는 남인 노론 소론이 뒤엉켜 당쟁이 일어나 체제에 대한 불신과 이를 극복하기 위한 새로운 개혁과 재편성이 되어야한다는 당위론이 대두되고 있을 때였지. 이러한 때 양명학을 접하게 되었고 나는 이런 시대적인 위기를 극복하기 위해 성리학을 보완 대신할 수 있는 유일한 학문과 사상이 양명학이라는 확신을 갖게 되었다고 할 수 있지.

서강　양명학이 왜 이런 위기를 극복하기 위해 성리학을 대신할 수 있다고 생각하셨는지, 저도 양명학에 대해 관심을 가지고 있어 선생님의 생각하신 것을 어느 정도 이해는 되지만 선생님의 말씀을 듣고 싶습니다.

하곡　내가 성리학을 대신할 수 있는 학문이나 사상으로 양명학을 택한 배경을 이해하기 위해 좀 전에도 잠깐 이야기 했지만 먼저 당시의 성리학을 살펴 볼 필요가 있겠지. 성리학이 조선에 들어와 통치이념으로 자리잡으면서 관학화 되자 성리학은 점차 교조화(敎條化) 되어 갔지. 이러한 속에서 왜란, 호란을 겪으면서 정치적 사회적으로 큰 변화가 일어나 기존의 양반 중심의 전통적인 지배질서가 동요하게 되면서 체제유지의 사상적인 기반이 되었던 성리학은 점차 현실사회와 유리된 채 공허한 이론과 당리당략에 함몰되었어. 그러다보니 분파적인 학파분열이 가속화되어 성리학의 학설다툼이나 예송(禮訟)싸움에 휘말려 여기에 환멸을 느낀 좀 지각있는 유학자들 사이에는 공리공론에 빠진 성리학을 대신할 새로운 학문 사상을 찾고 있었던 것이고 여기에 등장한 것이 양명학이었다고 생각하면 되지.

　그럼 내가 양명학을 성리학을 대체할 학문 사상으로 택한 가장 중요한 이유는 서강도 알겠지만, 본래 양명학이 중국에서 발생한 것이 명대에 성리학이 지나치게 관학화하여 과거시험 과목학으로 변질되자, 통치이념으로서 주자학이 갖는 한계를 극복하려는 데서 출발했고 그래서 양명학에는 경세의식(經世意識)이 강하게 담겨 있었지. 그리고 서강도 양명학에 대해 상당히 알고 있는 것 같은데 양명학에 대해 좀 이야기해도 되겠는가. 서강이 알고 있는 이야기를 너무 장황하게 하는 것 같아서.

서강　선생님 별 말씀을 다하십니다. 제가 양명학에 대해 좀 관심이 있다고 말씀드린 것은 수박 겉핥기 수준으로 글 몇 편 읽었다는 것입니다. 선생님, 신경 쓰지 마시고 편하게 많이 말씀해주실수록 좋습니다. 선생님, 시간도 좀 지났는데 목도 축일 겸 술 한잔 드시고 말씀하시죠.

하곡　그럼 편하게 말하겠네. 이 술이 오순주라고 다섯 종류의 순(旬)을 넣어서 만든 술이라는 말이겠구먼. 자네도 한잔 하게.

　서강도 알겠지만 양명학은 명대에 왕수인(王守仁 陽明, 1472~1528)에

의해 완성된 유교적 이념질서를 이념적으로 체계화한 도덕철학이라 말할
수 있겠고, 근본사상은 심즉이(心卽理), 치양지(致良知), 지행합일(知行合
一), 친민론(親民論)으로 요약할 수 있겠지. 왕수인은 성리학이 인간의
심(心)과 이(理)를 별개의 것으로 설정함으로써 인식주체인 심과 인식대상
인 이를 분리하는 잘못을 범했다고 보았고, 이것이 양명학의 출발점이라
할 수 있지. 그래서 왕수인은 사람의 심(心)을 이(理)로 보고 도덕적 이(理)와
사람의 심(心)을 하나로 보아 "심즉이(心卽理)" 즉 "마음이 곧 이다" 하면서
또 아는 것이 행동하는 것의 시초가 되며 행동하는 것은 아는 것의 완성이며
이 둘은 일체로 보아야한다는 지행합일(知行合一)을 내세우고, 지행합일에
따른 지식과 실천의 일치 곧 선천적 양지(良知)를 도덕원리로 보는 치양지
(致良知)를 강조했지. 이러한 의미에서 양명학은 인간의 심을 중시하고
심의 절대성을 내세웠다고 보아야겠지. 또 내가 관심을 가졌던 것은
친민론(親民論)이지.『대학』에 나오는 '명명덕친민지어지선(明明德親民至
於至善)'에 친민을 주자학에서는 '신민(新民)'으로 보는데 왕양명은 원문대
로 친민이라 보아야 한다고 했어. 그래서 주자학에서는 백성을 관료인
치자(治者)의 대상으로 파악한 것에 비해 양명학에서는 백성을 도덕실천의
대상으로 파악한 것이 아니라 실천 주체로 파악한 것이지. 이는 엄청난
차이지. 이는 사민평등관과 관련된 것으로 사민(士農工商)은 인간이 재능
에서 나타난 것으로 기능적 분업적 차이에 지나지 않는다고 본 것이지.
더 나아가 성인(聖人)과 중인(中人)의 나뉨이 있지만 이는 절대적일 수
없다는 것이지. 이는 모든 사람을 정해진 신분에 따라 평가하여야한다는
주자학의 정분론과는 엄청난 차이를 갖는 것이지. 내가 양명학을 성리학의
대체사상으로 택했던 것도 양명학이 갖는 많은 것이 있지만 이중 친민설에
터전한 사민평등관을 수용하고 이를 바탕으로 한 사회개혁을 이루어
양지(良知)를 사회적으로 실현하는 이상사회(理想社會)를 이루고자 한 것

이라 보아야겠지.

서강　선생님의 귀중한 말씀 잘 들었습니다. 양명학의 친민설은 요사이 볼 수 있는 주권재민(主權在民)사상과 꼭 같다고는 할 수 없지만 상당히 유사하다고 볼 수 있겠습니다. 선생님이 이를 바탕으로 구체적으로 제시한 개혁안을 서책에서 보았는데 이에 대해 말씀 좀 해주셨으면 합니다.

하곡　나의 개혁안은 사민(四民)은 모두 평등한 것으로 신분이 아닌 직분으로 보고 양반도 특권계급이 아니라 "관직을 가진 사람"으로 보는 바탕에서 출발하였다고 생각하면 되지. 나의 개혁안을 구체적으로 몇 가지 예를 들면, "관직에 등용되는 길을 좁히고 어진 사람을 택하여 등용, 그 자리에 오래 재직하게 하되 벼슬을 세습하지 못하게 한다(狹官路賢 久任使無世爵)" 또 "관직에 있지 않는 관리들은 모두 백성으로 돌아가게 하여 할일 없이 노는 사람이 없도록 한다(屬吏餘皆歸民 無空遊之士)" 또 "비록 사족이라도 일정한 직업이 없고 노비도 없으면 농민이 된다(雖士族無 所業無奴婢卽爲農)" 또 "양반은 직임을 맡지 않도록 하여 양반과 서민의 구별을 없게 한다.(兩班多不世任 使無兩班庶人)" 또 "개가에 관한 법도 고쳐야 한다(改嫁之法不可己)"라고 하였지. 나는 이렇게 사민은 모두 평등 하고 모든 사람은 자기 생업을 가지고 맡은 일에 종사하며 관직이나 어떤 특권을 가지고 놀고 먹는 사람이 없어야한다는 것이고 이렇게 함으로 써 조선사회의 가장 큰 병폐인 당쟁문제도 자연히 해결될 수 있다고 생각했지. 또 조선사회의 악폐인 개가금지법도 개혁하려고 했던 것이고.

서강　선생님의 개혁안은 당시의 폐쇄적인 신분사회에서는 정말 획기 적이고 거의 혁명적인 개혁안이라 하겠습니다. 선생님께서는 이런 사회문 제 이외도 오랜 쟁점이 되어 왔던 정치문제 현안인 대청문제(對淸問題)에 대해 해결안으로 어떠한 것을 제시하셨는지요.

하곡　대청문제도 양명학적인 현실론에 입각해서 해결책을 제시하였지. 당시 집권세력인 노론계는 그들의 집권 명분으로 존왕양이적 존명사대(尊王攘夷的 尊明事大)의 성리학적 대의명분론(大義名分論)을 내세웠는데, 이는 현실성이 부족했지만 대부분의 유학자들은 이를 지지하고 여기에 정당성을 부여하였어. 이미 남한산성의 치욕을 당하고 청과 군신관계(君臣關係)를 맺고도 여전히 명(明)의 연호를 고집하고 청에게 무릎을 꿇고 절하는 궤배(跪拜)를 하지 않겠다는 것은 현실적으로 볼 때 하나의 억지요, 성리학자들의 허위허식에 지나지 않는다고 생각했어. 그래서 나는 이미 군신관계를 맺고 칭신(稱臣)하고 있는 양국관계의 현실을 인정하고 마땅히 연호(年號)도 받아들이고 궤배도 받아들이는 것이 마땅한 것이고 더 나아가 존화주의(尊華主義)에 얽매어 있던 성리학자들에게 오랑캐인 청에게 현실적으로 패배를 인정하고 칭신하는 것은 과거 명에게 칭신하는 것과 다를 바 없다는 "화이일야(華夷一也)"를 일깨워주고 주장했지. 나의 이런 주장은 당시 숭명배청(崇明排淸)의식이 지배하던 정치계와 사상계에 엄청난 파문을 일으켰지.

서강   선생님의 개혁안은 양명학적 현실론을 바탕으로 한 조선조 특유의 양명학적 개혁론이라 볼 수 있겠습니다. 이러한 선생님의 개혁안은 결국 성리학 중심의 노론이 정계를 주도하던 당시에는 큰 성과를 얻지는 못했지만 선생님의 후학들에 맥맥히 전승되어 조선조 양명학의 근본정신으로 자리 잡았다고 보아도 되겠지요. 말씀을 듣다보니 먼저 여쭈어볼 것을 뒤에 여쭈어 보게 됩니다. 다른게 아니라 양명학 전래 문제입니다. 요사이 학계에서 이런저런 이야기가 많은데 선생님 말씀을 듣고 싶습니다.

하곡   양명학 전래 시기는 정확하게 말할 수는 없지만 대체적으로 양명학이 중국에서 성립된 것이 중종 초기(16세기 초)인 것으로 보아 전래 시기는 중종 연간(16세기)인 것으로 추정해볼 수 있겠지. 양명학의 전래는 명나라에 내왕하던 양국 사신들에 의해 양명학의 대표적인 서책인

『전습록(傳習錄)』(왕양명의 저술, 1518년 간행)이 전래되면서 이루어졌다고 보아야겠지. 『전습록』이 전해진 정확한 기록은 없지만 중종 16년(1521) 박상(朴祥)이 전습록을 읽고 비판적인 글(「辨王陽明守仁傳習錄」)을 쓴 것으로 보아 중종 15년을 전후한 시기를 전래 시기로 보는 것이 맞겠지. 이 글 이후에 퇴계가 『전습록』을 조목조목 비판한 글(「王陽明傳習錄辨」), 서애(西厓 柳成龍)의 『서애집(西厓集)』 속에 양명학 서책을 구입했다는 글 등을 보아 명종대에는 전습록을 비롯한 양명학 서책들이 널리 전파되었던 것으로 생각되고 이 서책들이 뒤에 나에게도 전해진 것으로 생각되네.

서강   선생님의 말씀대로 양명학 전래 시기는 중종 15년 전후로 당시에 명나라와의 관계도 안정되어 양국간에 사신 내왕도 빈번해 이런 서책이 전래가 쉽게 이루어졌으리라 생각됩니다. 요사이 우리나라 학계에서도 대개 선생님 말씀을 따르고 있습니다. 그런데 앞에서도 잠깐 말씀이 계셨지만 양명학이 전래한 뒤에 당시 조정과 유학자들은 양명학을 어떻게 평가하고 대응했는지요.

하곡   앞에서도 이야기했지만 조선조에 양명학이 전래되었던 시기는 왜란과 호란을 겪으면서 정치적, 사회적으로 커다란 변화가 일어나 기존의 성리학을 대신할 새로운 학문사상 요구와 기대가 팽배하였던 때였고, 그러다 보니 새롭게 등장한 양명학에 지식층이 상당한 관심을 갖게 된 것은 당연한 일이라 하겠지. 그런데 당시 유림계에 양대 산맥인 율곡계인 기호학파와 퇴계계인 영남학파 사이에 양명학을 보는 시각에 상당한 차이가 있었어. 율곡은 양명학을 적극적으로 배척하기보다 묵인하고 포용하는 자세를 취했고, 이에 비해 퇴계는 양명학을 성리학에 상반되는 이단으로 규정하고 비판, 공격하였지. 예를 들면 퇴계는 「왕양명전습록변」에서 왕양명에 대해 인의(仁義)를 해치고 천하를 어지럽히는 사람이라고 공격하는 등 양명학에 대한 비판체계가 확고하였어. 이러한 영남학파의 입장이 조선조 유학의 전통주의적 학풍에서 주류를 차지하였기에 조선조 유학계에서는 양명학을 이단으로 비판, 수용을 거부하였지. 더욱이 노론을 중심으로 한 집권세력이 성리학적 대의명분론을 자신들의 집권명분으로 삼았기에 이에 반하는 다른 학문이나 이론은 철저히 탄압하였고. 그러다 보니 성리학 이외 학문은 공개적으로 연구할 수 없었어. 그래서 많은 진보적인 유학자들이 양명학에 관심을 갖고 연구했지만 표면적으로 표방하지 못했고 연구한 내용도 외부에 노출되지 않도록 지인이나 자제들에 가학(家學)으로 전수할 수밖에 없었지. 또 후손들은 당화(黨禍)를 피하기 위해 양명학 관련 내용들을 삭제하거나 파괴하여 전수되지 못하고 단절되는 경우가 많았고 심지어 나에 대해서도 실록에 "하곡이 젊어서는 양명학의 설을 좋아했지만 선배와 친우들이 서신을 통해 견책해서 마침내 정주학으로 돌아왔다"라고 쓰고 있을 정도이니. 그러다 보니 양명학 수용실상을 제대로 파악하기 어렵게 되어 요사이 서강을 비롯한 후학들이 고생하고 있는 것이지.

서강　선생님이 요사이 우리 학계의 어려움을 잘 말씀해주셨습니다. 선생님, 현 우리 학계에서는 선생님을 조선시대 유일한 양명학자로 평가하고 있는데 선생님이 양명학을 연구하여 이룩한 하곡학(양명학) 성립과정을 말씀해주시면서 당시 양명학을 수용한 분들에 대해서도 말씀해주셨으면 합니다. 그리고 제가 작년에 교산(蛟山 許筠)공에 대한 글을 쓰면서 교산공이 양명학에 심취했다는 기록을 보았는데 이에 대한 말씀도 해주셨으면 합니다.

하곡　먼저 내 이야기부터 하여야겠구먼. 나는 20대 중반까지는 성리학을 중심으로 일반적인 유학 연구에 몰두했었지. 그러다가 먼저 이야기한 그런저런 연유로 양명학을 접하게 되고 양명학 연구에 몰입하면서 학문적인 신념과 신봉을 굳건히 하고 이를 가까운 분들에게는 표명하였지.

내가 34세 때 병이 깊어져 동생과 스승에게 쓴 글(壬戌遺敎, 擬上朴南溪書)에 나의 양명학에 대한 학문적인 소신을 나타내었지. 그 뒤 나는 안산 은둔 시기에 양명학 연구에 몰두하면서 학문적으로 이론을 정리하였고 60대까 지는 양명학 연구를 더욱 심화, 체계화 시키었지.(存言, 學辯에 기술) 이때 나는 주자학적인 사물인식과 물리(物理) 등에 대한 비판을 통해 주자학에 대한 비판의 강도를 높이고 이를 학문적으로 정리하였다고 할 수 있지. 예를 들면 주자학에서는 중용(中庸)의 천명지성(天命之性)을 사람이나 물(物)이 공통으로 얻은 이치(理)를 말한다고 하여 사람의 이(理)를 성(性)이 라 하고 이를 선(善)이라 보고 물질의 이치(理)도 선(善)이라 보았어. 그렇다 면 예를 들어 소(牛)의 성(性)은 가는(耕耘) 것이지만 갈기는 갈되 마땅히 갈지 않을 곳을 갈 수도 있고, 또 말(馬)의 성(性)은 달리는 것이지만 도적이 타고 달릴 수도 있는데, 이것을 물리(物理)라 아니할 수 없고 이것을 진정한 의미에 성선(性善)이라 할 수 있겠는가. 그래서 나는 이러한 이치는 물리(物理)는 될 수 있어도 도덕(道德)을 본원(本源)으로 하는 인성 (人性)의 인의예지(仁義禮智)의 성리(性理)는 될 수 없다고 보았어. 그러므로 천명지위성(天命之謂性)에 대하여 인물공통(人物共通)의 이(理)로 보는 것 은 잘못되었다고 논박하였던 것이고 지금도 가장 적절한 비판이었다고 생각해.

강화로 이주한 60대 이후, 나는 양명학과 주자학과의 연계나 상호보완 적인 입장에서 양명학적 사유를 주자학적인 논리방식을 인용하는 나름대 로의 독자적인 이해방법을 제시하였고 이것을 가지고 후학들 가운데 내가 주자학으로 회귀했다고 하는 사람이 있지만 이는 나의 글을(心經集義) 을 제대로 이해하지 못한데서 나온 것이라 하겠지. 어떻든 이렇게 이루어 진 양명학을 후학들이 하곡학, 뒤에 강화학이라 이름하였다고 듣고 있네. 그럼 양명학을 가장 먼저 수용한 분으로 나는 서경덕의 문인인 동강(東岡

南彦經)과 그의 제자인 이요(李瑤)를 들고 싶어. 동강은 양명학에 대한 이해와 지식수준이 상당히 깊었던 것으로 알고 있고, 이요는 스승인 동강의 학통을 계승, 양명학에 상당한 이해를 갖고 있어. 선조에게 양명학을 소개하고 뒤에 주자학파에 의해 탄핵, 관직에서 축출당할 정도이었으니, 이 두 분을 조선조 최초의 양명학자로 보아야겠지. 그리고 이 시기의 대표적인 양명학 수용자로 서강이 말한 교산(蛟山 許筠)을 들 수 있겠어. 교산은 광해군 6, 7년, 두 차례에 걸쳐 명에 사신으로 가 명의 양명학자와 교류하면서 많은 양명학 서책을 가지고 와 양명학에 상당히 심취해 성리학에 대해 비판적인 자세를 취하였을 뿐 아니라 당시의 정치적 사회적 모순에 대해 양명학적인 입장에서 급진적인 개혁을 주창하였지. 서강도 알고 있겠지만 그가 쓴 〈홍길동전〉에 이런 면이 많이 엿보이지. 또 비슷한 시기에 서학(西學 : 기독교)을 최초로 소개한 실학자 지봉(芝峰 李睟光), 인조반정에 참여한 지천(遲川 崔鳴吉), 계곡(谿谷 張維) 등도 양명학 연구에 힘을 기울여 학문적으로 상당한 수준에 이르렀다고 알려지고 있어. 특히 지천과 계곡은 인조반정 이후 양명학 입장에서 정치개혁에 앞장섰고 특히 이들은 서인들의 주자학적 대의명분론에 맞서 현실론에 근거하여 명분보다 국익을 위한 청과의 주화론을 주장했던 것은 양명학자로서의 식견과 의식이 크게 작용하였다고 보아야겠지.

서강　선생님이 이룩한 우리나라 양명학이라 할 수 있는 하곡학에 대한 귀중한 말씀 잘 들었습니다. 조금 가벼운 이야기를 여쭈어 보겠습니다. 선생님의 일생을 선생님의 거주지역을 중심으로 세 시기로 나누고 있는데 이에 대한 말씀 부탁드립니다.

하곡　내가 산 이야기를 해 달라고? 내 삶의 여정과 중요한 관련이 있으니 이야기하지. 내가 첫 번째 살았던 곳은 내가 앞에서 이야기한대로 한양에서 인조 27년에 태어나 숙종 14년, 내 나이 40까지 살았던 시기로.

내 생애의 제1기라 할 수 있어. 이 한양 생활은 앞에서 나의 집안과 나의 성장과정 그리고 가정적인 어려움과 관로(官路) 포기와 양명학 수용 등을 이야기하면서 대부분 이야기하였다고 볼 수 있어.

　다음 2기라 할 수 있는 것은 내가 안산(安山)으로 이주하여 살았던 41세 되던 숙종 15년부터 60세 되던 숙종 34년까지이지. 내가 안산으로 이주한 것은 학문에 전념하기 위해서이고 이곳을 택한 것은 선대의 선영이 있는 곳이기에 나는 부친과 초취부인 윤씨 묘가 있는 안산 추곡(楸谷)에 집을 짓고 주위와 담을 쌓고 학문연구에 힘을 쏟았어. 나는 이곳에서 스승인 남계(南溪 朴世采)공, 명제(明齊 尹拯)공과 친우인 최석정 등과 학문적인 교류를 하며 양명학에 몰입하면서 양명학에 대한 이론을 확립하고 나의 학문(하곡학 : 강화학)의 바탕을 이룬 시기였고 나의 마음의 안정을 찾은 시기이지만 가정적으로는 그렇게 행복하지 못했어. 나의 주변에 불행한 일이 연이어 일어나 나를 외롭고 힘들게 했지. 46세 때는 모친을, 47세 때는 스승 남계공을, 48세 때는 평생의 지기요 학문적인 동반자인 민이승(閔以升)을, 50세 때는 동생인 정제태(鄭齊泰)를, 52세 때는 재취부인 서씨를, 60세 때는 오랜 친구인 박심(朴鐔)을, 61세 때는 장손을 잃는 슬픔을 맛보았지. 누구나 언젠가는 겪는 일이지만 이처럼 거의 매년 당하니 정말 견디기 어렵더구먼. 이런데다 엎친 데 덮친 격으로 정계상황이 노론에 의해 소론이 조정에서 퇴출당하던 때였기에 나처럼 소론계로 지목받던 입장에서는 여러 가지로 힘들었지. 이런 것이 나를 강화로 이주하게 하는 원인이 되기도 하였다고 볼 수도 있어.

　다음 3기라 할 수 있는 것은 내가 강화(江華)로 이주하여 살았던 61세 되던 숙종 35년부터 내가 생을 마감한 88세가 되던 영조 12년까지이지. 나의 강화 생활은 학계와 절연한 속에 은둔하여 양명학 연구에 전념, 요새 이야기하는 강화학의 뿌리를 내린 시기라 하겠지. 이곳에 있는 동안 그래도 나름대로 여러 권의 저서(心經集義, 程門遺訓, 中庸說, 天元說 등등)를 낼 수 있었고 또 강화로 이주한 손서(孫壻) 이광명(李匡明) 등에 나의 학문을 전수하여 하곡학(강화학)의 학맥을 잇게 한 것은 지금 생각해보아도 참 잘한 일이요 보람 있는 일이었다고 보아. 어떻든 당시의 학문 풍토가 실(實)은 없고 명(名)만 좇으며 또 교조적(敎條的)인 주자학 해석과 주자학 이외에는 모두 이단으로 배척하는 분위기라 내가 강화에 은둔하지 않았다면 이런 결과를 얻을 수 없었겠지.

서강　선생님의 평생을 잘 정리해주셨습니다. 특히 강화로 이주하신 이후 당시에 환갑이 지나셨는데 그렇게 왕성한 학문 활동을 하신 것을 보면 정말 입을 다물 수가 없습니다.

　선생님이 말씀하신 당시의 학문 풍토를 들으면서 제가 수락산을 매개로 인연을 맺어 존경하는 서계 박세당 선생님이 숙종 29년, 75세의 노령에 『사변록(思辨錄)』에 주자의 경전해석과 다른 해석을 하였다하여 사문난적(斯文亂賊)으로 몰려 삭탈관직(削奪官職), 문외출송(門外黜送) 등의 곤욕을 치르고 생을 마감하신 것이 떠올라 선생님의 처신에 다시 한 번 머리 숙여집니다. 그럼 조금 방향을 바꿔서 앞에서 말씀하신 것처럼 선생님이 24세 때 과거를 완전히 포기하시고 관로(官路)를 접으셨는데 뒤에 여러 차례 관로에 발을 디디시게 되었던 이야기를 들려주셨으면 합니다.

하곡　서강이 이야기한 서계공 이야기를 들으니 당시 내가 가슴아파하면서 조문하지 못했던 일이 어제 일처럼 떠오르네. 우리 이야기하다 기회가 되면 내가 존경하던 서계 선생님 이야기를 한번 하기로 하고, 넘어가지. 내 벼슬 이야기는 좋은 질문이야. 참 세상일이라는 것이 자기 뜻대로만 되지 않은 것이지, 어때 서강도 70이 넘었으니 살아온 삶을 되돌아보면 내 이야기에 공감이 갈 것 같은데.

　내가 벼슬과 처음 인연을 갖게 된 것이 내 나이 32세 되던 숙종 6년이야.

당시 경신대출척(庚申大黜陟 : 남인의 역모사건)으로 서인 정권이 들어설 때이지. 당시 영의정 김수항(金壽恒) 공이 나를 과거에 의하지 않고 관리로 천거하는 경명행수(經明行修)로 추천, 사포서(司圃署) 별제(別提, 종6품)에 임명되었어. 그리고 2년 뒤에는 종부시(宗簿寺) 주부(主簿, 종6품)에 제수되었으나 병을 핑계대고 나아가지 않았지. 그런데 내가 벼슬에 나가지 않은 것은 신병은 핑계이고 사실은 벼슬하지 않겠다는 나의 뜻을 초지일관(初志一貫)하고 싶었고, 또 하나는 당시 극심한 당쟁에 염증을 느끼고 있었기에 이런 흙탕물에 몸을 담고 싶지 않았던 것이지. 그런데 또 숙종 10년, 공조좌랑(工曹佐郞, 정6품)에 임명되었어. 역시 나가지 않았지. 그러다가 수년 뒤 내 나이 40세 때인 숙종 14년 평택현감에 제수되었는데 왕명을 거역하는 것도 그렇고 주변에서 하도 강권하여 결국 뜻을 꺾고 다음해 관직에 발을 디뎠지. 그런데 다음해 장희빈 소생 세자 책봉 문제로 야기된 기사환국으로 우암이 사사(賜死)되고 서인이 퇴출되고 남인이 집권하는 급변하는 정치 변화에 정말 환멸을 느껴 벼슬을 버리고 안산으로 숨어들었지. 그 뒤에도 서연관(書筵官), 경기도사(京畿都事), 삭녕군수(朔寧郡守), 사헌부집의(司憲府執義) 등등 여러 벼슬이 내려졌지만 거의 응하지 않았어. 그 뒤에 이를 피해 강화로 은둔했지만 수없이 관직이 내려 왔어. 얼추 생각나는 대로 보면 61세 때 통정대부(通政大夫), 호조참의(戶曹參議), 62세 때 강원도 관찰사(觀察使), 다음해에는 회양도호부사(淮陽都護府使), 72세 때는 동지중추부사(同知中樞府使), 한성부좌윤(漢城府左尹), 74세 때는 사헌부 대사헌(司憲府 大司憲 종2품), 이조참판(吏曹參判), 86세 때는 의정부 우찬성(議政府 右贊成 종1품), 88세 때 세자이사(世子貳師 종1품) 등을 받았으나 거의 사양하고 부임하지 않았고 어쩔 수 없이 관직에 나갔다 하여도 잠깐 머물다 강화로 은둔했어. 솔직히 당시 나는 사회적 출세와 명예에 대해 정말 관심이 없었고 나의 꿈은 초지일관 학문적인 성취였지. 그래서 안산이나, 강화에 간혹 나를 찾아오는 유생들이 있었지만 거의 받지 않아 나의 문하생을 두지 않았고 나를 찾아 학문적인 교류를 하자 찾아오는 선비들과도 거의 문을 닫고 담장을 높여 만나지를 않았어. 그렇지만 평생에 많은 관직을 부여받을 수 있었다는 것은 못난 나의 허명(虛名)이 널리 알려지게 된 덕분이었던 것 같애.

서강 저도 알고는 있었지만 선생님으로부터 직접 말씀을 듣고 보니 정말 대단하십니다. 당시에 많은 사람들이 벼슬을 얻기 전이나, 얻은 후에 관로에 도움을 얻고자 주변에 연고를 찾아 헤매는 것이 일반적인 모습인데 선생님의 고고한 자태는 정말 존경스럽습니다. 물론 선생님의 뛰어난 경륜과 인품이 널리 알려져 국왕을 비롯하여 많은 사람들로부터 존경을 받고 있었기 때문이었다고 생각됩니다. 그렇지만 당시에 노·소론 간에 당쟁이 극심했던 시기였는데 이럴 수 있었다는 것은 물론 선생님의 덕망이 가장 큰 밑받침이 되었겠지만 거기에는 국왕의 신임도 크게 작용하였다고 생각됩니다. 선생님과 역대 국왕과의 관계에 대해 말씀을 해주셨으면 합니다. 그리고 좀 어려우시겠지만 선생님이 보신 국왕들에 대한 생각을 듣고 싶습니다.

하곡 내 평생 모신 전하는 인조(仁祖), 효종(孝宗), 현종(顯宗), 숙종(肅宗), 경종(景宗), 영조(英祖), 여섯 임금이신데 내가 용안을 뵐 수 있었던 것은 숙종, 경종, 영조 세 분이었고 세 임금 모두 나를 잘 대해주시고 아껴주셨지. 내가 처음 전하의 용안을 뵈온 것은 평택현감으로 임명되어 어머님의 간곡한 분부 때문에 한양에 와 숙종 임금께 사은숙배(謝恩肅拜)하며 뵌 것이 처음이었고 그 뒤에도 몇 번 더 뵈었고. 경종, 영조 임금은 비교적 자주 뵈올 수 있었어. 그렇지만 가장 사랑을 받았던 임금님은 영조 임금이었어. 양명학에 대한 나의 견해가 소문이 나 나를 탄핵하는 상소가 올라오기도 했고 또 내가 집권하고 있던 노론계가 아닌 소론계였지만 전하는 이를 무시하고 나를 자주 불러 국정현안에 자문을 구하곤 하였지. 또 경종이나 영조 임금께서 내가 생을 마감할 때까지 거의 매년 선온(宣醞 : 나라에서 내리는 술), 낙죽(酪粥 : 우유죽), 시량(柴糧 : 땔감과 쌀), 식품과 의약품을 하사하여 나를 감격시키곤 하였어. 세 임금 모두 훌륭하신 임금들이고 보는 측면에 따라 다 다르지만, 억지로 서열을 매겨 한분만 꼽는다면 내가 가장 많이 접할 수 있었던 임금이 영조 임금이어서 그런지 몰라도 영조 임금을 꼽고 싶어. 서강도 역사를 공부하였으니 나와 비슷한 생각을 하지 않을까. 전하는 비교적 신하들의 건의에 귀를 기울이고 비교적 편견에 휩싸이지 않고 공정하고 객관적으로 주변을 보고 나라를 이끌었던 것 같아. 특히 당시 정국의 가장 현안(懸案)이었던 당쟁문제를 해결하고자 추진한 탕평책은 정말 높이 평가할 수 있지. 지금도 생생하게 기억되는데 전하 재위 초년쯤 4월인가 전하가 급히 불러 궁궐을 찾아 전하를 뵈오니 탕평책을 하문하셔서 내가 탕평을 하고자 하시면 중심이 된 원칙을 세워야하고 편벽되지 않고 중도를 이루어야 한다는 취지(趣旨)의 말씀을 드렸더니 머리를 끄덕이시며 동감을 표시하였던 생각이 나는구먼.

서강　영조 임금에 대한 지금 학계의 평가도 선생님이 말씀하신 것과 거의 같고 영조, 정조 시대를 조선왕조의 중흥기로 이야기하고 있습니다. 제가 어느 서책에서 선생님이 이인좌(李麟佐) 난 때 영조를 도와 반란을 진압 수습하는 데 큰일을 하셨다는 기록을 본 것 같은데 그 전말을 말씀해주셨으면 합니다.

하곡　이인좌 난, 지금도 이야기를 들으니 가슴이 울리는 것 같아. 이인좌 난은 서강도 잘 알겠지만 정권에서 밀려난 소론계가 연루된 사건이지. 이인좌는 명상(名相) 이준경(李浚慶)의 후손으로 명문가의 자손이지. 그런데 영조 임금이 즉위, 노론이 집권하면서 소론계가 도태되자 이인좌는 소론계의 불평분자를 규합, 영조 임금의 혈통문제를 명분으로 내세우고 밀풍군 탄(密豊君 坦 : 소현세자의 손자)을 추대, 무력에 의한 정권 쟁탈을 기도하였어. 이들은 무기를 상여로 위장하고 청주에 잠입, 병란을 일으키고(영조 4년, 1728) 진천을 거쳐 죽산, 안성으로 진격하였지. 이런 급박한 상황을 용인에 은거(隱居) 중이던 소론계의 거두로, 영의정을 지낸 간재 최규서(艮齋 崔奎瑞, 1650~1735)공이 급히 도성에 올라와 고변하였고 조정에서도 이에 대응하여 적극적으로 토벌전을 전개하였지. 그런데 간재는 나와 같은 소론계이며 가까운 친구 사이었기에 나는 간재를 도와 도성에 머무르며 전하를 위해 시국을 안정시키는데 적극적으로 참여하였어. 나는 당파를 초월하여 이인좌 등이 무력을 통한 정권탈취나 이를 위해 전하의 혈통문제를 들고 나온 것 등이 있을 수 없는 망동(妄動)이라 생각하였고 이 전란을 빨리 진압하는 것이 나라와 백성을 위하는 길이라는 일념에서 최선을 다해 전하를 도왔고 이런 것이 전하가 나를 믿지 않게 보았을런지 모르겠지.

또 좀 다른 이야기지만 난을 토벌하는데 큰 공을 세운 이보혁(李普赫)이 나의 제자요, 나의 자식과 사돈관계라는 특별한 인연 등이 있어 뒤에 이런 사실을 안 전하가 나를 마음 편하게 생각하셨는지 모르지.

서강 정말 존경스럽습니다. 선생님은 당시 소론으로 지목되어 여러 가지 어려움을 많이 당하셨을 터인데도 이인좌 난 때 이를 초월하여 나라와 백성을 위해서지만 결과적으로 노론을 도와 이인좌 난을 토평하는데 큰 공을 세우실 수 있었다는 것은 범인(凡人)이 할 수 없는 일이라 생각됩니다. 이야기 방향을 바꾸어 몇 가지 여쭙겠습니다. 선생님이 평생 이룩하신 하곡학(霞谷學)을 승계하여 지금의 강화학파를 이루는데 결정적인 역할을 한 손서(孫壻)인 이광명(李匡明, 1701~1778) 공에 대해 말씀해주셨으면 합니다.

하곡   나는 광명이와 연을 맺게 해준 것은 신의 도움이라 생각하네. 정말 광명이가 없었으면 나의 학문이 맥을 이어 지금 강화학이란 이름으로 빛을 볼 수 있었을까 하는 생각을 하곤 해. 서강이 쓴 책을 보니 이광명 집안 족보까지 상세히 적어놓았더구먼. 정말 광명이는 종반 이씨 덕천군파로 대단했던 명문거족 집안 출신인데 그 집안이 결국 당파싸움에 제물이 되어 몰락하는 바람에 당화(黨禍)를 피해 광명이가 강화까지 와 내 곁에 오게 되었고 나의 손자사위가 되어 나의 뜻을 이을 수 있었어.

서강   이광명 공의 집안은 제가 다른 글을 쓰면서 이공의 고조인 석문 이경직(石門 李景稷)의 동생되는 백헌 이경석(白軒 李景奭)을 다룬 적이 있어 그 집안은 어느 정도 알고 있습니다. 그런데 이공이 어떻게 강화로 이주해 선생님과 연을 맺게 되었는지 별로 기록에 나온 것이 없어 선생님 말씀을 듣고 싶습니다.

하곡   앞에서도 좀 이야기 했지만 나의 손서(孫壻)인 광명이는 한양 반송방(盤松坊)에서 태어나 유복하게 성장했는데 경종의 뒤를 이어 영조가 즉위하면서 노론이 집권하게 되자 소론은 조정에서 거의 쫓겨나게 되었지. 이때 그의 백부 되는 이진유(李眞儒)도 유배되고 곧 이어 일어난 이인좌난으로 집안이 몰락하는 타격을 받았어. 여기다 그가 10여 세 될 때 그의 부친인 진사 이진위(李眞偉)가 돌아가고 집안이 거의 풍지박산(風紙雹散) 되자 그의 모친인 송씨가 외아들을 데리고 부군을 장사지낸 강화 사기리(沙磯里)로 이주했지. 광명의 집안과 강화와는 특별한 인연은 없었지만 광명의 모친이 집안에 밀어닥치고 있는 당화(黨禍)로부터 외아들을 지키려는 모정에서 궁벽한 강화 산골로 숨어든 것이라 볼 수 있지. 그런데 송부인의 강화 이주와 나와는 약간의 관계가 있다고도 할 수 있어. 광명의 모친 송씨는 나의 스승인 이상익(李商翼)의 스승 되는 송준길(宋浚吉)의 증손녀가 되어 우리 집안과 내왕이 있었고 그래서 내가 강화로 이주했다는 소식을 듣게 되자, 광명이를 맡길 수 있겠다 생각하고 강화로 이주할 결심을 하게 됐다는 것이지. 그리고 내가 이주한 다음해 강화로 이주하였고 곧 송씨는 어린 광명이를 데리고 나를 찾아와 광명이의 훈육을 부탁해, 내가 그의 딱한 이야기를 듣고 광명이를 보니 총명하기 이를 데 없어 기꺼이 제자로 받아들였지. 광명은 자기 집에서 10여 리가 되는 나의 집까지 내왕하며 학업에 성심성의를 다하였어. 그는 내 밑에서 수학할 때 30여 년 동안 멀리 떨어지지 않은 강화부성을 한번도 찾지 않을 정도로 오직 학문에만 정진했어. 그러한 그의 모습을 보고 나는 정말 그를 아끼고 사랑했지. 그때 내 자식 후일(鄭厚一, 1671~1741)이도 내 밑에 와 있었는데 그 아이에게 많은 도움을 주었지. 어떻든 광명이는 내 밑에서 가장 오래 머무르며 공부했고 뒤에는 나의 손서(孫壻)가 되어 영일 정씨 가문과 전주 이씨 덕천군파 가문을 잇는 다리가 되어 나의 학문을 계승하는 데 결정적인 역할을 하였어.

서강　이공은 별로 그의 학문을 밝혀줄 문집 등의 기록이 남아 있지 않아 그의 뛰어난 학문수준을 엿볼 수 없어 안타깝기까지 했는데 선생님이 보시기에는 어떠했습니까?

하곡　광명이는 정말 열심히 공부했고 내가 가르치고 싶은 것은 거의 다 가르쳤지. 내가 62세 되던 해에 인연을 맺어 근 30년 가까운 기간 동안 사제의 정을 나누며 가깝게 지냈어. 그래서 당시로는 유림계의 누구보다 양명학에 최고의 수준이었다고 볼 수 있어.

서강　제가 강화학에 대한 글을 쓰면서 그 분의 행적을 찾아보았는데 이공은 선생님이 돌아가신 후에도 벼슬에 뜻을 갖지 않고 강화에 묻혀 하곡학문을 대성하는 데 전념하신 것으로 알고 있습니다. 그러다가 이공의 나이 55세 되던 해(영조 31년, 1755), 나주벽서사건으로 이미 형사(刑死)한 그의 백부 이진유에게 형이 가해지면서 그의 집안은 거의 멸문(滅門)의

화를 입었고 시골에 벼슬도 하지 않고 묻혀 사는 이공에게까지 당화가
미쳐 우리나라 최북단인 갑산(甲山)에 유배되었습니다. 그리고 그곳에서
23년간 유배생활을 하다 유배지에서 78세로 생을 마감했습니다. 선생님도
대부분 알고 계시겠지만 선생님이 세상을 떠나신 뒷일이 돼서 장황하게
말씀드렸습니다. 그런데 다행인 것은 이공이 딸만 둘을 두어 그의 사촌동
생인 이광현의 아들인 초원 이충익(椒園 李忠翊, 1744~1816)을 양자로
삼아 대를 잇게 하였는데, 초원은 그의 양부인 이공을 찾아 갑산을 내왕하
며 양부를 성심 성의껏 모시면서 가학(家學)을 전수 받았습니다. 선생님이
이룩하신 학문은 선생님의 집안과 손서인 이광명 공과 신대우 공으로
계승되어 세 집안의 가학으로 전승 발전된 것으로 알고 있습니다. 이
이야기들은 선생님이 세상을 하직하신 뒤에 이야기들이 되어서 좀 그렇지
만 선생님이 알고 계신 세 집안의 가학(家學)에 대한 말씀을 들려주셨으면
합니다.

하곡　　　내가 어렴풋이 알고는 있었지만 내가 세상을 떠난 후의 광명이
삶의 모습을 서강이 잘 알려주어 고맙고 새삼 옛날 내가 세상을 하직할
때 내 옆에서 눈물 흘리던 광명이 모습이 떠오르네. 세 집안 가학 전승에
관한 것은 서강 말대로 내가 죽은 뒤의 일이어서 더욱이 손서인 신대우는
내가 세상을 떠난 뒤에 우리 집안과 인연을 맺어 나와는 별로 면식이
없었던 사이니 이런 일들은 오히려 서강이 나에게 들려주는 것이 좋겠고,
내가 좀 안다면 우리집안 이야기니 이 이야기나 하지. 우리 집안에서
내 밑에서 수학한 아이는 후일(厚一, 1671~1741)이지. 후일은 내 밑에서
제대로 공부해서 내 학문을 거의 소화하고 받아들였어. 애비 눈에도
정말 기특하게 보였어. 그러다가 늦게 벼슬길에 나아가 가평·고양 군수를
거쳐 부평부사도 지내고, 내가 죽은 뒤 5년 뒤인가 내 뒤를 따라 세상을
하직했지. 후일은 첫째 부인(나의 자부) 이씨의 몸에서 1남 2녀를 두었는데

나의 장손은 어린 나이에 죽어 나의 가슴을 애통하게 했고, 장손녀는 광명이와 혼인을 했고 둘째 부인(나의 자부) 유씨는 1남(鄭志尹) 3녀를 두었는데, 둘째 손녀가 신대우(申大羽)와, 셋째 손녀가 원교 이광사(員嶠 李匡師, 1705~1777)의 아들인 이영익(李令翊)과 결혼했지. 재미있는 것은 이광사(李匡師)가 광명이와 사촌간이었기에 나의 손녀가 이영익과 결혼하므로 두 집안 간에 인연은 더욱 두터워졌지. 더욱이 원교는 내 나이 83세 땐가 광명이가 데리고 나를 찾아와 사제의 연을 맺고 그 뒤에는 자주 찾아와 수학을 하였고, 내가 세상을 떠나기 전 해인가 가족을 이끌고 강화로 이주까지 했었지. 뒤에 들으니 내가 세상을 하직하자 다음해인가 다시 한양으로 이사했다고 하더군. 그렇게 나쁜 아니라 우리 집안과 인연이 깊었지. 그 집안 이야기는 그만하고, 그런데 아쉽게도 후일이가 늦게 태어난 아들(鄭志尹)에게 학문을 전수하지 못하고 일찍 돌아간 데다가 지윤이도 일찍 죽어(영조 30년, 1754) 가학이 이어지지 못하였지. 그래도 다행인 것은 지윤이 아들 술인(鄭述仁)이 고모부인 신대우에게서 나의 학문 즉 가학을 수학하여 가학의 승계가 어느 정도 이루어졌어. 그리고 나의 고손 문승(美堂 鄭文升, 1788~1875)에게 승계되고 문승의 학문은 그의 아들인 기석(都正 鄭箕錫)에 계승되고, 그의 학문은 아들인 원하(綺堂 鄭元夏)로 이어져 지금 이야기되고 있는 강화학의 바탕이 된 거 같아. 간단히 족보 읽듯이 이야기했는데 두 집안의 인맥과 가학(家學)에 대해서는 서강이 이야기 좀 해봐.

서강　선생님도 알고 계시겠지만 말씀을 하시니 간단하게 두 집안에 대한 말씀을 올리겠습니다.

　그럼 먼저 평산 신씨 가문의 학맥 승계와 인맥을 살펴보면 시작은 완구 신대우(宛丘 申大羽, 1735~1809) 공이 선생님의 손서가 되면서 부터입니다. 선생님이 세상을 떠나신 지 13년이나 지난, 영조 25년(1749)에 완구공이 정후일 공의 재취부인 유씨 소생의 둘째 따님과 결혼하였는데, 이때는 이미 정후일 공도 돌아가시어 하곡학에 대해 직접 가르침을 받지 못하고 동서인 이광명 공에게 수학하여 하곡학을 전수 받았죠. 더욱이 완구공은 영조 30년에 모든 가족을 데리고 선생님이 사시던 부근(현 강화군 양도면 하일리)이고, 이광명 공이 사시는 곳과도 가까운(10리) 옹일(甕逸)마을로 이주하여 하곡학 연구에 전념하였습니다. 그리고 자기 가 이룩한 하곡학을 세 아들에게 전수하였는데 그중 석천 신작(石泉 申綽, 1760~1828) 공은 조선 후기의 새로운 학풍을 대표하는 양명학자로 정약용과 쌍벽을 이루었습니다. 특히 석천공은 그의 부친과 함께 선생님께 서 남겨놓으신 글을 모아 『하곡유집』을 편찬하여 후대에 선생님의 학문을 연구하는데 중요한 자료를 남겨주었습니다. 또 완구공의 셋째 아들인 실재 신현(實齋 申絢) 공은 순조 24년(1824)에 강화유수로 임명되어 강화학 을 가학으로 전수한 세 집안의 인연을 더욱 돈독하게 하는데 큰 기여를 했습니다. 더욱이 실재공은 선생님의 외손자인 이덕윤 공의 손녀와 결혼하 여 두 집안의 혼맥과 학맥을 더욱 두텁게 하였습니다.

 이광명 공의 집안의 인맥과 학맥 승계는 앞서 좀 이야기가 나왔지만 그 뒤를 이어 말씀을 드리겠습니다. 앞에서 이야기했지만 이광명 공의 사촌인 원교 이광사 공은 선생님을 찾아 사제의 연을 맺어 하곡학 연구에 전념하였지만 집안에 불어 닥친 당화로 함경도 부령으로, 다시 전라도 신지도로 유배되어 생을 마감하였습니다. 그렇지만 다행인 것은 그의 두 아들이자 선생님의 손서가 된 신제 이영익과 연려실 이긍익에게 그의 학문이 전수되어 역사와 문학 부문에 새로운 학풍을 이루었습니다. 그러나 이들은 젊은 나이에 죽어 후손들에게 가학을 전수하지 못했으나 초원 이충익 공에게 큰 영향을 주어 그의 직계손으로 연결되어 전수되었습니다. 초원공은 그의 가학을 외아들인 대연 이면백(岱淵 李勉伯)에게 전수하였고,

대연공은 그의 가학을 아들인 사기 이시원(沙磯 李是遠, 1790~1866),
이지원, 이희원에게 전수하였습니다. 특히 사기공은 당시에 소론에 대한
정치적 탄압이 완화되어 벼슬길에 나아갈 수 있었으나, 벼슬에 뜻을
접고 학문연구에 전념하라는 가훈을 지켜오다, 순조 15년에 대과에 급제,
벼슬길이 열렸지만 공조참판, 개성유수, 형조판서, 이조판서 등을 제수받
았지만 오래 머무르지 않고 강화 사기리에 은거한 채 학문연구와 저술활동
에 전념하였습니다. 그리고 그의 가학을 아들 이상학과 손자 이건창에게
전수하는 데 심혈을 기울이다 병인양요 때 프랑스군에게 강화성이 함락되
자 국왕에게 유소를 올리고 동생 이지원 공과 음독 순국하였습니다.
사기공의 가학은 아들인 이상학(李象學, 1829~1888)에게 전수되었고 그
의 가학은 아들인 명미당 이건창(明美堂 李建昌, 1852~1898)과 해경당
이건승(海耕堂 李建昇, 1858~1924) 그리고 재종질인 난곡 이건방(蘭谷
李建芳, 1861~1939)에게 전수되었습니다. 특히 명미당은 일찍 관직에
나아갔지만 정치인보다 강화학 학풍을 꽃피운 대표적인 인물로 이야기
되고 있습니다. 또 일제침략 하에 세 집안의 후손들은 대부분 해외로
망명하였고 유일하게 난곡공만이 망명길에서 돌아와 국내에 머물며 위당
정인보(爲堂 鄭寅普, 1892~?)를 제자로 삼아 그에게 가학인 강화학(양명학)
을 전수시켰고 위당은 연희전문학교에서 후학을 키워 강화학을 지금에
이르게 하였다고 하겠습니다. 간단히 줄거리만 인물 중심으로 엮어 말씀드
렸습니다.

하곡   수고했어. 이전에 단편적으로 알고 있던 것을 체계적으로 정리해
주어 고맙구먼. 그런데 내가 이룬 학문을 나의 호를 따 하곡학이라는
것은 알겠는데 이를 요사이는 강화학이라 부르는데 언제부터 그렇게
부르게 됐는지.

서강   선생님이 궁금해 하시니 간단히 말씀드리겠습니다. 앞에서도

말씀드린 바와 같이 선생님의 하곡학은 위당에 의해 연희전문학교에서 개화하여 홍이섭, 민영규 교수에게 계승되었고 민영규 교수에 의해 강화학 이란 용어가 처음 사용되어 현재는 학계에 일반화 되었습니다. 민영규 교수는 강화학파를 정의하기를, 강화도지역을 구심점으로 학문적으로 하곡철학을 기본으로 한 다양한 전개(문학, 사학, 서예학 등등)와 인맥으로 는 하곡 정제두 선생님으로부터 시작하여 위당 정인보까지, 혈연과 학연으로 이어지는 하곡 선생님의 제자들을 말한다 라고 하였습니다. 이미 대개 알고 계시는 것이지만 나름대로 정리해보았습니다.

어떻게 말씀을 나누다보니 선생님 돌아가신 뒤에 이야기를 나누게 되어 제가 말을 많이 하게 됐습니다. 송구스럽습니다. 시간이 많이 간 것 같습니다. 새벽 닭울음소리가 들리네요, 선생님이 떠나실 때가 가까워진 것 같습니다. 아쉽지만 마지막으로 요새 사람들에게 주고 싶은 말씀을 남겨주셨으면 합니다.

하곡　　어떻든 이런 자리를 만들어 주어 정말 고맙구면. 오랜만에 요새 세상 이야기도 많이 듣고 또 내가 생각하고 있던 많은 이야기를 할 기회가 생겨 즐거웠어. 마지막으로 나보고 요새 사람들에게 들려줄 교훈적인 이야기를 하라니 한마디 하지. 요새 사람들이 잘들 하고 있지만 하나 이야기하자면 내가 보기에 요새 지도층들이 가치의 혼돈 속에 빠져 국가경영의 방향성을 상실하고 있는 것 같아. 그래서 이들이 옛 선인들이 주창해 온 말이나 행동을 커다란 역사적인 교훈으로 삼아 올바른 가치관을 세워 올바르게 나라와 사회를 이끌어 주었으면 하는 부탁을 하고 싶구면. 예를 든다면 요사이 얼핏 생각나는 것이 제주도에 해군기지 건설을 둘러싸고 전개하고 있는 시끄러움을 보면서, 광해군 집권시 후금의 침입에 대비해 북방에 군진을 설치하고 강력한 국방력을 갖춘 후에 후금과의 평화적인 공존이 가능했던 역사적인 교훈을 생각해 본다면 이 문제에 대한 해답은 쉽게 구할 수 있지 않을까.

서강   선생님, 오랜 시간 귀중한 말씀 정말 감사합니다. 특히 최근 제주도 해군기지 건설에 대한 말씀은 요사이 사회지도층이 깊이 새겨야할 귀중한 교훈이라 생각합니다. 아쉽지만 선생님과 헤어져야 할 시간이 된 것 같습니다. 가능하면 다음에 다시 한번 뵐 수 있는 자리를 만들어 보겠습니다. 안녕히 가십시오.

지은이 | 윤 종 영(尹種榮)

1936년 경기도 출생
인천고등학교 졸업. 연세대학교 사학과 및 연세대학교 교육대학원 졸업.
국사편찬위원회 연구관, 교육부 역사담당편수관(1980~1992), 명지대학교 강사, 무악실학회
회장, 한국문명학회 회장, KBS 학교방송 사회교육방송 역사방송 담당, 교육부 교육과정 교과서
편찬심의위원, 문화재연구소 문화재 안내문 감수위원, 서울 금천고등학교 교장 역임

논저 | 『한국교과 교육과정의 변천』(공저), 『국사교육과정 해설』, 『한국편수사 연구』(공저),
『빛을 남긴 사람들』, 『국사교과서 파동』, 『역사의 아웃사이더』, 『역사교육의 과제』, 「한국개국
기의 대청관계 변화에 대한 연구」 등

대한민국 U자 걷기 역사기행

윤 종 영 지음

초판 1쇄 발행 | 2014년 7월 15일

펴낸이 | 오일주
펴낸곳 | 도서출판 혜안
등록번호 | 제22-471호
등록일자 | 1993년 7월 30일

주소 | ㉾ 121-836 서울시 마포구 서교동 326-26번지 102호
전화 | 3141-3711~2 / 팩시밀리 | 3141-3710
E-Mail | hyeanpub@hanmail.net

ISBN 978-89-8494-512-8 03910

값 15,000 원